十三經注疏彙校

尚書注疏彙校

二

杜澤遜 主編

中華書局

尚書註疏卷第三　漢孔氏傳　唐孔穎達疏

皇明朝列大夫國子監祭酒臣田一儁

奉訓大夫司經局洗馬管司業事臣盛訥等奉

勅重校刊

舜典第二○釋文王氏註相承云。梅賾上孔氏傳古文尚書云。舜典一篇時以王肅註頗類孔氏故取王註。從慎徽五典以下爲舜典。以續孔傳。徐仙民亦音此本。今依舊音之。

虞書

虞舜側微。傳爲庶人。故微賤。堯聞之聰明將使嗣位歷試諸難。傳嗣。繼也試以治民之難事。○難。乃丹反。作舜典。

萬曆十五年刊　尚書疏卷三　二

疏　虞舜至舜典。○正義曰。虞舜所居側陋。身又微賤。堯聞之。有聰明聖德。將使之繼巳帝位。歷試於諸所難爲之事。史述其事。故作舜典。○傳爲庶人故微賤。○正義曰。此云側微。卽堯典側陋也。不在朝廷謂之側。其人貧賤謂之微。居處褊隘故言陋。此指解微。故云爲庶人。故微賤也。帝繫云。顓頊生窮蟬。窮蟬生敬康。敬康生句芒。句芒生蟜牛。蟜牛生瞽瞍。瞽瞍生舜。昭八年左傳云。自幕至于瞽瞍無違命。似其繼世相傳。常有國土。孔言爲庶人者。堯典云。有鰥在下。此云虞舜側微。必是爲庶人矣。蓋至瞽瞍始失國也。○傳嗣繼至難事。○正義曰。嗣。繼。釋詁文。經所云愼徽五典。納于百揆。賓于四門。皆是試以治民之難事也。

舜典

傳　典之義與堯同。

曰若稽古帝舜。傳　亦言其順考古道而行之。曰重華協于帝。傳　華謂文德。言其光文重合於堯。俱聖明。○曰若稽古帝舜曰重華協于帝此十二字是姚方興所上孔氏傳本無阮孝緒七錄亦云然方興本或此下更有濬哲文明溫恭允塞玄德升聞乃命以位凡二十八字異聊出之於王註無施也。**濬哲文明**。**溫恭允塞**。傳濬。深。哲。智也。舜有深智文明溫恭之德。信允塞上下。**玄德升聞**。**乃命以位**。傳玄。謂幽潛。潛行道德。升聞天朝。遂見徵用。疏曰若至以位○正義曰。昔東晉之初。豫章內史梅賾上孔氏傳。猶闕舜典。自此乃命以位已上二十八字。世所不傳。多用王范之註補之。而皆以慎徽已下爲舜典之初。至齊蕭鸞建武四年。吳興姚方興於大航頭得孔氏傳古文舜典。亦類太康中書。乃表上之。事未施行。方興以罪致戮。至隋開皇初。購求遺典。始得之。史將錄舜之美。故爲題目之辭曰。能順而考案古道而行之者。是爲帝舜也。又申其順考古道之事曰。此舜能繼堯重其文德之光華。用此德合於帝堯。與堯俱聖明也。此舜性有深沈智慧。文章明鑒。溫和之色。恭遜之容。由名聞遠達。信能充實上下。潛行道德。聞天朝。堯乃徵用。命之以位而試之也。○傳濬深至上下。○正義曰。濬深。哲智。皆釋言文。舍人曰。濬下之深也。哲大智也。舜有深智。言其智之深。所知不淺近也。經緯天地曰文。照臨四方曰明。詩云。溫溫恭人。言其色溫而貌恭也。舜既有深遠之智。又有文明溫恭之德。信能充實上下也。詩毛傳訓塞爲實。言能充滿天地之間。堯典所謂格于上下是也。不言四表者。以四表外無限極。非可實滿。故不言之。堯舜道同。德亦如一。史官錯互爲文。故與上篇相類。是其所合於堯也。○傳玄謂至徵用。○正義曰。老子云。玄之又玄。衆妙之門。則玄者微妙之名。故云玄謂幽潛也。舜在畎畝之間。潛行道德。顯彰於外。升聞天朝。天朝者。天子之朝也。從下而上。謂之爲升。天子聞之。故遂見徵用。

慎徽五典。五典克從。傳徽美也。五典。五常之教。父義。母慈。兄友。弟恭。子孝。舜慎美篤行斯道舉八元使布之於四方五教能從無違命。○徽許韋反王云美馬云善也從才容反八元左傳高辛氏有才子八人伯奮仲堪叔獻季仲伯虎仲熊叔豹季貍

納于百揆百揆時敘傳揆度也度百事摠百官納舜於此官舜舉八凱使揆度百事百事時敘無廢事業。○揆音葵癸反凱音開在反左傳高陽氏有才子八人蒼舒隤敳檮戭大臨尨降庭堅仲容叔達齊聖廣淵明允篤誠天下之民謂之八凱

賓于四門四門穆穆傳穆穆美也四門四方之門舜流四凶族四方諸侯來朝者舜賓迎之皆有美德無凶人。○朝直遙反

納于大麓烈風雷雨弗迷傳麓錄也納舜使大錄萬機之政陰

陽和。風雨時。各以其節。不有迷錯愆伏。明舜之德合於天。○麓音鹿。王云錄也。馬鄭云山足也。愆音起虔反。

帝曰。格汝舜。詢事考言乃言厎可績。三載。汝陟帝位。【傳】格來。詢謀。乃汝。厎致。陟升也。堯呼舜曰。來。汝所謀事。我考汝言。汝言致可以立功三年矣。三載考績。故命使升帝位。將禪之。○詢音荀。厎音之履反。王云致也。馬云定也。本或作底非。

舜讓于德弗嗣。【傳】辭讓於德不堪。不能嗣成帝位。

【疏】慎徽至弗嗣。○正義曰。此承乃命以位之下。言命之以位。試之以事也。堯使舜慎美篤行五常之教。而五常之教。皆能順從而行之。無違命也。又納於百官之事。命揆度行之。而百事所揆度者。於是皆得次序。無廢事也。又命使賓迎諸侯於四門。而來入者。穆穆然皆有美德。無凶人也。又納於大官。摠錄萬機之政。而陰陽和。風雨時。烈風雷雨。不有迷惑錯謬。明舜之德合於天。天人和協。其功成矣。帝堯乃謂之曰。來。汝舜。有所謀之事。我考驗汝舜之所言。汝言致可以立功。於今三年。汝功已成。汝可升處帝位。告以此言。欲禪之也。舜辭讓於德。言已德不堪嗣成帝也。○傳徽美至違命。○正義曰。釋詁云。徽。善也。善。亦美也。此五典。與下文五品五教。其事一也。一家之內。品有五。謂父母兄弟子也。教此五者。各以一事。教父以義。教母以慈。教兄以友。教弟以恭。教子以孝。是爲五教也。五者皆可常行。謂之五典。是五者同爲一事。所從言之異耳。文十八年左傳曰。昔高辛氏有才子八人。伯奮。仲堪。叔獻。季仲。伯虎。仲熊。叔豹。季貍。忠肅恭懿。宣慈惠和。天下之民。謂之八元。舜臣堯。舉八元。使布五教于四方。父義。母慈。兄友。弟恭。子孝。以此知五典是五常之教。謂此父義之等五事也。臯陶謨云。天敘有典。勑我五典五惇哉。惇。厚也。行此五典。須厚行之。篤亦厚也。言舜謹慎美善。篤行斯道。舉八元使布之於四方。命教天下之民以此五教。能使天下皆順從之。無違逆舜之命也。左傳又云故虞書數舜之功曰。愼徽五典。五典克從。無違教也。父母於子。並宜爲慈。今分之者。以父主教訓。母主撫養。撫養在於恩愛。故以慈爲名。教訓愛而加嚴。故以義爲稱。義者。宜也。理也。教之以義方。使得事理之宜。故爲義也。釋訓云。善兄弟爲友。則兄弟之恩。俱名爲友。今云兄友弟恭者。以其同志曰友。友是相愛之名。但兄弟相愛。乃有長幼。故分其弟使之爲恭。恭敬於兄而兄友愛之。○傳揆度至事業○正義曰。揆。度。釋言文。百揆者。言百事皆度之。國事散在諸官。故度百事爲揔百官也。周官云。唐虞稽古。建官惟百。內有百揆四岳。則百揆爲官名。故云納舜於此官也。文十八年左傳云。昔高陽氏有才子八人。蒼舒。隤敳。檮戭。大臨。尨降。庭堅。仲容。叔達。齊聖廣淵。明允篤誠。天下之民。謂之八凱。舜臣堯。舉八凱。使主后土以揆百事。莫不時敘。地平天成。又云虞書數舜之功曰。納于百揆。百揆時敘。無廢事業也。是言百官於是得其次敘。皆無廢事業。舜既臣堯。乃舉元凱主后土。布五教。同時爲之。史官立文。自以人事外內爲次。故孔先言八元。若左傳據所出代之先後。故先舉八凱。堯既得舜。庶事委之。舜既臣堯。任無不統。非五典克從之後。方始納於百揆。百揆時敘之後。方始賓于四門。四門穆穆。謂流四凶。流放四凶。最在於前矣。洪範云。鯀則殛死。禹乃嗣興。是先誅鯀而後用禹。明此言三事皆同時爲之。但言百揆時敘。故言納于百揆。其實納于百揆。初得即然。由舜既居百揆。故得舉用二八。若偏居一職。不得分使元凱。○傳穆穆美至凶人○正義曰。穆穆。美也。釋詁文。四門。四方之門。謂四方諸侯來朝者。從四門而入。文十八年左傳。歷言四凶之行。乃云舜臣堯。流四凶族。渾敦窮奇。檮杌。饕餮。投諸四裔。以禦螭魅。又曰虞書數舜之功曰。賓于四門。四門穆穆。無凶人也。是言皆有美德無凶人也。案驗四凶之族。皆是王朝之臣。舜流王朝之臣。而言諸侯無凶人者。以外見內。諸侯無凶人。則王朝必無矣。鄭玄以賓爲擯。謂舜爲上擯。以迎諸侯。今孔不爲擯者。則謂舜既錄攝。事無不統。以諸侯爲賔。舜主其禮。迎而待之。非謂身爲擯也。○傳麓録至於天○正義曰。麓聲近録。故爲録也。皐陶謨云。一日二日萬幾。言天下之事事之微者有萬。喻其多無數也。納舜使大録萬機之政。還是納於百揆。揆度百事。大録萬機。揔是一事。不爲異也。但此言德合于天。故以大録言耳。論語稱孔子曰。迅雷風烈必變。書傳稱越裳之使。久矣天之無烈風淫雨。則烈風是猛疾之風。非善風也。經言烈風雷雨弗迷。言舜居大録之時。陰陽和。風雨時。無此猛烈之風。又雷雨各以其節。不有迷錯愆伏也。迷錯者。應有而無。應無而有也。昭四年左傳云。冬無愆陽。夏無伏陰。無愆者。無冬溫夏寒也。舜録大政。天時如此。明舜之德合於天也。此文與上三事。亦同時也。上爲變人。此爲動天。故最後言之以爲功成之驗。王肅云堯得舜任之。事無不統。自慎徽五典以下是也。其言合孔意。○傳格來至禪之○正義曰。格。來。釋言文。詢。謀。陟。升。釋詁文。底聲近致。故爲致也。經傳言汝多呼爲乃。知乃汝義同。凡事之始必先謀之。後爲之。堯呼舜曰。來。汝舜。呼使前而與之言也。汝所謀事。我考汝言。汝所爲之事皆副汝所謀致可以立功。於今三年矣。從徵得至此爲三年也。君之馭臣。必三年考績。考既有功。故使升帝位將禪之也。鯀三考乃退。此一考使升者。鯀待三考。冀其有成。無成功乃黜。爲緩刑之義。舜既有成。更無所待。故一考即升之。且大聖之事。不可以常法論也。若然。禹貢兗州作十有三載乃同。是禹治兗州之水。乃積十有三年。此始三年。已言地平天成者。祭法云。鯀障洪水而殛死。禹能修鯀之功。先儒馬融等。皆以爲鯀既九年。又加此三年爲十二年。惟兗州未得盡平。至明年乃畢。八州已平。一州未畢。足以爲成功也。

正月上日受終于文祖。傳 上日。朔日也。終。謂堯終帝位之事。文祖者。堯文德之祖廟。○正音政。又音征。王云。文祖廟名。馬云。文祖天也。天爲文。萬物之祖。故曰文祖。

在璿璣玉衡。以齊七政。傳 在。察也。璿。美玉。璣衡。玉者正天文之器可運轉者。七政。日月五星各異政。舜察天文。齊七政。以審己當天心與否。○璿。音旋。**肆類于上帝。**傳堯不聽舜讓。使之攝位。舜察天文。考齊七政。而當天心。故行其事。肆。遂也。類。謂攝位事類。遂以攝告天及五帝。王云。上帝。天也。馬云。上帝太一神。在紫微宮。天之最尊者。**禋于六宗。**傳精意以享謂之禋。宗。尊也。所尊祭者其祀有六。謂四時也。寒暑也。日也。月也。星也。水旱也。祭亦以攝告。○禋。音因。王云。絜祀也。馬云。精意以享也。六宗。王云。四時。寒暑。日。月。星。水旱也。馬云。天地四時也。**望于山川。徧于羣神。**傳九州名山大川五岳四瀆之屬，皆一時望祭之。羣神謂丘陵、墳衍、古之聖賢，皆祭之。○墳，扶云反。衍，音演。

輯五瑞。既月乃日，覲四岳羣牧，班瑞于羣后。

【傳】輯，斂。既，盡。覲，見。班，還。后，君也。舜斂公侯伯子男之瑞圭璧，盡以正月中，乃日日見四岳及九州牧監，還五瑞於諸侯，與之正始。○輯，徐音集，王云合，馬云斂也。瑞，垂僞反，信也。牧，牧養之牧，徐音目。

【疏】「正月」至「羣后」。○正義曰：舜既讓而不許，乃以堯禪之明年正月上日，受堯終帝位之事於堯文祖之廟。雖受堯命，猶不自安，又以璿爲璣，以玉爲衡者，是爲玉者正天文之器也。乃復察此璿璣玉衡，以齊整天之日月五星七曜之政。觀其齊與不齊，齊則受之是也，不齊則受之非也。見七政皆齊，知己受爲是，遂行爲帝之事，而以告攝事類祭於上帝，祭昊天及五帝也。又禋祭於六宗等尊卑之神。望祭於名山大川。五岳四瀆。而又徧祭於山川丘陵墳衍古之聖賢之羣神。以告己之受禪也。告祭既畢。乃斂公侯伯子男五等之瑞玉。其圭與璧。悉斂取之。盡以正月之中。乃日日見四岳及羣牧。既而更班所斂五瑞於五等之羣后。而與之更始。見已受堯之禪。行天子之事也。○傳上日至祖廟○正義曰。月之始日謂之朔日。每月皆有朔日。此是正月之朔。故云上日。言一歲日之上也。下云元日亦然。鄭玄以爲帝王易代。莫不改正。堯正建丑。舜正建子。此時未改堯正。故云正月上日。即位乃改堯正。故云月正元日。故以異文。先儒王肅等。以爲惟殷周改正。易民視聽。自夏已上。皆以建寅爲正。此篇二文不同。史異辭耳。孔意亦然。下云歲二月。傳云。既班瑞之明月。以此爲建寅之月也。受終者。堯爲天子。於此事終而授與舜。故知終謂堯終帝位之事。終言堯終舜始也。禮有大事。行之於廟。況此是事之大者。知文祖者。堯文德之祖廟也。且下云。歸格于藝祖。藝文義同。知文祖是廟者。咸有一德云。七世之廟。可以觀德。則天子七廟。其來自遠。堯之文祖。蓋是堯始祖之廟。不知爲誰也。帝繫及世本皆云。黄帝生玄囂。玄囂生僑極。僑極生帝嚳。帝嚳生堯。卽如彼言。黄帝爲堯之高祖。黄帝以上不知復祭何人。充此七數。況彼二書。未必可信。堯之文祖。不可强言。○傳在察至與否○正義曰。在。察。釋詁文。說文云。璿。美玉也。玉是大名。璿是玉之別稱。璣衡俱以玉飾。但史之立文。不可以玉璣玉衡。一指玉體。一指玉名。猶左傳云。瓊弁玉纓。所以變其文。傳以璿言玉名。故云美玉。其實玉衡亦美玉也。易賁卦彖云。觀乎天文以察時變。日月星宿運行於天。是爲天之文也。璣衡者。璣爲轉運。衡爲横簫。運璣使動於下。以衡望之。是王者正天文之器。漢世以來謂之渾天儀者是也。馬融云。渾天儀可旋轉。故曰璣。衡其横簫。所以視星宿也。以璿爲璣。以玉爲衡。蓋貴天象也。蔡邕云。玉衡長八尺。孔徑一寸。下端望之。以視星辰。蓋懸璣以象天而衡望之。轉璣窺衡。以知星宿。是其說也。七政。其政有七。於璣衡察之。必在天者。知七政謂日月與五星也。木曰歲星。火曰熒惑星。

土曰鎮星。金曰太白星。水曰辰星。易繫辭云。天垂象。見吉凶。聖人象之。此日月五星有吉凶之象。因其變動爲占。七者各自異政。故爲七政。得失由政。故稱政也。舜既受終。乃察璣衡。是舜察天文。齊七政。以審已之受禪當天心與否也。馬融云。日月星。皆以璿璣玉衡。度知其盈縮進退失政所在。聖人謙讓。猶不自安。視璿璣玉衡。以驗齊日月五星行度。知其政是與否。重審已之事也。上天之體。不可得知。測天之事。見於經者。唯有此璿璣玉衡一事而已。蔡邕天文志云。言天體者有三家。一曰周髀。二曰宣夜。三曰渾天。宣夜絕無師說。周髀術數具在。考驗天象。多所違失。故史官不用。惟渾天者。近得其情。今史所用候臺銅儀。則其法也。虞喜云。宣。明也。夜。幽也。幽明之數。其術兼之。故曰宣夜。但絕無師說。不知其狀如何。周髀之術。以爲天似覆盆。蓋以斗極爲中。中高而四邊下。日月旁行遶之。日近而見之爲晝。日遠而不見爲夜。渾天者。以爲地在其中。天周其外。日月初登於天。後入於地。晝則日在地上。夜則日入地下。王蕃渾天說曰。天之形狀似鳥卵。天包地外。猶卵之裏黃。圓如彈丸。故曰渾天。言其形體渾渾然也。其術以爲天半覆地上。半在地下。其天居地上。見有一百八十二度半强。地下亦然。北極出地上三十六度。南極入地下亦三十六度。而嵩高正當天之中。極南五十五度。當嵩高之上。又其南十三度。爲夏至之日道。又其南二十四度。爲春秋分之日道。又其南二十四度。爲冬至之日道。南下去地三十一度而已。是夏至日北。去極六十七度。春秋分去極九十一度。冬至去極一百一十五度。此其大率也。其南北極持其兩端。其天與日月星宿斜而迴轉。此必古有其法。遭秦而滅。揚子法言云。或問渾天。曰。落下閎營之。鮮于妄人度之。耿中丞象之。幾乎幾乎。莫之能違也。是揚雄之意。以渾天而問之也。閎與妄人。武帝時人。宣帝時。司農中丞耿壽昌。始鑄銅爲之象。史官施用焉。後漢張衡作靈憲。以說其狀。蔡邕。鄭玄。陸績。吴時。王蕃。晉世姜岌。張衡。葛洪。皆論渾天之義。並以渾說爲長。江南宋元嘉年。皮延宗又作是渾天論。太史丞錢樂鑄銅作渾天儀。傳於齊梁。

周平江陵。遷其器於長安。今在太史書矣。衡長八尺。璣徑八尺。圓周二丈五尺强。轉而望之。有其法也。○

(傳)堯不至五帝○正義曰。傳以既受終事。又察璣衡。方始祭於羣神。是舜察天文考齊七政。知已攝位而當於天心。故行其天子之事也。祭法云。有天下者祭百神。徧祭羣神。是天子事也。肆。是縱緩之言。此因前事而行後事。故以肆爲遂也。類。謂攝位事類。既知攝當天心。遂以攝位事類告天帝也。此類與下禋望相次。當爲祭名。詩云是類是禡。周禮肆師云類造上帝。王制云。天子將出。類乎上帝。所言類者。皆是祭天之事。言以事類而祭也。周禮小宗伯云。天地之大烖類社稷則爲位。是類之爲祭所及者廣。而傳之類。謂攝位事類者。以攝位而告祭。故類爲祭名。周禮司服云。王祀昊天上帝。則服大裘而冕。祀五帝亦如之。是昊天外更有五帝。上帝可以兼之。故以告天及五帝也。鄭玄篤信讖緯。以爲昊天上帝。謂天皇大帝。北辰之星也。五帝。謂靈威仰等。太微宮中有五帝座星是也。如鄭之言。天神有六也。家語云。季康子問五帝之名。

孔子曰。天有五行。金木水火土。分時化育。以成萬物。其神謂之五帝。王肅云。五行之神。助天理物者也。孔意亦當然矣。此經惟有祭天。不言祭地及社稷。必皆祭之。但史略文耳。○傳精意至攝告○正義曰。國語云。精意以享。禋也。釋詁云禋。祭也。孫炎曰禋。絜敬之祭也。周禮大宗伯云以禋祀祀昊天上帝。以實柴祀日月星辰。以槱燎祀司中司命風師雨師。鄭云禋之言禋。周人尚臭。煙氣之臭聞者也。鄭以禋祀之文在燎柴之上。故以禋爲此解耳。而洛誥云。秬鬯二卣曰明禋。又曰禋于文王武王。又曰王賓殺禋咸格。經傳之文。此類多矣。非燔柴祭之也。知禋是精誠絜敬之名耳。宗之爲尊。常訓也。名曰六宗。明是所尊祭者有六。但不知六者爲何神耳。祭法云。埋少牢於太昭。祭時。相近於坎壇。祭寒暑。王宮祭日。夜明祭月。幽禜祭星。雩禜祭水旱也。據此言六宗。彼祭六神。故傳以彼六神謂此六宗。必謂彼之所祭。是此六宗者。彼文上有祭天祭地。下有山谷丘陵。此六宗之文。在上帝之下。山川之上。二者次第相類。故知是此六宗。王肅亦引彼文乃云禋于六宗此之謂矣鄭玄注彼云四時謂陰陽之神也然則陰陽寒暑水旱各自有神此言禋于六宗則六宗常禮也禮無此文不知以何時祀之鄭以彼皆爲祈禱之祭則不可用鄭玄注以解此傳也漢世以來說六宗者多矣歐陽及大小夏侯說尚書皆云所祭者六上不謂天下不謂地旁不謂四方在六者之閒助陰陽變化實一而名六宗矣孔光劉歆以六宗謂乾坤六子水火雷風山澤也賈逵以爲六宗者天宗三日月星辰地宗三河海岱也馬融云萬物非天不覆非地不載非春不生非夏不長非秋不收非冬不藏此其謂六也鄭玄以六宗言禋與祭天同名則六者皆是天之神祇謂星辰司中司命風師雨師星謂五緯也辰謂日月所會十二次也司中司命文昌第五第四星也風師箕也雨師畢也晉初幽州秀才張髦上表云臣謂禋于六宗祀祖考所尊者六三昭三穆是也司馬彪又上表云歷難諸家及自言已意天宗者日月星辰寒暑之屬也地宗社稷五祀之屬也四方之宗四時五帝之屬惟王肅據

家語六宗與孔同。各言其志。未知孰是。司馬彪續漢書云。安帝元初六年。立六宗祠於洛陽城西北亥地。祀比大社。魏亦因之。晉初荀顗定新祀。以六宗之神諸說不同。廢之。摯虞駁之。謂宜依舊。近代以來。皆不立六宗之祠也。○傳九州至祭之○正義曰。望於山川。大摠之語。故知九州之内。所有名山大川。五岳四瀆之屬。皆一時望祭之也。王制云。名山大川不以封。山川大。乃有名。是名大互言之耳。釋山云。泰山爲東嶽。華山爲西嶽。霍山爲南嶽。恒山爲北嶽。嵩高山爲中嶽。白虎通云。岳者何。捔也。捔考功德也。應劭風俗通云。岳者。捔考功德黜陟也。然則四方方有一大山。天子巡守至其下。捔考諸侯功德而黜陟之。故謂之岳。釋水云。江河淮濟爲四瀆。四瀆者。發源注海者也。釋名云。瀆。獨也。各獨出其水而入海也。岳是名山。瀆是大川。故先言名山大川。又舉岳瀆以見之。岳瀆之外。猶有名山大川。故言之屬以包之。周禮大司樂云。四鎮五嶽崩。令去樂。鄭云。四鎮。山之重大者。謂揚州之會稽山。青州之沂山。幽州醫無閭山。冀州之霍山。

是五岳之外名山也。周禮職方氏。每州云其川其浸。若雍州云其川涇汭。其浸渭洛。如此之類。是四瀆之外大川也。言徧于羣神。則神無不徧。故羣神謂丘陵墳衍。古之聖賢。皆祭之。周禮大司樂云。凡六樂者。一變而致川澤之示。再變而致山林之示。三變而致丘陵之示。四變而致墳衍之示。鄭玄大司徒注云。積石曰山。竹木曰林。注瀆曰川。水鍾曰澤。土高曰丘。大阜曰陵。水厓曰墳。下平曰衍。此傳舉丘陵墳衍。則林澤亦包之矣。古之聖賢。謂祭法所云在祀典者。黄帝顓頊句龍之類。皆祭之也。○傳輯斂至正始。○正義曰。覲見后君。釋詁文。釋言云。輯。合也。輯是合聚之意。故爲斂也。日月食盡謂之既。是既爲盡也。釋言云班。賦也。孫炎曰。謂布與也。輯是斂聚。班爲散布。故爲還也。下云班瑞于羣后。則知輯者從羣后而斂之。故云舜斂公侯伯子男之瑞圭璧也。周禮典瑞云。公執桓圭。侯執信圭。伯執躬圭。子執穀璧。男執蒲璧。是圭璧爲五等之瑞。諸侯執之以爲王者瑞信。故稱瑞也。舜以朔日受終於文祖。又徧祭羣神。及斂五瑞。則入月以多日矣。盡以正月中。謂從斂瑞以後至月末也。乃日日日見四岳及九州牧監。舜初攝位。當發號出令。日日見之。與之言也。州牧各監一州諸侯。故言監也。更復還五瑞於諸侯者。此瑞本受於堯。斂而又還之。若言舜新付之。改爲舜臣。與之正新君之始也。

歲二月。東巡守。至于岱宗。柴。傳諸侯爲天子守土。故稱守。巡行之。既班瑞之明月。乃順春東巡。岱宗。泰山爲四岳所宗。燔柴祭天告至。○巡似遵反。徐養純反。守收救反。本或作狩。岱音代。泰山也。柴士皆反。爾雅。祭天曰燔柴。馬曰。祭時積柴加牲其上而燔之。行。下孟反。燔。扶袁反。又扶云反。

望秩于山川。傳東岳諸侯境内名山大川。如其秩次望祭之。謂五岳牲禮視三公。四瀆視諸侯。其餘視伯子男。○瀆徒木反。

肆覲東后。傳遂

見東方之國君。**協時月正日同律度量衡。**傳合四時之氣節。月之大小。日之甲乙。使齊一也。律。法制及尺丈斛斗斤兩皆均同。○同律。王云同。齊也。律。六律也。馬云律。法也。鄭云陰呂陽律也。度。如字。丈尺也。量。力尚反。斗。斛也。衡。稱也。**脩五禮五玉。**傳修吉凶賓軍嘉之禮。五等諸侯執其玉。**三帛二生一死贄。**傳三帛。諸侯世子執纁。公之孤執玄。附庸之君執黃。二生。卿執羔。大夫執鴈。一死。士執雉。玉帛生死。所以爲贄以見之。○贄音至。本又作摯。纁。許云反。**如五器卒乃復。**傳卒。終。復。還也。器。謂圭璧。如五器。禮終則還之。三帛生死則否。○復。扶又反。下同還。音旋。五月南巡守至于南岳如岱禮。傳南岳衡山自東岳南巡五月至。八月西巡守至于西岳如初。傳西岳華山初謂岱宗。○華戶化反。華山在弘農十有一月朔巡守至于北岳如西禮。傳北岳恒山。○有如字徐于救反如西禮方興本同馬本作如初。歸格于藝祖用特。傳巡守四岳然後歸告至文祖之廟藝文也言祖則考著特一牛。○藝魚世反。馬王云禰也。五載一巡守羣后四朝。傳各會朝于方岳之下凡四處故曰四朝將說敷奏之事故申言之。堯舜同道舜攝則然。堯又可知。○四朝馬王皆云四面朝於方岳之下。鄭云。四朝四季朝京師也。朝音直遙反。

註同。**敷奏以言。明試以功。車服以庸。**傳敷。陳。奏。進也。諸侯四朝。各使陳進治理之言。明試其言以要其功。功成則賜車服以表顯其能用。○敷。音孚。疏歲二月至以庸。○正義曰。舜既班瑞羣后。既以其歲二月東行巡省守土之諸侯。至於岱宗之岳。燔柴告至。又望而以秩次祭於其方岳山川。柴望既畢。遂以禮見東方諸侯。諸國之君。於此諸國。協其四時氣節。月之大小。正其日之甲乙。使之齊一。均同其國之法制度之丈尺。量之斛斗。衡之斤兩。皆使齊同。無輕重大小。又修五禮。吉凶賓軍嘉之禮。修五玉。公侯伯子男所執之圭璧也。又修三帛。諸侯世子。公之孤。附庸之君。所執玄纁黃之帛也。又修二生。卿所執羔。大夫所執鴈也。又修一死。士所執雉也。自五玉至於一死。皆蒙上修文。摠言所用玉帛生死。皆爲贄以見天子也。其贄之內。如五玉之器。禮終乃復還之。其帛與生死則不還也。東岳禮畢。卽向衡山。五月南巡守。至于南岳之下。柴望以下一如岱宗之禮。南岳禮畢。即向華山。八月西巡守。至于西岳之下。其禮如初時。如岱宗所行。西岳禮畢。即向恒山。朔。北。也。十有一月北巡守。至于北岳之下。一如西岳之禮。巡守既周。乃歸京師。藝文也。至於文祖之廟。用特牛之牲。設祭以告巡守歸至也。從是以後每五載一巡守。其巡守之年。諸侯羣后。四方各朝天子於方岳之下。其朝之時。各使自陳進其所以治化之言。天子明試其言以考其功。功成有驗。則賜之車服。以表顯其有功能用事。○傳諸侯至告至。○正義曰。王者所爲巡守者。以諸侯自專一國。威福在巳。恐其擁遏上命。澤不下流。故時自巡行。問民疾苦。孟子稱晏子對齊景公云。天子適諸侯曰巡守。巡守者巡所守也。是言天子巡守。主謂巡行諸侯。故言諸侯爲天子守土。故稱守而往巡行之。定四年左傳祝鮀言衞國取相土之東都。以會王之東蒐。蒐是獮之名也。王者因巡諸侯。或亦獮以教戰。其守皆作狩。白虎通云。王者所以巡狩者也。巡者。循也。狩者。收也。爲天子循收養人。

彼因名以附說。不如晏子之言得其本也。正月班瑞。二月即行。故云既班瑞之明月。乃順春東巡。春位在東。故順春也。爾雅。泰山爲東岳。此巡守至於岱。岱之與泰。其山有二名也。風俗通云泰山。山之尊者。一曰岱宗。岱。始也。宗。長也。萬物之始。陰陽交代。故爲五岳之長。是解岱即泰山。爲四岳之宗。稱岱宗也。郊特牲云。天子適四方先柴。是燔柴爲祭天告至也。○傳東嶽至子男○正義曰。四時各至其方岳。望祭其方岳山川。故云東岳諸侯境内名山大川。如其秩次望祭之也。言秩次而祭。知徧於羣神。故云五岳牲禮視三公。四瀆視諸侯。其餘視伯子男也。其尊卑所視。王制及書傳之文。牲禮二字。孔增之也。諸侯五等。三公爲上等。諸侯爲中等。伯子男爲下等。其所言諸侯。惟謂侯爵者耳。其言所視。蓋視其祭祀。祭五岳。如祭三公之禮。祭四瀆。如祭諸侯之禮。祭山川。如祭伯子男之禮。公侯伯子男。尊卑既有等級。其祭禮必不同。但古典亡滅不可復知。鄭玄注書傳云所視者。謂其牲幣粢盛籩豆爵獻之數。案五等諸侯適天子。皆膳用太牢。禮諸侯祭皆用太牢。無上下之別。又大行人云上公九獻。侯伯七獻。子男五獻。掌客。上公饔餼九牢。飧五牢。侯伯饔餼七牢。飧四牢。子男饔餼五牢。飧三牢。又上公豆四十。侯伯三十二。子男二十四。並伯與侯同。又鄭注禮器。四望五獻。據此諸文與孔傳王制不同者。掌客行人自是周法。孔與王制。先代之禮。必知然者。以周禮侯與伯同。公羊及左氏傳。皆以公爲上。伯子男爲下。是其異也。○傳合四至均同○正義曰上篇已訓協爲合。故注即以合言之也。他皆倣此。周禮太史云。正歲年。須告朔於邦國。則節氣晦朔。皆天子須之。猶恐諸侯國異。或不齊同。故因巡守而合和之。節是月初。氣是月半也。世本云容成作曆。大撓作甲子。二人皆黄帝之臣。蓋自黄帝已來。始作甲子紀日。每六十日而甲子一周。史記稱紂爲長夜之飲。忘其日辰。恐諸侯或有此之類。故須合日之甲乙也。時也月也日也。三者皆當勘檢諸國使齊一也。律者。候氣之管。而度量衡三者法制皆出於律。故云律法制也。度有丈尺。量有斛斗。衡有斤兩。皆取法於律。故孔解律爲法制。卽云及尺丈斛斗斤兩皆均同之。漢書律歷志云。度量衡出於黄鐘之律也。度者。分寸尺丈引。所以度長短也。本起於黄鐘之管長。以子穀秬黍中者。以一黍之廣度之。千二百黍爲一分。十分爲寸。十寸爲尺。十尺爲丈。十丈爲引。而五度審矣。量。謂龠合升斗斛。所以量多少也。本起於黄鐘之龠。以子穀秬黍中者千有二百實爲一龠。十龠爲合。十合爲升。十升爲斗。十斗爲斛。而五量嘉矣。權者。銖兩斤鈞石。所以稱物知輕重也。本起於黄鐘之龠。一龠容千二百黍。重十二銖。兩之爲兩。十六兩爲斤。三十斤爲鈞。四鈞爲石。而五權謹矣。權衡一物。衡。平也。權。重也。稱上謂之衡。稱鎚謂之權。所從言之異耳。如彼志文。是量度衡本起於律也。時月言協。日言正。度量衡言同者。以時月須與他月和合。故言協。日有正與不正。故言正。度量衡俱是民之所用。恐不齊同。故言同。因事宜而變名耳。○傳脩吉至其玉。○正義曰。周禮大宗伯云。以吉禮事邦國之鬼神示。以凶禮哀邦國之憂。以賓禮親邦國。以軍禮同邦國。以嘉禮親萬民之婚姻。知五禮謂此也。帝王之名既異，古今之禮或殊。而以周之五禮爲此五禮者。以帝王相承。事有損益。後代之禮。亦當是前代禮也。且歷驗此經。亦有五事。此篇類於上帝。吉也。如喪考妣。凶也。羣后四朝。賓也。大禹謨云汝徂征。軍也。堯典云女于時。嘉也。五禮之事。並見於經。知與後世不異也。此云五玉。即上文五瑞。故知五等諸侯執其玉也。鄭玄云執之曰瑞。陳列曰玉。○傳諸侯至執黃。○正義曰。周禮典命云。凡諸侯之適子。誓於天子。攝其君。則下其君之禮一等。未誓則以皮帛繼子男之下。公之孤四命。以皮帛眡小國之君。是諸侯世子公之孤執帛也。附庸雖則無文。而爲南面之君。是一國之主。春秋時附庸之君適魯。皆稱來朝。未有爵命。不得執玉。則亦繼小國之君。同執帛也。經言三帛。必有三色。所云纁玄黃者。孔時或有所據。未知出何書也。王肅云三帛。纁玄黃也。附庸與諸侯之適子公之孤執皮帛。其執之色未詳聞。或曰。孤執玄。諸侯之適子執纁。附庸執黃。王肅之注尚書。其言多同孔傳。周禮孤與世子皆執皮帛。鄭玄云皮帛者。束帛而表之。以皮爲之飾。皮。虎豹皮也。此三帛不言皮。蓋于時未以皮爲飾。○傳卿執至執雉。○正義曰。此皆大宗伯文也。鄭玄曰。羔。小羊。取其羣而不失其類也。鴈。取其候時而行也。雉。取其守介死不失節也。曲禮云飾羔鴈者以繢。謂衣之以布而又畫之。雉。執之無飾。士相見之禮。卿大夫飾贄以布。不言繢。此諸侯之臣。與天子之臣異也。鄭之此言。論周之禮耳。虞時每事猶質。羔鴈不必有飾。○傳玉帛至見之○正義曰。曲禮云。贄。諸侯圭。卿羔。大夫鴈。士雉。雉不可生。知一死是雉。二生是羔鴈也。鄭玄云贄之言至。所執以自至也。自五玉以下蒙上修文者。執之使有常也。若不言贄則不知所用。故言贄以結上文。見玉帛生死皆所以爲贄。以見君與自相見。其贄同也。○傳卒終至則否。○正義曰。卒。終。釋詁文。釋言云還。復返也。是還復同義。故爲還也。五器文在贄下。則是贄内之物。周禮大宗伯云以玉作五器。知器謂圭璧。即五玉是也。如若也。言諸侯贄之内。若是五器。禮終乃還之。如三帛生死。則不還也。聘義云以圭璋聘。重禮也。已聘而還圭璋。此輕財而重禮之義也。聘義主於說聘。其朝禮亦然。周禮司儀云諸公相見爲賓。還圭如將幣之儀。是圭璧皆還之也。士相見禮言大夫以下見國君之禮。云若他邦之人。則使擯者還其贄。已臣皆不還其贄。是三帛生死則否。○傳南岳至月至○正義曰。釋山云河南華。河東岱。河北恒。江南衡。李巡云華。西岳華山也。岱。東岳泰山也。恒。北岳恒山也。衡。南岳衡山也。郭璞云恒山一名常山。避漢文帝諱。釋山又云泰山爲東岳。華山爲西岳。霍山爲南岳。恒山爲北岳。岱之與泰。衡之與霍。皆一山而有兩名也。張揖云天柱謂之霍山。漢書地理志云天柱在廬江灊縣。則霍山在江北。而與江南衡爲一者。郭璞爾雅注云霍山。今在廬江灊縣。灊水出焉。別名天柱山。漢武帝以衡山遼曠。故移其神於此。今其彼土俗人皆呼之爲南岳。南岳本自以兩山爲名。非從近來也。而學者多以霍山不得爲南岳。又云漢武帝來始乃名之。即如此言。謂武帝在爾雅前乎。斯不然矣。是解衡霍二名之由也。書傳多云五岳。以嵩高爲中岳。此云

萬曆十五年刊

四岳者。明巡守至於四岳故也。風俗通云泰山。山之尊者。一曰岱宗。岱。始也。宗。長也。萬物之始。陰陽交代。故爲五岳之長。王者受命。恒封禪之。衡山一名霍山。言萬物霍然大也。華。變也。萬物變由西方也。恒。常也。萬物伏北方有常也。二月至於岱宗。不指岳名者。巡守之始。故詳其文。三時言岳名。明岱亦是岳。因事宜而互相見也。四巡之後。乃云歸格。則是一出而周四岳。故知自東岳而即南行。以五月至也。王者順天道以行人事。故四時之月。各當其時之中。故以仲月至其岳。上云歲二月東巡守。以二月始發者。此四時巡守之月。皆以至岳爲文。東巡以二月至。非發時也。但舜以正月有事。二月即發行耳。鄭玄以爲每岳禮畢而歸。仲月乃復更去。若如鄭言。當於東巡之下。即言歸格。後以如初包之。何當北巡之後。始言歸乎。且若來而復去。計程不得周徧。此事不必然也。其經南云如岱禮。西云如初。北云如西禮者。見四時之禮皆同。互文以明耳。不巡中岳者。蓋近京師。有事必聞。不慮枉滯。且諸侯分配四方。無屬中岳。故不須巡之也。○

朔巡守○正義曰釋訓云朔北方也故堯典及此與禹貢皆以朔言此史變文耳○傳巡守至一牛○正義曰此承四巡之下是巡守既徧然後歸也以上受終在文祖之廟知此以告至文祖之廟才藝文德其義相通故藝爲文也文祖藝祖史變文耳王制說巡守之禮云歸格于祖禰用特此不言禰故傳推之言祖則考著考近於祖舉尊以及卑也特者獨也故爲一牛此惟言文祖故云一牛徧告諸廟廟用一牛故鄭注彼云祖下及禰皆一牛也此時舜始攝位未自立廟故知告堯之文祖也○傳各會至可知○正義曰此總說巡守之事而言羣后四朝是言四方諸侯各自會朝於方岳之下凡四處別朝故云四朝上文肆覲東后是爲一朝四岳禮同四朝見矣計此不宜須重言之爲將說敷奏之事敷奏因朝而爲故申言之申重也此是巡守大法文在舜攝位之時嫌堯本不然故云堯舜同道舜攝則然堯又可知也堯法已然舜無增改而言此以美舜者道同於堯足以爲美故史錄之○傳敷陳至能用○正義曰敷者布散之

言。與陳設義同，故爲陳也。奏，是進上之語，故爲進也。諸侯四處來朝，每朝之處，舜各使陳進其治理之言。令自說己之治政，既得其言，乃依其言明試之，以要其功。必如其言，即功實成，則賜之車服，以表顯其人有才能可用也。人以車服爲榮，故天子之賞諸侯，皆以車服賜之。覲禮云天子賜侯氏以車服是也。

肇十有二州。傳 肇，始也。禹治水之後，舜分冀州爲幽州、并州，分青州爲營州，始置十二州。○肇，音兆。十有二州，謂冀、兖、青、徐、荆、揚、豫、梁、雍、并、幽、營也。

封十有二山，濬川。傳 封，大也。每州之名山殊大者，以爲其州之鎮。有流川，則深之使通利。○濬，荀俊反。

象以典刑。傳 象，法也。法用常刑，用不越法。

流宥五刑。傳 宥，寬也。以流放之法寬五刑。○宥，音又，馬云：宥，二宥也。

鞭作

官刑。傳以作爲治官事之刑。扑作教刑。傳扑，榎楚也。不勤道業則撻之。○扑，普卜反，徐敷卜反。榎，皆雅反。金作贖刑。傳金，黃金。誤而入刑，出金以贖罪。○贖，石欲反，徐音樹。眚災肆赦，怙終賊刑。傳眚，過。災，害。肆，緩。賊，殺也。過而有害，當緩赦之。怙姦自終，當刑殺之。○眚，所景反。怙，音戶。欽哉欽哉，惟刑之恤哉。傳舜陳典刑之義，勑天下使敬之，憂欲得中。○恤，峻律反，憂也。流共工于幽洲，傳象恭滔天，足以惑世，故流放之。幽洲，北裔。水中可居者曰洲。○共，音恭。左傳少皥氏有不才子，毀信廢忠，崇飾惡言，靖譖庸回，服讒蒐慝，以誣盛德。天下之民謂之窮奇。杜預云：卽共工。裔，以制反。放

驩兜于崇山（傳）黨於共工。罪惡同。崇山。南裔。○驩。呼端反。兜。丁侯反。左傳。帝鴻氏有不才子。掩義隱賊。好行凶德。醜類惡物。頑嚚不友。是與比周。天下之民。謂之渾敦。杜預云。卽驩兜也。帝鴻。黃帝也。

竄三苗于三危（傳）三苗。國名。縉雲氏之後。爲諸侯。號饕餮。三危。西裔。○竄。七亂反。三苗。馬王云。國名也。縉雲氏之後爲諸侯。蓋饕餮也。左傳。縉雲氏有不才子。貪于飲食。冒于貨賄。侵欲崇侈。不可盈厭。聚斂積實。不知紀極。不念孤寡。不恤窮匱。天下之民。以比三凶。謂之饕餮。杜預云。縉雲。黃帝時官名。非帝子孫。故以比三凶也。貪財曰饕。貪食曰餮。縉。音晉。饕。土刀反。餮。他節反。

殛鯀于羽山（傳）方命圮族。績用不成。殛竄放流。皆誅也。異其文。述作之體。羽山。東裔。在海中。○殛。紀力反。鯀。故本反。左傳。顓頊氏有不才子。不可教訓。不知話言。告之則頑。舍之則嚚。傲很明德。以亂天常。天下之民謂之檮杌。杜預云卽鯀也。檮杌。凶頑無儔匹之貌。

四罪而天下咸服。傳皆服舜用刑當其罪。故作者先敘典刑。而連引四罪。明皆徵用所行。於此揔見之。

疏肇十有至咸服。○正義曰。史言舜旣攝位。出行巡守。復分置州域。重愼刑罰。於禹治水後。始分置十有二州。每州以大山爲鎭。殊大者十有二山。深其州內之川。使水通利。又留意於民。詳其罪罰。依法用其常刑。使罪各當。刑不越法。用流放之法。寬宥五刑。五刑雖有犯者。或以恩減降。不使身服其罪。所以流放宥之。五刑之外。更有鞭作治官事之刑。有扑作師儒敎訓之刑。其有意善功惡。則令出金贖罪之刑。若過誤爲害。原情非故者。則緩縱而赦放之。若怙恃姦詐。終行不改者。則賊殺而刑罪之。舜愼刑如此。又設言以誡百官曰。敬之哉。敬之哉。惟此刑罰之事。最須憂念之哉。令勤念刑罰。不使枉濫也。又言舜非於攝位之後。方始重愼刑罰。初於登用之日。即用刑當其罪。流徙共工於北裔之幽洲。放逐驩兜於南裔之崇山。竄三苗于西裔之三危。誅殛伯鯀于東裔之羽山。行此四罪。各得其實。而天下皆服從之。○傳肇始至二州○正義曰。肇。始。釋詁文。禹貢治水之時。猶爲九州。今始爲十二州。知禹治水之後也。禹之治水。通鯀九載。爲作十有三載。則舜攝位元年。九州始畢。當是二年之後。以境界太遠。始别置之。知分冀州爲幽州幷州者。以王者廢置。理必相沿。周禮職方氏九州之名。有幽幷無徐梁。周立州名。必因於古。知舜時當有幽幷。職方幽幷山川。於禹貢皆冀州之域。知分冀州之域爲之也。爾雅釋地九州之名。於禹貢無梁青而有幽營。云燕曰幽州。齊曰營州。孫炎以爾雅之文與職方禹貢並皆不同。疑是殷制。則營州亦有所因。知舜時亦有營州。齊即青州之地。知分青州爲之。於此居攝之時。始置十有二州。蓋終舜之世常然。宣三年左傳云。昔夏之方有德也。貢金九牧。則禹登王位。還置九州。其名蓋如禹貢。其境界不可知也。○傳封大至通利○正義曰：釋詁云：「冢，大也。」舍人曰：「冢，封之大也。」定四年左傳云「封豕長蛇」相對，是封爲大也。周禮職方氏每州皆云「其山鎮曰某山」，揚州會稽，荆州衡山，豫州華山，雍州吴山，冀州霍山，并州恒山，幽州醫無閭，青州沂山，兖州岱山，是周時九州之内最大之山。舜時十有二山，事亦然也。州内雖有多山，取其最高大者以爲其州之鎮，特舉其名，是殊大之也。其有川無大無小，皆當深之，故云濬川，有流川則深之，使通利也。職方氏每州皆云「其川」、「其浸」，亦舉其州内大川，但令小大俱通，不復舉其大者，故直云濬之而已。○傳「象法」至「越法」。○正義曰：易繫辭云：「象也者，象此者也。」又曰：「天垂象，聖人則之。」是象爲倣法，故爲法也。五刑雖有常法，所犯未必當條，皆須原其本情，然後斷決。或情有差降，俱被重科，或意有不同，失出失入，皆是違其常法，故令依法用其常刑，用之使不越法也。○傳「宥寛」至「五刑」。○正義曰：「寛，宥」，周語文。流謂徙之遠方，放使生活，以流放之法寛縱五刑也。此惟解以流寛之刑，而不解宥寛之意。鄭玄云：「其輕者或流放之，四罪是也。王肅云謂君不忍刑殺。宥之以遠方。然則知此是據狀合刑。而情差可恕。全赦則太輕。致刑即太重。不忍依例刑殺。故完全其體。宥之遠方。應刑不刑。是寬縱之也。上言典刑。此言五刑者。其法是常。其數則五。象以典刑。謂其刑之也。流宥五刑。謂其遠縱之也。流言五刑。則典刑亦五。其文互以相見。王肅云。言宥五刑。則正五刑見矣。是言二文相通之意也。典刑是其身。流宥離其鄉。流放致罪爲輕。此鞭爲重。故次典刑之下。先言流宥。鞭扑雖輕。猶虧其體。此於出金贖罪又爲輕。且呂刑五罰。雖主贖五刑。其鞭扑之罪。亦容輸贖。故後言之。此正刑五。與流宥鞭扑俱有常法。典字可以統之。故發首言典刑也。○傳以鞭至之刑。○正義曰。此有鞭刑。則用鞭久矣。周禮條狼氏誓大夫曰。敢不關鞭五百。左傳有鞭徒人費。圉人犖是也。子玉使鞭七人。衛侯鞭師曹三百。日來亦皆施用。大隨造律。方使廢之。治官事之刑者。言若於官事不治則鞭之。蓋量狀加之。未必有定數也。○傳扑榎至撻之○正義曰。學記云。榎楚二物。以收其威。鄭玄云。榎。搯也。楚。荊也。二物可以扑撻犯禮者。知扑是榎楚也。既言以收其威。知不勤道業則撻之。益稷云撻以記之。又大射鄉射皆云司馬搢扑。則扑亦官刑。惟言作教刑者。官刑鞭扑俱用。教刑惟扑而已。故屬扑於教。其實官刑亦當用扑。蓋重者鞭之。輕者撻之。○傳金黃至贖罪○正義曰。此以金爲黃金。吕刑其罰百鍰。傳爲黃鐵。俱是贖罪。而金鐵不同者。古之金銀銅鐵。摠號爲金。別之四名耳。釋器云黃金謂之盪。白金謂之銀。是黃金白銀俱名金也。周禮考工記攻金之工。築氏爲削。冶氏爲殺矢。鳧氏爲鍾。㮚氏爲重。段氏爲鎛。桃氏爲劍。其所爲者有銅有鐵。是銅鐵俱名爲金。則鐵名亦包銅矣。此傳黃金。吕刑黃鐵。皆是今之銅也。古之贖罪者皆用銅。漢始改用黃金。但少其斤兩。令與銅相敵。故鄭玄駁異義言贖死罪千鍰。鍰六兩大半兩。爲四百一十六斤十兩大半兩銅。與金贖死罪金三斤。爲價相依附。是古贖罪皆用銅也。實謂銅而謂之金鐵。知傳之所言。謂銅爲金鐵耳。漢及後魏贖罪。皆用黃金。後魏以金難得。合金一兩。收絹十匹。今

律乃復依古。死罪贖銅一百二十斤。於古稱爲三百
六十斤。孔以鍰爲六兩。計千鍰爲三百七十五斤。今
贖輕於古也。誤而入罪。出金以贖。卽律過失殺傷人。
各依其狀以贖論是也。呂刑所言疑赦乃罰者。卽今
律疑罪各從其實以贖論是也。疑謂虛實之證等。是
非之理均。或事涉疑似。旁無證見。或雖有證見。事非
疑似。如此之類言皆爲疑罪。疑而罰贖。呂刑已用言。
誤而輸贖。於文不顯。故此傳指言誤而入罪。已解此
贖。鞭扑加於人身。可云扑作教刑。金非加人之物。而
言金作贖刑。出金之與受扑。俱是人之所患。故得指
其所出以爲刑名。○傳眚過至殺之○正義曰。春秋
言肆眚者。皆謂緩縱過失之人。是肆爲緩也。眚爲過
也。公羊傳云。害物曰災。是災爲害也。宣二年左傳。晉侯
殺趙盾。使鉏麑賊之。是賊爲殺也。此經二句。承上典
刑之下。揔言用刑之罪。過而有害。雖據狀合罪。而原
心非故。如此者當緩赦之。小則恕之。大則宥之。上言
流宥贖刑是也。怙恃姦詐。欺罔時人。以此自終。無心
改悔。如此者當刑殺之。小者刑之。大者殺之。上言典

刑及鞭扑皆是也。經言賊刑。傳云刑殺。不順經文者。隨便言之。○傳舜陳至得中。○正義曰。此經二句。舜之言也。不言舜曰。以可知而略之。舜既制此典刑。又陳典刑之義。以勑天下百官。使敬之哉。敬之哉。惟刑之憂哉。憂念此刑。恐有濫失。欲使得中也。○傳象恭至曰洲。○正義曰。堯典言共工之行云。靜言庸違。象恭滔天。言貌象恭敬。傲很漫天。足以疑惑世人。故流放也。左傳說此事。言投諸四裔。釋地云燕曰幽州。知北裔也。水中可居者曰洲。釋水文。李巡曰。四方有水。中央高。獨可居。故曰洲。天地之勢。四邊有水。鄒衍書說。九州之外。有瀛海環之。是九州居水內。故以州爲名。共在一州之上。分之爲九耳。州取水內爲名。故引爾雅解州也。投之四裔。裔訓遠也。當在九州之外。而言於幽州者。在州境之北邊也。禹貢羽山在徐州。三危在雍州。故知北裔在幽州。下三者所居。皆言山名。此共工所處。不近大山。故舉州言之。此流四凶在治水前。於時未作十有二州。則無幽州之名。而云幽州者。史據後定言之。○傳黨於至南裔。○正義曰。共工象恭滔天。而驩兜薦之。是黨於共工。罪惡同。故放之也。左傳說此事云流四凶族。投諸四裔則四方方各有一人。幽州在北裔。雍州三危在西裔。徐州羽山在東裔。三方既明。知崇山在南裔也。禹貢無崇山。不知其處。蓋在衡嶺之南也。○傳三苗至西裔○正義曰。昭元年左傳說自古諸侯不用王命者。虞有三苗。夏有觀扈。知三苗是國。其國以三苗爲名。非三國也。杜預言三苗地闕不知其處。三凶皆是王臣。則三苗亦應是諸夏之國。入仕王朝者也。文十八年左傳言縉雲氏有不才子。貪于飲食。冒于貨賄。侵欲崇侈。不可盈厭。聚斂積實。不知紀極。不分孤寡。不恤窮匱。天下之民。以比三凶。謂之饕餮。即此三苗是也。知其然者。以左傳說此事。言舜臣堯流四凶族。渾敦窮奇檮杌饕餮。投諸四裔。以禦螭魅。謂此驩兜共工三苗與鯀也。雖知彼言四凶。此等四人。但名不同。莫知孰是。惟當驗其行跡以別其人。左傳說窮奇之行云。靖譖庸回。堯典言共工之行云靜言庸違。其事既同。知窮奇是共工也。左傳說渾敦之行云。醜類惡物。是與比周。

堯典言驩兜薦舉共工。與惡比周。知渾敦是驩兜也。左傳說檮杌之行。言不可教訓。不知詁言。傲很明德。以亂天常。堯典言鯀之行云。咈哉方命圮族。其事既同。知檮杌是鯀也。惟三苗之行。堯典無文。鄭玄具引左傳之文。乃云命驩兜舉共工。則驩兜爲渾敦也。共工爲窮奇也。鯀爲檮杌也。而三苗爲饕餮。饕餮亦可知。是先儒以書傳相考。知三苗是饕餮也。○禹貢雍州言三危既宅。三苗丕敘。知三危是西裔也。○傳方命至海中○正義曰。方命圮族。是其本性。績用不成。試而無功。二者俱是其罪。故並言之。釋言云。殛。誅也。傳稱流四凶族者。皆是流。而謂之殛。竄放流皆誅者。流者移其居處。若水流然。罪之正名。故先言也。放者使之自活。竄者投棄之名。殛者誅責之稱。俱是流徙。異其文。述作之體也。四者之次。蓋以罪重者先。共工滔天。爲罪之最大。驩兜與之同惡。故以次之。祭法以鯀障洪水。故列諸祀典。功雖不就。爲罪最輕。故後言之。禹貢徐州云蒙羽其藝。是羽山爲東裔也。漢書地理志羽山。在東海郡祝其縣西南。海水漸及。故言在海中也。

○傳皆服至見之○正義曰此四罪者徵用之初即流之也舜以微賤超升上宰初來之時天下未服既行四罪故天下皆服舜用刑得當其罪也自象以典刑以下徵用而即行之於此居攝之後追論成功之狀故作者先敘典刑言舜重刑之事而連引四罪述其刑當之驗明此諸事皆是徵用之時所行於此摠見之也知此等諸事皆徵用所行者洪範云鯀則殛死禹乃嗣興僖三十三年左傳云舜之罪也殛鯀其舉也興禹襄二十一年左傳云鯀殛而禹興此三者皆言殛鯀而後用禹爲治水是徵用時事四罪在治水之前明是徵用所行也又下云禹讓稷契皐陶帝因追美三人之功所言稷播百穀契敷五教皐陶作士皆是徵用時事皐陶所行五刑有服五流有宅即是象以典刑流宥五刑此爲徵用時事足可明矣而鄭玄以爲禹治水事畢乃流四凶故王肅難鄭言若待禹治水功成而後以鯀爲無功殛之是爲舜用人子之功而流放其父則禹之勤勞適足使父致殛爲舜失五典克從之義禹陷三千莫大之罪進退無據

亦甚迂哉。

二十有八載，帝乃殂落。傳 殂落，死也。堯年十六即位，七十載求禪，試舜三載，自正月上日至崩二十八載，堯死，壽一百一十七歲。○殂，才枯反。

百姓如喪考妣。傳 考妣，父母。言百官感德思慕。○喪，如字，又息浪反。妣，必履反。父曰考，母曰妣。

三載，四海遏密八音。傳 遏，絕。密，靜也。八音，金、石、絲、竹、匏、土、革、木。四夷絕音三年，則華夏可知。言盛德恩化所及者遠。○遏，安葛反，或音謁。八音，謂金，鐘也；石，磬也；絲，琴瑟也；竹，篪笛也；匏，笙也；土，塤也；革，鼓也；木，柷敔也。匏，白交反。

疏 「二十」至「八音」。○正義曰：舜受終之後，攝天子之事。二十有八載，帝堯乃死。百官感德思慕，如喪考妣。三載之內，四海之人，蠻夷戎狄，皆絕靜八音而不復作樂。是堯盛德恩化。

所及者遠也。○傳殂落至七歲。○正義曰。殂落。死也。釋詁文。李巡曰。殂落。堯死之稱。郭璞曰。古死。尊卑同稱。故書堯曰殂落。舜曰陟方乃死。謂之殂落者。蓋殂爲往也。言人命盡而往。落者。若草木葉落也。堯以十六卽位。明年乃爲元年。七十載求禪。求禪之時八十六也。試舜三年。自正月上日至崩二十八載。摠計其數。凡壽一百一十七歲。案堯典求禪之年。卽得舜而試之。求禪試舜。共在一年也。更得二年。卽爲歷試三年。故下傳云。歷試二年。與攝位二十八年。合得爲三十在位。故王肅云徵用三載。其一在徵用之年。其餘二載。與攝位二十八年。凡三十歲也。故孔傳云歷試二年。明其一年在徵用之限。以此計之。惟有一百一十六歲。不得有七。蓋誤爲七也。○傳考妣至思慕。○正義曰。曲禮云。生曰父母。死曰考妣。鄭玄云。考。成也。言其德行之成也。妣之言媲也。媲於考也。喪服爲父爲君。同服斬衰。檀弓說事君之禮。云服勤至死。方喪三年。鄭玄云。方喪資於事父。凡此以義爲制。義重則恩輕。其情異於父。如喪考妣。言百官感德。情同父母。

思慕深也。諸經傳言百姓，或爲百官，或爲萬民。知此百姓是百官者，以喪服庶民爲天子齊衰三月，畿外之民無服，不得如考妣，故知百官也。○傳「遏絶」至者遠。○正義曰：「密，靜」，釋詁文。遏，止絶之義，故爲絶也。周禮大師云：「播之以八音：金、石、土、革、絲、木、匏、竹。」鄭云：「金，鍾鎛也；石，磬也；土，塤也；革，鼓鼗也；絲，琴瑟也；木，柷敔也；匏，笙也；竹，管簫也。」傳言八音與彼次不同者，隨便言耳。釋地云：「九夷、八狄、七戎、六蠻，謂之四海。」夷狄尚絶音三年，則華夏內國可知也。喪服諸侯之大夫爲天子正服繐衰，既葬除之。今能使四夷三載絶音，言堯有盛德，恩化所及遠也。

月正元日，舜格于文祖。傳月正，正月。元日，上日也。舜服堯喪三年畢，將即政，故復至文祖廟告。○復，扶又反。

詢于四岳，闢四門。傳詢，謀也。謀政治於四岳，開闢四方之門未開者，廣致衆賢。○闢，婢亦反。徐甫亦反。

明

四目。達四聰。傳 廣視聽於四方。使天下無壅塞。咨十
有二牧。曰食哉惟時。傳 咨。亦謀也。所重在於民食。惟
當敬授民時。柔遠能邇。惇德允元。傳 柔。安。邇。近。敦。厚
也。元。善之長。言當安遠乃能安近。厚行德信。使足長
善。○惇音敦。長。張丈反。下同。而難任人。蠻夷率服。傳 任。佞。難。拒也。
佞人斥遠之。則忠信昭於四夷。皆相率而來服。○難。音
乃旦反。任。音壬。
又音而鴆反。疏 月正至率服。○正義曰。自此已下。言舜眞爲天子。命百官受職之事。
舜既除堯喪。以明年之月正元日。舜至於文祖之廟。
告已將即正位爲天子也。告廟既訖。乃謀政治於四
岳之官。所謀開四方之門。大爲仕路致衆賢也。明四
方之目。使爲已遠視四方也。達四方之聰。使爲已遠

聽聞四方也。恐遠方有所擁塞。令爲已悉聞見之。既謀於四岳。又別刺州牧。咨十有二牧曰。人君最所重者。在於民之食哉。惟當敬授民之天時。無失其農要。爲政務在安民。當安彼遠人。則能安近人耳。遠人不安則近亦不安。欲令遠近皆安之也。又當厚行德信。而使足爲善長。欲令諸侯皆厚行其德。爲民之師長。而難拒佞人。斥遠之使不干朝政。如是。則誠信昭於四夷。自然蠻夷皆相率而來服也。○傳月正至廟告

○正義曰。正訓長也。月正。言月之最長。正月長於諸月。月正還是正月也。上日。日之最上。元日。日之最長。元日還是上日。王肅云。月正元日。猶言正月上日。變文耳。禮云令月吉日。又變文言吉月令辰。此之類也。知舜服堯喪三年畢將即政者。以堯存且攝其位。堯崩謙而不居。孟子云堯崩三年喪畢。舜避丹朱於南河之南。天下諸侯朝覲者不之堯子而之舜。獄訟者不之堯子而之舜。謳歌者不之堯子而謳歌舜。曰天也。然後之中國。踐天子位。既言然矣。此文又承三載之下。故知舜服堯喪三年畢。將欲即政。復至文祖廟

告。前以攝位告。今以即政告也。此猶是堯之文祖。自此以後。舜當自立文祖之廟。堯之文祖。當遷於丹朱之國也。○傳詢謀至衆賢○正義曰。詢。謀。釋詁文。闢訓開。開四方之門。謂開仕路引賢人也。論語云從我於陳蔡者。皆不及門也。門者行之所由。故以門言仕路。以堯舜之聖。求賢久矣。今更言開門。是開其未開者。謂多設取士之科。以此廣致衆賢也。○傳廣視至壅塞○正義曰。聽謂耳聞之也。既云明四目。不云聽四耳者。目視苦其不明。耳聽貴其及遠。明謂所見博。達謂聽至遠。二者互以相見。故傳摠申其意。廣視聽於四方。使天下無壅塞。天子之聞見在下。必由近臣。四岳親近之官。故與謀此事也。○傳咨亦至明時○正義曰。咨。謀。釋詁文。以上帝曰咨。上連帝曰。故爲咨嗟。此則上有詢于四岳。言咨十有二牧。故爲謀也。立君所以牧民。民生在於粒食。是君之所重。論語云所重民食。謂年穀也。種殖收斂。及時乃獲。故惟當敬授民時。○傳柔安至長善○正義曰。柔。安。邇。近。惇。厚。皆釋詁文。元。善之長。易文言也。安近不能安遠。遠人或來擾亂。雖欲安近。近亦不安。人君爲政。若其不能安近。但戒使之柔遠。故能安近。言當安彼遠人。乃能安近。欲令遠近皆安也。王肅云能安遠者。先能安近。知不然者。以牧在遠方。故據遠近之。惇德者。令人君厚行德也。允元者。信使足爲長善也。言人君厚行德之與信使足爲善長。民必効之爲善而行也。○傳任佞至來服○正義曰。任。佞。釋詁文。孫炎云似可任之佞也。論語說爲邦之法。云遠佞人。佞人殆。故以難距佞人爲斥遠之。令不干朝政。朝無佞人。則忠信昭於四夷。皆相率而來服也。舉蠻夷而戎狄亦見矣。

舜曰。咨四岳。有能奮庸熙帝之載。傳奮。起。庸。功。載。事也。訪羣臣有能起發其功。廣堯之事者。言舜曰以別堯。○奮。弗運反。**使宅百揆。亮采惠疇。**傳亮。信。惠。順也。求其人使居百揆之官。信立其功。順其事者誰乎。**僉曰。伯禹**

作司空。傳 四岳同辭而對。禹代鯀爲崇伯。入爲天子司空。治洪水有成功。言可用之。帝曰。俞。咨禹。汝平水土。惟時懋哉。傳 然其所舉。稱禹前功以命之。懋。勉也。惟居是百揆。勉行之。○俞。以朱反。懋。音茂。王云。勉也。馬云。美也。禹拜稽首。讓于稷契暨臯陶。傳 居稷官者。棄也。契臯陶。二臣名。稽首。首至地。○稽。音啓。稽首。首至地。臣事君之禮。契。息列反。陶。音遙。帝曰。俞。汝往哉。傳 然其所推之賢。不許其讓。敕使往宅百揆。疏 舜曰至往哉○正義曰。舜本以百揆攝位。今既即政。故求置其官。曰。咨嗟四岳等。汝於羣臣之內。有能起發其功。廣大帝堯之事者。我欲使之居百揆之官。在官而信立其功。於事能順者。其是誰乎。四岳皆曰。伯禹作司空有成功。惟此人可用。帝曰然。然其所舉得人也。乃咨嗟勑禹。汝本平水土。實有成功。惟當居是百揆而勉力行哉。禹拜稽首。讓于稷契與皋陶。帝曰然。然其所讓實賢也。汝但往居此職。不許其讓也。○傳奮起至別堯。○正義曰。奮是起動之意。故爲起也。釋詁文。庸勞也。勞亦功也。鄭玄云。載。行也。王肅云。載。成也。孔以載爲事也。各自以意訓耳。舜受堯禪。當繼行其道。行之在於任臣。百揆臣之最貴。求能起發其功。廣大帝堯之事者。欲任之。舜既即位。可以稱帝。而言舜曰者。承堯事下。言舜曰以別堯。於此一別。以下稱帝也。○傳亮信至誰乎。○正義曰。亮信。釋詁文。惠順。釋言文。上云舜納於百揆。百揆是官名。故求其人使居百揆之官。居官則當信立其功。能順其事者誰乎。此官任重。當統羣職。繼堯之功。故歷言所順而後始問誰乎。異於餘官先言疇也。○傳四岳至用之。○正義曰。僉訓爲皆。故云四岳皆同辭而對也。國語云。有崇伯鯀。堯殛之於羽山。賈逵云。崇。國名。伯。爵也。禹代鯀爲崇伯。入爲天子司空。以其伯爵。故稱伯禹。言人之賢而舉其爲官。知禹治洪水有成功。言可用也。○傳然其至行之。○正義曰。禹平水土往前之事。嫌其今復命之令平水土。故云稱禹前功以命之。懋勉。釋詁文。○傳居稷至首至地。○正義曰。下文帝述三人。遂變稷爲棄。故解之。居稷官者。棄也。獨稱官者。出自禹意耳。不以著義。鄭云時天下賴后稷之功。故以官名通稱。或當然也。經因稷契名單。共文言暨皐陶爲文勢耳。三人爲此次者。蓋以官尊卑爲先後也。周禮大祝辨九拜。一曰稽首。稽首爲敬之極。故爲首至地。稽首是拜內之別名。爲拜乃稽首。故云拜稽首也。

帝曰。棄。黎民阻飢。汝后稷播時百穀。傳阻。難。播。布也。衆人之難在於饑。汝后稷布種是百穀以濟之。美其前功以勉之。○阻。莊呂反。王云。難也。播。波左反。疏帝曰棄至百穀。○正義曰。帝因禹讓三人。而官不轉。各述其功以勸之。帝呼稷曰。棄。往者洪水之時。衆民之難。難在於飢。汝君爲此稷之官。教民布種是百穀以濟活之言我知汝功當勉之○傳阻難至勉之○正義曰阻難釋詁文播是分散之義故爲布也王肅云播敷也堯遭洪水民不粒食故衆民之難在於飢也稷是五穀之長立官主此稷事后訓君也帝言汝君此稷官布種是百穀以濟救之追美其功以勸勉之上文讓於稷契咎繇稷云暨稷呂刑云稷降播種國語云稷爲天官單名爲稷尊而君之稱爲后稷故詩傳孝經皆以后稷爲言非官稱后也

帝曰契百姓不親五品不遜傳五品謂五常遜順也

汝作司徒敬敷五教在寬傳布五常之教務在寬所以得人心亦美其前功疏帝曰契至在寬○正義曰帝又呼契曰往者天下百姓不相親睦家內尊卑五品不能和順汝作司徒之官謹敬布其五常之教務在於寬故使五典克從是汝之功宜當勉之○傳五品至順也○正義曰品謂品秩一家之內尊卑之差卽父母兄弟子是也教之

義慈友恭孝。此事可常行。乃爲五常耳。傳上云五典克從。卽此五品能順。上傳以解五典爲五常。又解此以同之。故云五品謂五常。其實五常據教爲言。不據品也。遜。順。常訓也。不順謂不義不慈不友不恭不孝也。○傳布五至前功○正義曰。文十八年左傳云布五教於四方。父義。母慈。兄友。弟恭。子孝。是布五常之教也。論語云。寬則得衆。故務在寬。所以得民心也。治不遜之罪。宜峻法以繩之。而貴其務在寬者。此五品不遜。直是禮教不行。風俗未淳耳。未有殺害之罪。故教之務在於寬。若其不孝不恭。其人至於逆亂而後治之。於事不得寬也。

帝曰。皐陶。蠻夷猾夏。寇賊姦宄。傳猾。亂也。夏。華夏。羣行攻劫曰寇。殺人曰賊。在外曰姦。在內曰宄。言無教所致。○猾。戶入反。寇。苦豆反。宄。音軌。

汝作士。五刑有服。傳士。理官也。五刑。墨。劓。剕。宮。大辟。服。從也。言得輕重之中正。○劓，魚器反。截鼻也。剕，扶味反。刖足也。大辟，婢亦反。死刑也。**五服三就**。傳 既從五刑。謂服罪也。行刑當就三處。大罪於原野。大夫於朝。士於市。○處，昌慮反。朝，直遙反。**五流有宅。五宅三居**。傳 謂不忍加刑。則流放之若四凶者。五刑之流。各有所居。五居之差。有三等之居。大罪四裔。次九州之外。次千里之外。**惟明克允**。傳 言皋陶能明信五刑。施之遠近。蠻夷猾夏。使咸信服無敢犯者。因禹讓三臣。故歷述之。

疏 帝曰皋陶至克允。○正義曰。帝呼皋陶曰。往者蠻夷戎狄猾亂華夏。又有强寇劫賊。外姦內宄者。爲害甚大。汝作士官治之。皆能審得其情。致之五刑之罪。受罪者皆有服從之心。言輕重得中。悉無怨恨也。五刑有服從者。於三處就而殺之。其有不忍刑其身者。則斷爲五刑而流放之。五刑之流。各有所居處。五刑所居。於三處居之。所以輕重罪得其宜。受罪無怨者。惟汝識見之明。能使之信服。故姦邪之人。無敢更犯。是汝之功。宜當勉之。因禹之讓。以次誡之。○傳猾亂至所致○正義曰。猾者狡猾相亂。故猾爲亂也。夏。訓大也。中國有文章光華。禮義之大。定十年左傳云裔不謀夏。夷不亂華。是中國爲華夏也。寇者衆聚爲之。賊者殺害之稱。故羣行攻刧曰寇。殺人曰賊成十七年左傳云亂在外爲姦。在內爲宄。是在外曰姦。在內曰宄也。寇賊姦宄。皆是作亂害物之名也。蠻夷猾夏。興兵犯邊。害大。故先言之。寇賊姦宄皆國內之害小。故後言之。管子曰。倉廩實知禮節。衣食足知榮辱。讓生於有餘。爭生於不足。往者洪水爲災。下民飢困。內有寇賊爲害。外則四夷犯邊。皆言無教之致也。唐堯之聖。協和萬邦。不應末年頓至於此。蓋少有其事。辭頗增甚。歸功於人。作與奪之勢耳。○傳士理至中正○正義曰。士。即周禮司寇之屬有士師鄉士等。皆以士爲官名。鄭玄云士。察也。主察獄訟之事。月令云命大理。昭十四年左傳云。叔魚攝理。是謂獄官爲理官也。準呂刑文。知五刑謂墨劓剕宫大辟也。人心服罪。是順從之義。故爲從也。所以服者。言得輕重之中正也。呂刑云。咸庶中正是也。○傳既從至於市○正義曰。經言五服。謂臯陶所斷五刑皆服其罪。傳既訓服爲從。故云既從五刑。謂服罪也。行刑當就三處。惟謂大辟罪耳。魯語云刑五而已。無有隱者。大刑用甲兵。次刑斧鉞。中刑刀鋸。其次鑽笮。薄刑鞭扑。以威民。故大者陳之原野。小者致之市朝。五刑三次。是無隱也。孔用彼爲說。故以三就爲原野與朝市也。國語賈逵註云。用兵甲者。諸侯逆命征討之刑也。大夫已上於朝。士已下於市。傳雖不言已上已下。爲義亦當然也。國語云五刑者。謂甲兵也。斧鉞也。刀鋸也。鑽笮也。鞭扑也。與呂刑之五刑異也。所言三次。即此三就是也。惟死罪當分就處所。其墨劓剕宫。無常處可就也。馬鄭王三家。皆以三就爲原野也。市朝也。甸師氏也。案刑於甸師氏者。王之同族。刑於隱者。不與國人。處兄弟耳。非所刑之正處。此言正刑。不當數甸師也。又市朝異所。不得合以爲一。且皆國語之文。其義不可通也。○傳謂不至之外。○正義曰。此五流有宅。卽流宥五刑也。當在五刑而流放之。故知謂不忍加刑。則流放之若四凶也。鄭玄云。舜不刑此四人者。以爲堯臣不忍刑之。王肅云。謂在八議之辟。君不忍殺。宥之以遠。八議者。周禮小司寇所云議親。議故。議賢。議能。議功。議貴。議賓。議勤。是也。以君恩不忍殺。罪重不可全赦。故流之也。五刑之流。各有所居。謂徙置有處也。五居之差。有三等之居。量其罪狀爲遠近之差也。四裔最遠。在四海之表。故大罪四裔。謂本犯死罪也。故周禮調人職云。父之讎辟諸海外。卽與四裔爲一也。次九州之外。卽王制云入學不率教者。屏之遠方。西方曰僰。東方曰寄。注云偪寄於夷狄也。與此九州之外同也。次千里之外者。卽調人職云兄弟之讎辟諸千里之外也。立政云中國之外不同者。言中國者。據罪人所居之國定千里也。據其遠近。其實一也。周禮與王制。既有三處之別。故約以爲言。鄭玄云三處者。自九州之外至於四海。三分其地遠近。若周之夷鎮蕃也。然罪有輕重不同。豈五百里之校乎。不可從也。○傳言皋至述之。○正義曰。惟明。謂皋陶之明。克允。謂受罪者信服。故王肅云惟明其罪。能使之信服。是信施於彼也。但彼人信服。由皋陶有信。故傳言皋陶能明信五刑。施之遠近。蠻夷使咸信服。王言信者。見其皋陶有信。故彼信之也。

帝曰。疇若予工。僉曰。垂哉。

傳問誰能順我百工事者。朝臣舉垂。垂臣名。○垂。如字。徐音睡。疏傳問誰至臣名。○正義曰。考工記云。國有六職。百工與居一焉。工即百工。故云。問誰能順我百工事者。直言帝曰。無所偏咨。故知僉曰。是朝臣共舉垂也。

帝曰。俞。咨垂。汝共工。

傳共。謂供其職事。○共。音恭。疏傳共謂供其職事。○正義曰。堯典傳云共工。官稱。則彼以共工二字爲官名。上云。疇若予工。單舉工名。今命此人云。汝作共工。明是帝謂此人堪供此職。非是呼此官名爲共工也。其官或以共工爲名。要帝意言共。謂供此職也。**垂拜稽首讓于殳斨暨伯與。**傳殳斨伯與。二臣名。○斨七良反。與音餘。**帝曰。俞。往哉汝諧。**傳汝能諧和此官。**帝曰。疇若予上下草木鳥獸。僉曰。益哉。**傳上謂山。下謂澤。順謂施其政教。取之有時。用之有節。言伯益能之。○益臯陶子也。疏傳上謂至能之。○正義曰。言上下草木鳥獸。則上之與下。各有草木鳥獸。卽周禮山虞澤虞之官。各掌其教。知上謂山。下謂澤也。順其草木鳥獸之宜。明是施其政教。取之有時。用之有節也。馬鄭王本。皆爲禹曰益哉。是字相近而彼誤耳。**帝曰。俞。咨益。汝作朕虞。**傳虞。掌山澤之官。疏作朕虞○正義曰。此官以虞爲名。帝言作我虞耳。朕非官名也。鄭玄云。言朕虞。重鳥獸草木。漢書王莽自稱爲予。立予虞之官。則莽謂此官名爲朕虞。其義必不然也。**益拜稽首。讓于朱虎熊羆。帝曰。俞。往哉汝諧。**〔傳〕朱虎。熊羆。二臣名。垂益所讓四人。皆在元凱之中。○羆。彼皮反。〔疏〕〔傳〕朱虎至之中○正義曰。知垂所讓四人皆在元凱之中者。以文十八年。左傳八元之內。有伯虎仲熊。即此朱虎熊羆是也。虎熊在元凱之內。明殳斨伯與亦在其內。但不知彼誰當之耳。益是皐陶之子。皐陶即庭堅也。益在八凱之內。垂則不可知也。傳不在伯夷夔龍之下。爲此言者。以伯夷姜姓。不在元凱之內。夔龍亦不可知。惟言此四人耳。傳雖言殳斨伯與。亦難知也。**帝曰。咨。四岳。有能典朕三禮。僉曰。伯夷。**〔傳〕三禮。天地人之禮。伯夷。臣名。姜姓。〔疏〕〔傳〕三禮至姜姓○正義曰。此時秩宗即周禮之宗伯也。其職云。掌天神人鬼地祇之禮。雖三者併爲吉禮。要言三禮者。是天地人之事。故知三禮是天地人之禮。上文舜之巡守。言修五禮。此云典朕三禮。各有其事。則五禮皆據其所施於三處。五禮所施於天地人耳。言三足以包五。故舉三以言之。鄭語云。姜。伯夷之後也。伯夷能禮於神以佐堯。是伯夷爲姜姓也。此經不言疇者。訪其有能。是問誰可。知上文已具。此略之也。

帝曰。俞。咨伯。汝作秩宗。〔傳〕秩。序。宗尊也。主郊廟之官。

〔疏〕〔傳〕秩序至之官○正義曰。堯典傳巳訓秩爲序。此復訓者。此爲官名。須辨官名之義。故詳之也。宗之爲尊。常訓也。主郊廟之官。掌序鬼神尊卑。故以秩宗爲名。郊謂祭天南郊。祭地北郊。廟謂祭先祖。卽周禮所謂天神人鬼地祇之禮是也。

夙夜惟寅。直哉惟清。〔傳〕夙。早也。言早夜敬思其職。典禮施政教。使正直而清明。○寅。如字。徐音夷。

〔疏〕〔傳〕夙早也言早夜敬思其職典禮施政教使正直而清明○正義曰。夙。早。釋詁文。早夜敬服其職。謂侵早巳起。深夜乃臥。謹敬其職事也。典禮之官。施行教化。使正直而清明。正直。不枉曲也。清明。不暗昧也。伯拜稽首讓于夔龍。傳 夔龍。二臣名。○夔音求龜反。帝曰。俞。往欽哉。傳 然其賢。不許讓。帝曰。夔。命汝典樂。教冑子。傳 冑。長也。謂元子以下至卿大夫子弟。以歌詩蹈之舞之。教長國子中和祇庸孝友。○冑直又反。王云。冑子。國子也。馬云。冑。長也。教長天下之子弟。直而溫。寬而栗。傳 教之正直而溫和。寬弘而能莊栗。○莊栗。戰栗也。剛而無虐。簡而無傲。傳 剛失之虐。簡失之傲。教之以防其失。詩言志。歌永言。傳 謂詩言志以導之。歌詠其義以長其言。永。徐音詠。又如字。聲依永。律和聲。傳 聲謂五聲。宮商角徵羽。

律。謂六律六吕。十二月之音氣。言當依聲律以和樂。

八音克諧。無相奪倫。神人以和。傳 倫。理也。八音能諧理。不錯奪。則神人咸和。命夔使勉之。**夔曰。於。予擊石拊石。百獸率舞。**傳 石。磬也。磬。音之清者。拊。亦擊也。舉清者和。則其餘皆從矣。樂感百獸。使相率而舞。則神人和可知。○於如字。或音烏。而絶句者非。拊音撫。徐音府。

疏 帝曰夔至率舞 ○正義曰。帝因伯夷所讓。隨才而任用之。帝呼夔曰。我今命女典掌樂事。當以詩樂教訓世適長子。使此長子正直而溫和。寬弘而莊栗。剛毅而不苛虐。簡易而不傲慢。教之詩樂。所以然者。詩言人之志意。歌詠其義以長其言。樂聲依此長歌爲節。律吕和此長歌爲聲。八音皆能和諧。無令相奪道理。如此則神人以此和矣。夔荅舜曰。嗚呼。我擊其石磬。拊其石磬。諸音莫不和諧。百獸相率而舞。樂之所感如此。是人神既已和矣。○傳胄長至孝友○正義曰。說文云。胄胤也。釋詁云。胤繼也。繼父世者惟長子耳。故以胄爲長也。謂元子已下至卿大夫子弟者。王制云樂正崇四術。立四教。王太子。王子。羣后之太子。卿大夫元士之適子。皆造焉。是下至卿大夫也。不言元士。士卑故略之。彼鄭注云王子。王之庶子也。此傳兼言弟者。蓋指太子之弟耳。或孔意公卿大夫之弟亦教之。國子以適爲主。故言胄子也。命典樂之官使教胄子。下句又言詩歌之事。是令夔以歌詩蹈之舞之。教此適長國子也。周禮大司樂云。以樂德教國子。中和祗庸孝友。鄭云中猶忠也。和剛柔適也。祗敬也。庸有常也。善父母曰孝。善兄弟曰友。是言樂官用樂教之使成此六德也。樂記又云樂在宗廟之中。君臣上下同聽之。則莫不和敬。在族黨鄉里之中。長幼同聽之。則莫不和順。在閨門之內。父子兄弟同聽之。則莫不和親。是樂之感人能成中和祗庸孝友之六德也。○傳教之至莊栗○正義曰。此

萬曆十五年刊

直而溫與下三句。皆使夔教胄子。令性行當然。故傳發首言教之也。正直者失於太嚴。故令正直而直和。寬弘者失於緩慢。故令寬弘而莊栗。謂矜莊嚴栗。栗者。謹敬也。○傳剛失至其失○正義曰。剛彊之失入於苛虐。故令人剛而無虐。簡易之失入於傲慢。故令簡而無傲。剛簡是其本性。教之使無虐傲。是言教之以防其失也。由此而言之。上二句亦直寬是其本性。直失於不溫。寬失於不栗。故教之使溫栗也。直寬剛簡。即皐陶所謀之九德也。九德而獨舉此四事者。人之大體。故特言之。○傳謂詩至其言○正義曰。作詩者自言已志。則詩是言志之書。習之可以生長志意。故教其詩言志。以導胄子之志使開悟也。作詩者。直言不足以申意。故長歌之。教令歌詠其詩之義以長其言。謂聲長續之。定本經作永字。明訓永為長也。○傳聲謂至和樂○正義曰。周禮大師云文之以五聲。宮商角徵羽。言五聲之清濁有五品。分之為五聲也。又大師掌六律六呂。以合陰陽之聲。陽聲黃鍾。太族。姑洗。蕤賓。夷則。無射。陰聲。大呂。應鍾。南呂。林鍾。仲呂。

夾鍾。是六律六呂之名也。漢書律歷志云。律有十二。陽六爲律。陰六爲呂。是陰律名同。亦名呂也。鄭玄云律。述氣也。同助陰宣氣。與之同也。又云呂。旅也。言旅助陽宣氣也。志又云律。黄帝之所作也。黄帝使伶倫氏。自大夏之西。崑崙之陰。取竹於嶰谷之中。各生其竅厚薄均者。斷兩節之間。吹之以爲黄鍾之宫。制十二筩以聽鳳凰之鳴。其雄聲爲六。雌鳴亦六。以比黄鍾之宫。是爲律之本。言律之所作如此。聖人之作律也。既以出音。又以候氣。布十二律於十二月之位。氣至則律應。是六律六呂。述十二月之音氣也。聲依永者。謂五聲依附長言而爲之。其聲未和。乃用此律呂調和其五聲。使應於節奏也。○傳倫理至勉之。○正義曰。倫之爲理。常訓也。八音能諧。相應和也。各自守分。不相奪道理。是言理不錯亂相奪也。如此則神人咸和矣。帝言此者。命夔使勉之也。大司樂云大合樂以致鬼神示。以和邦國。以諧萬民。以安賓客。以説遠人。是神人和也。○傳石磬至可知。○正義曰。樂器惟磬以石爲之。故云石磬也。八音之音。石磬最清。故知磬是音之聲清者。磬必擊以鳴之。故云拊亦擊之。重其文者。擊有大小。擊是大擊。拊是小擊。音聲濁者粗。清者精。精則難和。舉清者和。則其餘皆從矣。商頌云依我磬聲。是言磬聲清。諸音來依之。百獸率舞。即大司樂云。以作動物。益稷云鳥獸蹌蹌是也。人神易感。鳥獸難感。百獸相率而舞。則神人和可知也。夔言此者。以帝戒之云。神人以和。欲使勉力感神人也。乃答帝云。百獸率舞。則神人以和。言帝德及鳥獸也。

帝曰。龍。朕堲讒說殄行。震驚朕師。（傳）堲。疾。殄。絕。震。動也。言我疾讒說絕君子之行。而動驚我衆。欲過絕之。○堲。徐在力反。讒。切韻仕咸反。說。如字。註同。徐失銳反。殄。切韻徒典反。行。下孟反。註同。

命汝作納言。夙夜出納朕命。惟允。（傳）納言。喉舌之官。聽下言。納於上。受上言。宣於下。必以信。○喉。音侯。[疏]帝曰龍至惟允。○正義曰。帝呼龍曰。龍。我㤓疾人爲讒佞之說。絶君子之行。而動驚我衆人。欲遏之。故命汝作納言之官。從早至夜。出納我之教命。惟以誠信。每事皆信。則讒言自絶。命龍使勉之。○傳堲疾至絶之○正義曰。堲聲近疾。故爲疾也。殄。絶。震。動。皆釋詁文。讒人以善爲惡。以惡爲善。故言我疾讒說絶君子之行。衆人畏其讒口。故爲讒也。動驚我衆。欲遏止之。○傳納言至以信○正義曰。詩美仲山甫爲王之喉舌。喉舌者。宣出王命。如王咽喉口舌。故納言爲喉舌之官也。此官主聽下言納於上。故以納言爲名。亦主受上言宣於下。故言出朕命。納言不納於下。朕命有出無入。官名納言。云出納朕命。互相見也。必以信者。不妄傳下言。不妄宣帝命。出納皆以信也。

帝曰。咨汝二十有二人。傳禹。垂。益。伯夷。夔。龍。六人新命有職。四岳。十二牧。凡二十二人。特勑命之。**欽哉。惟時亮天功。**傳各敬其職。惟是乃能信立天下之功。疏帝曰咨至天功○正義曰。帝既命用衆官。乃摠戒勑之曰。咨嗟。汝新命六人。及四岳十二牧。凡二十有二人。汝各當敬其職事哉。惟是汝等敬事。則信實能立天下之功。天下之功成之在於汝。可得不敬之哉。○傳禹垂至命之○正義曰。傳以此文摠結上事。據上文詢於四岳。咨十有二牧。及新命六官等。適滿二十二人。謂此也。其稷。契。皐陶。殳斨。伯與。朱虎。熊羆。七人仍舊。故不須勑命之。岳牧亦應是舊而勑命之者。岳牧外內之官。常所咨詢。故亦勑之。鄭玄云。自咨十有二牧。至帝曰龍。皆月正元日格於文祖所勑命也。案經格於文祖之後。方始詢於四岳。咨十二州牧。未必一日之內即得行此諸事。傳既不說。或歷日命授。乃摠勑之。未必即是元日之事也。鄭以爲二十二人。數殳斨伯與朱虎熊羆。不數四岳。彼四人者。直彼讓而已。不言居官。何故勑使敬之也。岳牧俱是帝所咨詢。何以勑牧不勑岳也。必非經旨。故孔說不然。

三載考績。三考黜陟幽明。傳三年有成。故以考功。

九歲則能否幽明有別。黜退其幽者。升進其明者。○黜丑律反。

庶績咸熙。分北三苗。傳考績法明。衆功皆廣。三苗幽闇。君臣善否。分北流之。不令相從。善惡明。○北。如字。又音佩。令。力呈反。

疏三載至三苗。○正義曰。自此以下。史述舜事。非帝語也。言帝命羣官之後。經三載乃考其功績。經三考。則九載。黜陟幽明。明者升之。闇者退之。羣官懼黜思升。各敬其事。故得衆功皆廣。前流四凶時。三苗之君。竄之西裔。更紹其嗣。不滅其國。舜即政之後。三苗復不從化。是闇當黜之。其君臣有善有惡。舜復分北流其三苗。北。背也。善留惡去。使分背也。○傳三年至明者。○正義曰。三年一閏。天道成。人亦可以成功。故以三年考校其功之成否也。九年三考。則人之能否可知。幽明有別。黜退其幽者。或奪其官爵。或徙之遠方。升進其明者。或益其土地。或進其爵位也。○傳考績至惡明。○正義曰。考績法明。

人皆自勵。故得衆功皆廣也。分北三苗。卽是黜幽之事。故於考績之下。言其流之。分。謂别之。云北者。言相背。必善惡不同。故知三苗幽闇宜黜。其君臣乃有善否。分背流之。不令相從。俱徙之則善從惡。俱不徙則惡從善。言善惡不使相從。言舜之黜陟善惡明也。鄭玄以爲流四凶者。卿爲伯子。大夫爲男。降其位耳。猶爲國君。故以三苗爲西裔諸侯。猶爲惡。乃復分北流之。謂分北西裔之三苗也。孔傳竄三苗爲誅也。其身無復官爵。必非黜陟之限。其所分北。非彼竄者。王肅云三苗之民。有赦宥者。復不從化。不令相從。分北流之。王肅意彼赦宥者。復繼爲國君。至不復從化。故分北流之。禹繼鯀爲崇伯。三苗未必絶後。傳意或如肅言。

舜生三十徵庸。（傳）言其始見試用。**三十在位。**（傳）歷試二年。攝位二十八年。

疏（傳）歷試至八年○正義曰。上云乃言厎可績三載。則歷試當三年。云二年者。其一卽是徵用之年。已在上句三十之數。故惟有二年耳。受終居攝。尚在臣位。故歷試升爲三十在位。謂在臣位也。**五十載陟方乃死。**傳 方道也。舜卽位五十年。升道南方巡守。死於蒼梧之野而葬焉。三十徵庸。三十在位。服喪三年。其一在三十之數。爲天子五十年。凡壽百一十二歲。疏 傳方道至十二歲○正義曰。論語云。可謂仁之方也已。孔註亦以方爲道。常訓也。舜卽位五十年。從格於文祖之後數之。升道。謂乘道而行也。天子之行。必是巡其所守之國。故通以巡守爲名。未必以仲夏之月巡守南岳也。檀弓云舜葬蒼梧之野。是舜死蒼梧之野。因而葬焉。孔以月正元日。在三載過密之下。又孟子云。舜服堯三年喪畢。避堯之子。故服喪三年。三年之喪。二十五月而畢。其一年卽在三十在位之數。惟有二年。是舜年六十二。爲天子五十年。是舜凡壽百一十二歲也。大禹謨云。帝曰。朕宅帝位。三十有三載。乃求禪禹。孟子云舜薦禹於天。十有七年。

是在位五十年。其文明矣。鄭玄讀此經。云舜生三十。謂生三十年也。登庸二十。謂歷試二十年。在位五十載。陟方乃死。謂攝位至死爲五十年。舜年一百歲也。史記云舜年三十。堯舉用之。年五十。攝行天子事。年五十八堯崩。年六十一而踐天子位。三十九年崩。皆謬耳。

帝釐下土方設居方。傳 言舜理四方諸侯。各設其官。居其方。○釐力之反。馬云賜也。理也。下土絶句。讀至方字絶句。

別生分類。傳 生。姓也。別其姓族。分其類。使相從。○別彼列反。分方云反。徐扶問反。

作汩作。傳 汩。治。作。興也。言其治民之功興。故爲汩作之篇。亡。○汩音骨。

九共九篇槀飫。傳 槀。勞也。飫。賜也。凡十一篇皆亡。○共音恭。王巳勇反。法也。馬同。槀苦報反。飫於據反。槀飫亦書篇名也。汩作等十一篇同此序。

其文皆亡。而序與百篇之序同編。故存。今馬鄭之徒。百篇之序揔爲一卷。孔以各冠其編首。而亡篇之序。即隨其次篇。居見存者之間。衆家經文並盡此。惟王注本下。更有汩作九共故逸。故亦作古。

【疏】帝釐至稾飫。○正義曰。此序也。孔以書序。序所以爲作者之意。宜相附近。故引之各冠其篇首。其經亡者。以序附於本篇次而爲之傳。故此序在此也。帝舜治理下土諸侯之事。爲各於其方置設其官。居其所在之方而統治之。又爲民別其姓族之生。分別異類。各使相從。作汩作篇。又作九共九篇。又作稾飫之篇。凡十一篇皆亡。○傳言舜至其方。○正義曰。在虞書。知帝是舜也。下上對天子之辭。故云理四方諸侯。各爲其官。居其方。不知若此設之。凡此三篇之序。亦既不見其經。闇射無以可中。孔氏爲傳。復順其文爲其傳耳。是非不可知也。他皆倣此。○傳汩治至篇亡。○正義曰。汩之爲治。無正訓也。作是起義。故爲興也。言其治民之功興。以意言之耳。○傳稾勞飫賜也。○正義曰。左傳言犒師者。以師枯槁。用酒食勞之。是稾得爲勞也。

襄二十六年左傳云將賞爲之加膳。加膳則飫賜。是飫得爲賜也。亦不知勞賜之何所謂也。

尚書註疏卷第三

尚書注疏彙校卷三

舜典第二

一葉一行　唐孔穎達疏　「穎」，永作「頴」。

一葉五行釋文　釋文王氏註相承云。梅賾上孔氏傳古文尚書云。舜典一篇時以王肅註頗類孔氏。故取王註。從慎徽五典以下爲舜典。以續孔傳。徐仙民亦音此本。今依舊音之。「舜典第二」下王、魏無「釋文王氏」至「依舊音之」六十二字。

一葉五行釋文　梅賾上孔氏傳古文尚書云。「賾」，十、永作「頤」，阮作「頣」。○浦鏜《正字》：梅賾上孔氏傳古文尚書亡舜典一篇。「亡」誤「云」。○《四庫考證》：梅賾上孔氏傳。刊本「賾」訛「頣」，據晉書改。○阮元《校記甲》：云舜典一篇。「云」，葉本作「亾」，是也。

一葉六行釋文　從慎徽五典以下爲舜典。「慎」，十、殿、阮、永、閩作「謹」，庫作「昚」。

一葉六行釋文　徐仙民亦音此本。「仙」，毛本作「先」。「民」，十、永、閩、殿、庫作「氏」。○浦鏜《正字》：徐仙民亦音此本。「仙」，毛本誤「先」。○張鈞衡《校記》：徐仙氏。阮本

「氏」作「民」。案：「民」字唐人諱改作「氏」，似可不改。

一葉九行注　試以治民之難事。○山井鼎《考文》：試以治民之難事。〔古本〕下有「也」字。「華謂文德」下、「俱聖明」下共同。

一葉十二行疏　居處褊隘故言陋。「褊」，魏、十作「褊」。

一葉十二行疏　故云爲庶人故微賤也。兩「故」字，十均作「故」。

一葉十二行疏　顓頊生窮蟬。「頊」，閩作「頊」。

一葉十三行疏　敬康生句芒。句芒生蟜牛。兩「句」字，八、要均作「勾」。○殿本《考證》：敬康生句芒。句芒生蟜牛。臣召南按：此文据帝繫與大禹謨疏所引正同。「句芒」，史記作「句望」。「蟜牛」，史記作「橋牛」，漢書亦作「蟜牛」。師古曰：「蟜，音矯。」

一葉十三行疏　昭八年左傳云自幕至于瞽瞍無違命。「于」，要作「於」。

一葉十三行疏　似其繼世相傳。「似」，八、要作「以」。○山井鼎《考文》：似其繼世相傳。宋板「似」作「以」。○盧文弨《拾補》：以其繼世相傳。毛本「以」作「似」。「似」當作「以」。○阮元《校記甲》：似其繼世相傳。「似」，宋板作「以」。阮元《校記乙》同。○劉承幹《校記》：似其繼世相傳。阮本同。云：「似，宋板作以」。今弘化本作「以」，八行本亦作「似」。○《定本校記》：似其繼世相傳。「似」字，〔足利〕八行本誤作「以」。

一葉十四行疏　常有國土。「常」，十、阮作「當」。

一葉十六行經　舜典○《定本校記》：舜典。此經傳，〔足利〕八行本在「作舜典」下。考案疏意，非其次也，今移。

一葉十七行經　曰若稽古帝舜。曰。重華協于帝。○阮元《校記甲》：曰若稽古帝舜，曰，重華協于帝。陸氏曰：此十二字是姚方興所上。孔氏傳本無。阮孝緒七録亦云然。方興本或此下更有「濬哲文明，温恭允塞，元德升聞，乃命以位」凡二十八字。按：方興奏上孔傳，不容遽有異本。疑經文「濬哲」以下十六字及傳三十六字又後人所加。明鄭曉謂：舜典孔傳乃劉光伯僞撰，托名姚方興。細按方興之事，見釋文序録，不可誣也。惟「濬哲」以下十六字，或劉氏所增耳。或問：陸氏著釋文時，已知世有劉光伯乎？曰：隋文帝得舜典在開皇二年壬寅，陸氏著書在癸卯，較後一年。時南北雖未混一，陸氏或遥聞其説而筆之於書也。阮元《校記乙》同。

一葉十八行注　言其光文重合於堯。「文」，纂作「又」。「於」，毛作「于」。

一葉十八行釋文　曰若稽古帝舜。曰。重華協于帝。此十二字是姚方興所上。孔氏傳本無。阮孝緒七録亦云然。方興本或此下更有濬哲文明。温恭允塞。玄德升聞。乃命以位。凡二十八字異。聊出之。於王註無施也。　釋文「曰若稽古」至「註無施也」七十四字，纂作注文，殿、庫無。

一葉十八行釋文　曰若稽古帝舜。　「曰」上魏有「釋文」二字。

二葉一行釋文　然方興本或此下更有濬哲文明。　「本」下纂無「或」字。

二葉二行釋文　凡二十八字異。　「凡」，阮作「此」。

二葉二行釋文　聊出之於王註無施也。　「王」下永復有「王」字。○張鈞衡《校記》：聊出之於王王注無施也。阮本無下「王」字。

二葉四行注　信允塞上下。　「允」，岳作「充」。○山井鼎《考文》：允塞上下。〔古本〕作「充塞四表至于上下也」。○盧文弨《拾補》：信充塞上下。毛本「充」作「允」，古本作「充」，疏亦同，當作「充」。「塞」下古本有「四表至于」四字。「上下」下古本有「也」字。○阮元《校記甲》：信允塞上下。古本作「充塞四表至于上下也」。岳本作「信充塞上下」。○按：古本「四表」與疏説不合。「允」字作「充」則是也。纂傳亦誤作「允」。阮元《校記乙》同。

二葉五行注　升聞天朝。　「天」，閩作「大」。

二葉五行注　遂見徵用。　○山井鼎《考文》：遂見徵用。〔古本〕下有「也」字。「五教能從無違命」下、「總百官」下同。

二葉六行疏　**豫章内史梅賾上孔氏傳。**　○阮元《校記甲》：豫章内史梅賾。「賾」，纂傳作「頤」。○阮元《校記乙》：豫章内史梅賾。纂傳「賾」作「頤」。

二葉七行疏　**吴興姚方興於大航頭得孔氏傳古文舜典。**　「大」，十作「人」。

二葉六行疏　**多用王范之註補之。**　「補」，十作「補」。

二葉八行疏　**事未施行。**　「未」，八作「末」。

二葉九行疏　**此舜能繼堯重其文德之光華。**　「其」上魏無「重」字。

二葉十行疏　**此舜性有深沈智慧。**　「慧」，單、八作「惠」。

二葉十行疏　**由名聞遠達。**　○《定本校記》：由名聞遠達。「由」下疑脱「此」字。案：堯典「曰若稽古帝堯」疏云：由此爲下所服，名譽著聞。

二葉十一行疏　**聞天朝。**　「聞」上單、八、魏、毛、殿、庫有「升」字。○浦鏜《正字》：潛行道德，升聞天朝。監本脱「升」字。○阮元《校記甲》：升聞天朝。十行、閩、監俱無「升」字。○阮元《校記乙》：聞天朝。閩本、明監本、毛本「聞」上有「升」字。（彙校者案：「監本」下當有「同」字。）

二葉十三行疏　**詩毛傳訓塞爲實。**　○殿本《考證》：毛傳訓塞爲實。「實」，監本訛「貴」。今改正。○浦鏜《正字》：詩毛傳訓塞爲實。「實」，監本誤「貴」，詩傳作「㙫」。釋文云：崔集註本作「實」。○阮元《校記甲》：詩毛傳訓塞爲實。「實」，監本誤作「貴」。阮元《校記乙》同。

二葉十四行疏　言能充滿天地之間。「間」，單作「閒」。

二葉十六行疏　衆妙之門則玄者微妙之名。上「妙」字，毛作「玅」。

二葉十六行疏　舜在畎畝之間。「間」，單、阮作「閒」。

二葉十七行經　慎徽五典。「五」，永作「丑」。

二葉十八行注　兄友。弟恭。「友」，王作「犮」。

三葉一行注　舜愼美篤行斯道。「愼」，李作「慎」。

三葉三行釋文　叔豹。季貍。「貍」下王、纂、魏、殿、庫有「忠肅恭懿，宣慈惠和。天下之民謂之八元」凡十六字。「豹」下十、永、阮無「季貍」二字。○山井鼎《考文》：補脱 忠肅恭懿，宣慈惠和。天下之民謂之八元〔據經典釋文〕。謹按 此十六字當在「叔豹、季貍」下。○浦鏜《正字》：叔豹、季貍。下脱「忠肅恭懿，宣慈惠和。天下之民謂之八元」一十六字。○阮元《校記乙》：叔豹。補 案：釋文「豹」下有「季貍」二字，此誤脱也。

三葉三行注　度百事摠百官。「摠」，毛、殿、庫作「總」。

三葉五行釋文　揆。音葵癸反。　「葵」上王、纂、魏、殿、庫無「音」字。

三葉五行釋文　凱。音開在反。　「開」上王、纂、魏、殿、庫無「音」字。

三葉五行釋文　禱戭。大臨。　「禱」，纂、殿、庫作「檮」。○浦鏜《正字》：檮戭。誤「禱戭」。疏同。○劉承幹《校記》：檮戭。各本同。弘化本「檮」作「擣」。

三葉五行釋文　龙降庭堅。　「龙」，纂作「龙」，十作「尨」，永作「奄」。○張鈞衡《校記》：奄降。阮本「奄」作「龙」。案左傳當作「龙」。

三葉六行釋文　謂之八凱。　○浦鏜《正字》：謂之八凱。「凱」，左傳作「愷」。

三葉六行經　四門穆穆。　○盧文弨《拾補》：四門穆穆。毛本「穆」作「穆」，譌。

三葉七行注　舜流四凶族。　「流」，王作「流」。

三葉八行釋文　朝。直遥反。　纂無「朝。直遥反」四字釋文。

三葉九行注　納舜使大録萬機之政。　「萬」，八、王作「万」。「機」，殿、庫作「幾」。

三葉十行注　明舜之德合於天。　○山井鼎《考文》：明舜之德合於天。〔古本〕作「明舜之德行合於天也」。○盧文弨《拾補》：明舜之德合於天。古本「德」下有「行」字。○阮元《校記甲》：明舜之德合於天。古本作「明舜之德合於天也」。

三葉十一行釋文　愆。音起虔反。　「起」上王、纂、魏、殿、庫均無「音」字。

三葉十一行經　帝曰。格汝舜。　○山井鼎《考文》：帝曰：格汝舜。〔古本〕「汝」作「女」。下皆同。○阮元《校記甲》：格汝舜。「汝」，古本作「女」。阮元《校記乙》同。

三葉十二行經　乃言厎可績。　「厎」，王、閩、毛作「底」。○浦鏜《正字》：乃言厎可績。「厎」，毛本誤「底」。後並同。案：顧氏炎武云：五經無「底」字，皆是「厎」字。惟左傳襄二十九年「處而不底」、昭元年「勿使有所壅閉湫底以露其體」，乃音丁禮切。今說文本「厎」字下有一畫，誤也。字當從氐。○盧文弨《拾補》：乃言厎可績。毛本「厎」作「底」，譌。

三葉十二行注　厎。致。陟。升也。　「厎」，王、毛、閩、阮作「底」。

三葉十四行注　汝言致可以立功三年矣。　「三」，十作「二」。

三葉十四行注　將禪之。　○山井鼎《考文》：將禪之。〔古本〕下有「也」字。「嗣成帝位」下、下傳「終帝位之事」下、「文德之祖廟」下、「璿美玉」下、「可運轉者」下並同。

三葉十五行釋文　厎。音之履反。王云致也。馬云。定也。本或作庢非。　「厎」，王、纂、毛、阮、殿作「底」。「之」上王、纂、魏、殿、庫無「音」字。「王云」，纂作「玉云」。「庢」，王作「厔」，纂作「厇」，十、永、阮作「痓」，毛作「底」。○山井鼎《考文》：厎，本或作底，非。經典釋文下「厎」作「庢」。○阮元《校記甲》：厎，本或作厔，非。葉本「厎」作「底」，「厔」非。十行本誤「疷」，非。案：顧炎武云：五經無「底」字，皆是「厎」字。今説文本下有一畫，誤，字當从氐。段玉裁云：此大誤也。古音氐聲、氏聲不同部。「厎」，本訓柔石，經傳多借訓爲致。凡字書、韻書皆無作「厎」，少一畫者。

三葉十五行經　**舜讓于德。弗嗣。**　○盧文弨《拾補》：舜讓于德，弗嗣。古文「弗」作「不」。今文「弗嗣」作「不怡」。

三葉十六行注　**不能嗣成帝位。**　○阮元《校記甲》：不能嗣成帝位。「成」，纂傳作「承」。阮元《校記乙》同。○《定本校記》：不能嗣成帝位。「位」字，内野本、神宫本、足利本作「功」。

三葉十八行疏　**命揆度行之。**　「揆」，八作「授」。

三葉十八行疏　**又命使賔迎諸侯於四門。而來入者。**　「入」，阮作「八」。○張鈞衡《校記》：迎諸侯於四門，而來入者。阮本「入」作「八」，誤。

四葉一行疏　**揔録萬機之政。**　「揔」，毛、殿、庫作「總」。「機」，殿、庫作「幾」。

四葉五行疏　**教兄以友。**　「友」，十作「犮」。

四葉六行疏　**是五者同爲一事。**　「同」，十、永、阮皆作「司」。○阮元《校記甲》：是五者同爲一事。「同」，十行本誤作「司」。○阮元《校記乙》：是五者司爲一事。岳(毛)本「司」作

「同」。○張鈞衡《校記》：是五者司爲一事。阮本同。案：「司」當作「同」。

四葉八行疏　兄友。弟恭。　「友」，十作「犮」。

四葉九行疏　勑我五典五惇哉。　「勑」，單、八、永、阮均作「自」，魏作「斜」。○山井鼎《考文》：勑我五典五惇哉。〔宋板〕「勑」作「自」。○阮元《校記甲》：勑我五典五惇哉。「勑」，宋板、十行本俱作「自」。按：宋板非是。○阮元《校記乙》：自我五典五惇哉。宋板同。毛本「自」作「勑」。按：「勑」字是也。○《定本校記》：自我五典。「自」，閩本改作「勑。」

四葉十四行疏　恭敬於兄而兄。　「於」，毛作「于」。

四葉十五行疏　故度百事爲揔百官也。　「揔」，毛、殿、庫作「總」。

四葉十五行疏　周官云。　「官」，閩作「宫」。

四葉十六行疏　禱戭。大臨。　「禱」，單、八、魏、十、永、殿、庫、阮俱作「檮」。○阮元《校記甲》：禱戭。「禱」，十行本作「檮」，是也。○阮元《校記乙》：檮戭。毛本「檮」改作「禱」，非也。（彙校者案：當作「毛本『檮』改作『禱』，非也」。）

四葉十六行疏　尨降。庭堅。　「尨」，十作「尨」。

四葉十七行疏　明允篤誠。「允」，永作「充」。

四葉十八行疏　納于百揆。「于」，毛作「於」。

四葉十八行疏　無廢事業也。「事」下庫無「業」字。○浦鏜《正字》：無廢事業也。「業」當衍字。○盧文弨《拾補》：無廢事也。毛本「事」下有「業」字，衍。

四葉十八行疏　是言百官於是得其次敘。「敘」，殿、庫作「序」。

五葉四行疏　明此言三事皆同時爲之。「皆」，單作「皆」。

五葉四行疏　但言百揆時敘。「但」，閩、阮作「伹」。

五葉七行疏　檮杌。饕餮。「檮杌」，永作「擣杬」。

五葉七行疏　又曰虞書數舜之功曰。「又」，永作「文」。

五葉八行疏　案驗四凶之族。「凶」，要作「方」。

五葉九行疏　則王朝必無矣。「王」，阮作「于」。○劉承幹《校記》：則王朝必無矣。阮本「王」作「于」，誤。○張鈞衡《校記》：則王朝必無矣。阮本「王」作「于」，誤。

五葉十行疏　迎而待之。「待」，十作「侍」。

五葉十行疏　麓録至於天。「天」，毛作「大」。○阮元《校記甲》：傳麓録至於大。「大」，十行、閩、監俱作「天」，是也。○阮元《校記乙》：傳麓録至於天。閩本、明監本同。毛本「天」

作「大」，非也。

五葉十一行疏　納舜使大録萬機之政。　「機」，殿、庫作「幾」。

五葉十二行疏　大録萬機。摠是一事。　「機」，殿、庫作「幾」。「摠」，毛、殿、庫作「總」。

五葉十二行疏　但此言德合于天。　「但」，八作「伹」。「合」上單無「德」字。「于」，永作「於」。○《定本校記》：但此言德合于天。單疏脱「德」字。

五葉十三行疏　書傳稱越裳之使。　「書」，魏作「○」。「裳」，單、八、魏、十、永、閩、阮俱作「常」。○阮元《校記甲》：書傳稱越裳之使久矣。「裳」，閩本作「常」。○阮元《校記乙》：書傳稱越常之使久矣。閩本同。毛本「常」作「裳」。案：説文「常」是「裳」之正字。詩小雅蓼蕭、周頌譜及臣工三正義皆引作「常」。

五葉十五行疏　無愆者。無冬温夏寒也。　「愆」字下單、八、魏、十、永、殿、庫、阮皆有「伏」字。○山井鼎《考文》：無愆者，無冬温夏寒也。宋板「愆」下有「伏」字。○盧文弨《拾補》：無愆伏者，無冬温夏寒也。毛本脱「伏」字。○阮元《校記甲》：無愆者，無冬温夏寒也。「愆」下宋板、十行本俱有「伏」字，是也。

五葉十五行疏　明舜之德合於天也。　「於」，閩作「于」。

五葉十七行疏　陟。升。釋詁文。　○浦鏜《正字》：陟，升。釋詁文。「升」，爾雅作「陞」。

五葉十七行疏　厎聲近致。　「厎」，閩、毛作「底」。

五葉十八行疏　凡事之始必先謀之。　「必」，魏作「以」。

六葉三行疏　故一考即升之。　「升」，八作「外」。

六葉五行疏　又加此三年爲十二年。　「三」，毛作「二」。○山井鼎《考文》：又加此二年爲十二年。〔宋板〕上「二」作「三」。正、嘉二本同。[謹按]作「三」爲是。○浦鏜《正字》：又加此三年。「三年」誤「二年」。○盧文弨《拾補》：又加此三年。毛本「三」作「二」。「二」當作「三」。○阮元《校記甲》：又加此二年。「二」，宋板、十行、正、嘉閩本俱作「三」。山井鼎曰：作「三」爲是。

六葉八行釋文　王云。文祖。廟名。　「王云文祖」，岳作「文祖王云」。

六葉八行釋文　文祖天也。　「文祖」二字殿、庫無。

六葉九行注　玉者正天文之器可運轉者。　「玉」，八、李、王、纂、魏、岳、閩、殿、庫作「王」。○殿本《考證》：王者正天文之器。「王者」，監本訛「玉者」。今改正。○浦鏜《正字》：璣衡，王者正天文之器。「王」誤「玉」，疏同。○岳本《考證》：王者。閣本、監本作「玉者」，係傳寫之訛。殿本亦作「王」。○盧文弨《拾補》：璣衡，王者正天文之器。毛本「王」作「玉」，疏同。「玉」當作「王」。○阮元《校記甲》：玉者正天文之器。「玉」，岳本、閩本、纂傳俱作「王」，是也。○阮元《校記乙》：玉者正天文之器。岳本、閩本、纂傳「玉」作「王」，是也。

六葉十一行注　以審已當天心與否。○山井鼎《考文》：以審已當天心與否。〔古本〕作「以政察已當天心與否也」。○阮元《校記甲》：以審已當天心與否。古本作「以政察已當天心與否也」。阮元《校記乙》同。

六葉十二行注　考齊七政而當天心。○《定本校記》：考齊七政。内野本、神宮本無「齊」字。

六葉十二行注　故行其事。○山井鼎《考文》：故行其事。〔古本〕下有「也」字。「攝位事類」下、「告天及五帝」下並同。

六葉十三行注　王云。上帝。天也。馬云。上帝太一神。在紫微宮。天之最尊者。「王云」至「尊者」二十二字，八、李、魏無，王、殿作釋文。「太」，王作「大」。岳無「王云上帝天也」六字，「馬云」至「尊者」十六字作釋文。○山井鼎《考文》：王云：上帝，天也。[謹按]此以下二十二字，釋文混入于註，當細書。○殿本《考證》：王云。上帝。天也。馬云。上帝太一神。在紫微宮。天之最尊者。監本誤以此二十四(二)字爲孔傳。今改正。○浦鏜《正字》：王云：上帝，天也。馬云：上帝，太一神，在紫微宫，天之最尊者。二十二字誤入傳内。〇岳本《考證》：馬云上帝太一神在紫微宫天之最尊者。案：「馬云」以下十六字係陸德明音義中文，故原本以小圈隔之。閣本、坊本俱混入孔傳，非。〇阮元《校記甲》：王云：上帝，天也。山井鼎曰：此以下二十二字，釋文混入于注，當細書。按：岳本在圈外。十行本脱圈。今本遂混入注。〇阮元《校記乙》：王云：上帝，天也。山井鼎曰：此以下二十二字，釋文混入于注。

六葉十六行注　星也。水旱也。「水」上魏無「星也」二字。「旱」，毛作「早」。〇山井鼎《考文》：星也。水旱也。〔古本〕「星」下有「辰」字。〇阮元《校記甲》：星也。「星」下古本有「辰」字。阮元《校記乙》同。〇《定本校記》：星也。内野本、神宫本、足利本「星」下有「辰」字。

六葉十七行注　祭亦以攝告。〇物觀《補遺》：祭亦以攝告。〔古本〕下有「之」字。〇阮元《校記甲》：以攝告。「告」下古本有「之」字。〇《定本校記》：祭亦以攝告。「攝告」二字，内野本、神宫本、足利本倒。

六葉十七行釋文　絜祀也。「絜」，魏作「潔」。

六葉十七行釋文　馬云。精意以享也。六宗。王云。四時。寒暑。日。月。星。水旱也。馬

云。天。地。四時也。「馬云精意」至「四時也」二十八字，岳作「六宗，馬云：天、地、四時也」。

六葉十八行注　九州名山大川五岳四瀆之屬。纂「名」作「名」，「岳」作「嶽」。

七葉二行注　古之聖賢。皆祭之。○山井鼎《考文》：古之聖賢，皆祭之。〔古本〕下有「也」字。「與之正始」下同。

七葉二行經　輯五瑞。○阮元《校記甲》：輯五瑞。按：「輯」，古文作「楫」。見漢書倪寬傳注。阮元《校記乙》同。

七葉三行經　班瑞于羣后。○山井鼎《考文》：班瑞于羣后。〔古本〕「瑞」上有「五」字。○阮元《校記甲》：班瑞于羣后。「瑞」上古本有「五」字。阮元《校記乙》同。

七葉三行注　既。盡。「盡」，王作「尽」。

七葉四行注　舜斂公侯伯子男之瑞圭璧。「圭」，要作「歸」。

七葉四行注　盡以正月中。「盡」，王作「尽」。

七葉四行注　乃日日見四岳及九州牧監。「日日」，李作「日月」，魏作「日月」。

七葉六行釋文　瑞。垂僞反。「垂」，殿作「乖」，庫作「乖」。

七葉六行釋文　牧。牧養之牧。徐音目。　○阮元《校記甲》：牧，徐音目。「目」，葉本作「同」。

七葉七行疏　雖受堯命。　「受」，魏作「以」。

七葉七行疏　又以璿爲璣。以玉爲衡者。　○浦鏜《正字》：又以璿爲璣，以玉爲衡。下當脱「璣衡」二字。

七葉七行疏　是爲玉者正天文之器也。　「玉」，單、八、魏、要、閩、殿、庫作「王」，十、永、阮作「主」。○阮元《校記甲》：是爲玉者正天文之器也。「玉」，閩本作「王」。按：作「王」是也。十行本作「主」，亦誤。○阮元《校記乙》：是爲主者正天文之器也。閩本「主」作「王」。按：作「王」是也。毛本作「玉」，尤誤。

七葉八行疏　以齊整天之日月五星七曜之政。　「曜」，永作「曤」。

七葉九行疏　見七政皆齊。　「見」，要作「是」。

七葉十一行疏　其圭與璧。　「圭」，八作「王」。

七葉十一行疏　悉斂取之。　「悉」，永作「息」。

七葉十一行疏　乃日日見四岳及羣牧。　「日日」，魏、十、永、阮作「日月」。○阮元《校記甲》：乃日日見四岳及羣牧。「日日」，十行本誤作「日月」。○阮元《校記乙》：乃日月見四岳及羣牧。岳（毛）本「日月」作「日日」。按：「日日」是也。毛本不誤。

七葉十六行疏　歲二月。　「二」，永作「一」。

七葉十八行疏　歸格于藝祖。　「藝」，魏作「蓺」。

八葉一行疏　知文祖是廟者。　○《定本校記》：知文祖是廟者。此句疑有譌。

八葉一行疏　蓋是堯始祖之廟。　「是」，毛作「自」。○浦鏜《正字》：蓋是堯始祖之廟。「是」，毛本誤「自」。○盧文弨《拾補》：蓋是堯始祖之廟。毛本「是」作「自」。「自」當作「是」。○阮元《校記甲》：蓋自堯始祖之廟。「自」，十行、閩、監俱作「是」。按：「自」字非也。

八葉一行疏　玄囂生僑極。　「僑」，要作「嶠」。

八葉二行疏　僑極生帝嚳。　「僑」，要作「嶠」。

八葉三行疏　璿。美玉也。　「玉」，單作「王」。

八葉五行疏　運行於天。　「運」，庫作「連」。

八葉六行疏　衡爲橫簫。　「橫」，單作「撗」，八作「撗」。

八葉六行疏　是玉者正天文之器。　「玉」，單、八、魏、要、十、永、毛、阮作「王」。

八葉七行疏　衡其横簫。　「横」，單作「撗」，八、閩作「撗」。

八葉八行疏　玉衡長八尺。　「玉」，八作「王」。

八葉八行疏　轉璣窺衡。　「璣」，單、八作「機」。○《定本校記》：轉璣窺衡。「璣」字，單疏、〔足利〕八行皆作「機」，今正。

八葉九行疏　其政有七。　「其」，要作「以」。

八葉十五行疏　考驗天象。多所違失。　○浦鏜《正字》：考驗天象，多所遺失。「遺」誤「違」，从經傳通解校。

八葉十五行疏　今史所用候臺銅儀。　○山井鼎《考文》：今史所用。〔宋板〕「今」作「令」。○盧文弨《拾補》：今史官所用候臺儀。毛本脱「官」字，劉昭注本有。毛本「臺」下有「銅」字。○阮元《校記甲》：今史所用候臺銅儀。「今」，宋板作「令」。阮元《校記乙》同。○劉承幹《校記》：今史所用候臺銅儀。阮本同。弘化本「今」作「令」。○《定本校記》：今史所用候臺銅儀。「今」，〔足利〕八行本誤作「令」。

八葉十六行疏　但絶無師説。　「但」，單、八作「伹」。

八葉十七行疏　以爲天似覆盆。蓋以斗極爲中。　○《定本校記》：以爲天似覆盆蓋。「盆」字似當删。

八葉十八行疏　**夜則日入地下。**　「下」，八作「一」。

九葉一行疏　**天之形狀似鳥卵。**　○浦鏜《正字》：天之形狀似鳥卵。下案：晉書天文志引王説有「地居其中」四字，此脱去。

九葉一行疏　**猶卵之裹黄。圓如彈九。**　「裹」，十、永、阮作「裏」。「九」，八、要作「丸」，魏、十、永、閩、毛、殿、庫、阮作「九」。○殿本《考證》：天包地外猶卵之褁黄。晉志本文「卵」作「殼」。○阮元《校記甲》：猶卵之裹黄。「裹」，十行本作「裏」。按：陳師凱曰：晉志及孔疏「裏」字皆作「裹」，取包裹之義。○阮元《校記乙》：猶卵之裏黄。毛本「裏」作「裹」。按：陳師凱曰：晉志及孔疏「裏」字皆作「裹」，取包裹之義。是「裏」字誤也。

九葉二行疏　**其天居地上。見有一百八十二度半强。**　○浦鏜《正字》：其天居地上見者云云。「者」誤「有」。○盧文弨《拾補》：其天居地上見者云云。毛本「者」作「有」。「有」當作「者」。

九葉二行疏　**南極入地下亦三十六度。**　「地」下魏無「下」字。

九葉三行疏　**極南五十五度。**　「南」，庫作「高」。

九葉三行疏　**又其南十三度。**　「三」，單、八、魏、要、十、永、閩、殿、庫、阮作「二」。○物觀《補遺》：又其南十三度。宋板「三」作「二」。○浦鏜《正字》：又其南十二度爲夏至之日道。「二」誤「三」。○盧文弨《拾補》：又其南十二度爲夏至之日道。毛本「二」作「三」。「三」當作「二」。○阮元《校記甲》：又其南十三度爲夏至之日道。「三」，宋板、十行、閩本、纂傳俱作「二」。○阮元《校記乙》：又其南十二度爲夏至之日道。宋板、閩本、纂傳同。毛本「二」作「三」。○孫詒讓《校記》：「三」誤。

九葉四行疏　南下去地三十一度而已。「去」下要無「地」字。

九葉五行疏　其南北極持其兩端。「兩」，閩作「両」。

九葉五行疏　其天與日月星宿斜而廻轉。「斜」，魏作「科」。

九葉六行疏　揚子法言云。「揚」，魏、十、永、閩、毛、阮作「楊」。

九葉六行疏　落下閎營之。「落」，要、殿、庫作「洛」。

九葉六行疏　耿中丞象之。「耿」，十、永、阮作「耻」。○阮元《校記甲》：耿中丞象之。「耿」，十行本誤作「耻」。○阮元《校記乙》：耻中丞象之。毛本「耻」作「耿」，是也。

九葉七行疏　是揚雄之意。以渾天而問之也。「揚」，閩、毛、阮作「楊」。○《定本校記》：是揚雄之意以渾天而問之也。二句不甚可讀。案：宋書天文志亦引法言論之曰：若問天形定體，渾義疎密，則雄應以渾義答之。而舉此三人以對者，則知此三人制造渾儀以圖晷緯。問者蓋渾儀之疎密，非問渾義之淺深也。以此而推，則西漢長安已有其器矣。此孔意當與沈約同。文有譌脱耳。

九葉八行疏　鄭玄。陸績。吴時。王蕃。　「績」，單作「繢」，八作「續」，永作「續」。「蕃」，單、阮作「藩」，八、魏、要、十作「藩」。○阮元《校記甲》：王蕃。「蕃」，十行本誤作「藩」。○阮元《校記乙》：王藩。毛本「藩」作「蕃」，是也。○張鈞衡《校記》：陸續。阮本「續」作「績」，誤。王蕃。阮本「蕃」作「藩」，誤。○《定本校記》：吴時王蕃。「蕃」，單疏、〔足利〕八行、十行皆作「藩」，今正。

九葉八行疏　晉世姜岌。張衡。葛洪。皆論渾天之義。　○殿本《考證》：晉世姜笈（岌）。張衡。葛洪。皆論渾天之義。臣召南按：「張衡」二字衍文也。玉海引此疏直云「姜笈、葛洪」，甚是。○《定本校記》：晉世姜岌、張衡、葛洪。殿本考證：齊氏召南云：「張衡」二字衍文也。玉海引此疏直云「姜岌、葛洪」，甚是。案：齊説未是。「張衡」疑當作「葛衡」。吴志趙達傳注引晉陽秋曰：吴有葛衡，字思真，明達天官，能爲機巧，作渾天。隋書天文志同。

九葉九行疏　江南宋元嘉年。　○浦鏜《正字》：江南宋元嘉中，皮延宗又作是渾天論。「中」誤「年」。○阮元《校記甲》：江南宋元嘉年。浦鏜云：「中」誤「年」。按：玉海卷四引亦作「年」。阮元《校記乙》同。

九葉九行疏　太史丞錢樂。　○殿本《考證》：太史丞錢樂鑄銅作渾天儀。陳師凱曰：錢樂本名樂之。孔疏脱「之」字耳。○浦鏜《正字》：太史丞錢樂之鑄銅作渾天儀。脱「之」字。案：隋志作「太史令」。○盧文弨《拾補》：太史丞錢樂。隋志「丞」作「令」，是。錢樂本名錢樂之。古人於似此者往往節去。

九葉十行疏　今在太史書矣。　○盧文弨《拾補》：今在太史署矣。毛本「署」作「書」，譌。○阮元《校記甲》：今在太史書矣。盧文弨云：「書」當作「署」。按：當作「臺」。阮元《校記乙》同。○《定本校記》：今在太史書矣。盧氏云：「書」當作「署」。

九葉十行疏　衡長八尺。　○浦鏜《正字》：衡長八尺，孔徑一寸。脱下四字。從蔡傳挍。○阮元《校記甲》：衡長八尺。此下纂傳有「孔徑一寸」四字。按：正義前引蔡邕云：玉衡長八尺，孔徑一寸。蔡氏集傳因錢樂銅儀亦衡長八尺，遂肊增此四字。而纂傳承其誤。阮元《校記乙》同。

九葉十一行疏　又察璣衡。　「璣」，閩作「幾」。

九葉十一行疏　知巳攝位而當於天心。　「知」，單作「知」。

九葉十二行疏　有天下者祭百神。　「天」，十、永、阮作「而」。○阮元《校記甲》：有天下者祭百神。「天」，十行本誤作「而」。○阮元《校記乙》：有而下者祭百神。岳(毛)本「而」作

「天」，是也。閩本以下皆不誤。○張鈞衡《校記》：有而下者。阮本同。案禮記應作「有天下者」。

九葉十五行疏　天地之大烖。類社稷則爲位。　○浦鏜《正字》：凡天地之大烖，類社稷宗廟則爲位。脱「凡」字及「宗廟」二字。

九葉十五行疏　而傳之類。謂攝位事類者。　「謂」，要作「爲」。○盧文弨《拾補》：而傳云類，謂攝位事類者。毛本「云」作「之」，譌。○阮元《校記甲》：而傳之類，謂攝位事類者。盧文弨云：「之」當作「云」，是也。阮元《校記乙》同。○《定本校記》：而傳之類，謂攝位事類者。盧氏云：「之」當作「云」。殆是。

九葉十六行疏　周禮司服云。　「周」，永作「用」。

九葉十七行疏　比辰之星也。　「比」，單、八、魏、要、毛、殿、庫作「北」。

十葉一行疏　金木水火土。　「土」，十作「上」。○浦鏜《正字》：天有五行，水火金木土。「水火」字誤在「金木」下。○盧文弨《拾補》：天有五行，金木水火土。當作「水火木金土」。

十葉一行疏　其神謂之五帝。　「謂」，單作「謂」。「帝」，庫作「常」。

十葉一行疏　助天理物者也。　「助」，八作「助」。「天」，永作「大」。

十葉二行疏　但史略文耳。　○盧文弨《拾補》：但史文略耳。「文略」，舊誤倒。

十葉四行疏　祀司中司命風師雨師。　○浦鏜《正字》：以槱燎，祀司中司命風師雨師。「風」，周禮作「飌」。

十葉四行疏　鄭云禋之言禋。下「禋」字，單、八、魏、要、毛、殿作「煙」。○阮元《校記甲》：禋之言煙。「煙」，十行、閩、監俱誤作「禋」。○阮元《校記乙》：禋之言禋。閩本、明監本同。毛本下「禋」字作「烟」(煙)，是也。

十葉四行疏　周人尚臭。煙氣之臭聞者也。　二「臭」字，永作「臭」。

十葉五行疏　又曰王賔殺禋咸格。　「禋」，要作「煙」。

十葉六行疏　知禋是精誠絜敬之名耳。　「禋」，要作「煙」。

十葉七行疏　埋少牢於太昭。祭時。　「埋」，單、八、十、閩作「理」。「太」，八、要作「大」。○浦鏜《正字》：埋少牢于太昭，祭時。下記有「也」字。下四句同。「太」作「泰」。

十葉七行疏　相近於坎壇祭寒暑。　○浦鏜《正字》：相近于(於)坎壇。「相近」，鄭云當爲「禳祈」，王肅作「祖迎」。○盧文弨《拾補》：相近於坎壇。「相近」，鄭注當爲「禳祈」，王肅作「祖迎」。

十葉七行疏　幽禜祭星。雩禜祭水旱也。　○浦鏜《正字》：幽禜祭星，雩禜祭水旱也。「禜」，禮記作「宗」。鄭云：「宗」當爲「禜」，字之誤也。○阮元《校記甲》：幽禜。「禜」，纂傳作「宗」，與記合。下同。按：依説文當作「禜」。阮元《校記乙》同。

十葉八行疏　彼祭六神。　「彼」，魏作「被」。

十葉十三行疏　在六者之間。　「間」，單、八作「閒」。

十葉十三行疏　孔光。劉歆以六宗謂乾坤六子。　「謂」，要作「爲」。

十葉十四行疏　天宗三。日月星辰。　「辰」，單、八、魏、要、十、永、阮作「也」。○山井鼎《考文》：天宗三。日月星辰。〔宋板〕「辰」作「也」。○盧文弨《拾補》：天宗三。日月星也。毛本「也」作「辰」。「辰」當作「也」。○阮元《校記甲》：天宗三。日月星辰。「辰」，宋板、十行本俱作「也」，是也。

十葉十五行疏　非秋不收。　「收」，閩作「取」。

十葉十五行疏　則六者皆是天之神祗。　「祗」，單、八、魏、十、永作「祇」。

十葉十六行疏　星謂五緯也。　「也」，阮作「星」。○張鈞衡《校記》：星謂五緯也。阮本「也」作「星」，誤。

十葉十六行疏　辰謂日月所會十二次也。　「會」，要作「謂」。

十葉十七行疏　司馬彪又上表云。歷難諸家。　○盧文弨《拾補》：司馬彪又上表歷難諸家。毛本「表」下有「云」字，衍。○阮元《校記甲》：司馬彪又上表云。盧文弨云「云」字疑衍。按：疏中往往有小注。下文「歷難諸家及自言己意」九字，疑是小注，否則「云」字當在「己意」下。阮元《校記乙》同。

十葉十八行疏　四時五帝之屬。　「帝」，庫作「常」。

十一葉一行疏　立六宗祠於洛陽城西北亥地。　「祠」，閩作「同」。○《定本校記》：立六宗祠於洛陽城西北亥地。案：續漢書祭祀志無「城」字，「亥」上有「戌」字。

十一葉二行疏　祀比大社。　「比」，要作「北」。○《定本校記》：祀比大社。案：續漢書祭祀志「祀」作「禮」。

十一葉二行疏　晉初荀顗定新祀。　「荀」，閩作「道」。○《定本校記》：晉初荀顗定新祀。「祀」當作「禮」。晉書禮志：「文帝命荀顗因魏代前事，撰爲新禮。」是其事。

十一葉三行疏　大摠之語。　「摠」，毛、殿、庫作「總」。

十一葉三行疏　所有名山大川。　「所有」，魏作「有所」。

十一葉五行疏　白虎通云岳者何。　「白」，十、永作「曰」。

十一葉五行疏　搉也。搉考功德也。　二「搉」字，殿、庫作「桷」。

十一葉五行疏　應劭風俗通云。　「劭」，單、八作「邵」。

十一葉六行疏　搉考功德黜陟也。　「搉」，八作「捅」，永作「桷」，殿、庫作「桷」。

十一葉六行疏　然則四方。　「方」，魏、阮作「万」。

十一葉六行疏　方有一大山。　「大」，十、永、閩作「太」。○阮元《校記甲》：方有一大山。「大」，十行、閩本俱誤作「太」。

十一葉六行疏　搉考諸侯功德而黜陟之。　「搉」，八作「捅」，殿、庫作「桷」。

十一葉七行疏　發源注海者也。　「源」，要作「原」。

十一葉八行疏　瀆是大川。　「大」，閩作「火」。

十一葉八行疏　故先言名山大川。　○張鈞衡《校記》：名山大川。阮本「大」作「太」，誤。

（彙校者案：阮本「名山大川」句數見，俱作「大」。）

十一葉九行疏　謂揚州之會稽山。　「揚」，閩作「楊」，毛作「楊」。○浦鏜《正字》：謂揚州之會稽山。「揚」，毛本誤「楊」。後同。○盧文弨《拾補》：謂揚州之會稽山。毛本「揚」作「楊」。「楊」當作「揚」。下同。

十一葉十行疏　是五岳之外名山也。「岳」，要作「嶽」。

十一葉十行疏　每州云其川其浸。「川」，庫作「山」。

十一葉十一行疏　是四瀆之外大川也。「大」，永作「太」。

十一葉十一行疏　言徧于羣神。「于」，閩作「干」。

十一葉十三行疏　土高曰丘。「土」，閩作「王」。

十一葉十三行疏　大阜曰陵。「曰」，八作「白」。

十一葉十三行疏　水崖曰墳。「崖」，永作「崖」。

十一葉十四行疏　黄帝顓頊句龍之類。「句」，八作「勾」。

十一葉十五行疏　釋言云。輯。合也。○浦鏜《正字》：釋言云：輯，合也。案：爾雅無文。

十一葉十五行疏　輯是合聚之意。「意」，單、八、魏、十、閩、殿、庫、阮作「義」。○阮元《校記甲》：輯是合聚之意。「意」，十行、閩本俱作「義」。

十一葉十七行疏　伯執躬圭。「躬」，永作「窮」。「圭」，十作「圭」，閩作「主」。

十二葉一行疏　謂從斂瑞以後至月末也。「末」，永、阮作「未」。

十二葉一行疏　舜初攝位。「初」，閩作「㓜」。

十二葉三行經　歲二月。東巡守。至于岱宗。柴。　○盧文弨《拾補》：歲二月，東巡。毛本「巡」从辵作「廵」，譌。下同。

十二葉五行注　乃順春東巡，岱宗。泰山爲四岳所宗。　○山井鼎《考文》：乃順春東巡岱宗，泰山爲四岳所宗。〔古本〕「巡」下有「守」字，無「所」字。○盧文弨《拾補》：泰山爲四岳所宗。古本無「所」字。○阮元《校記甲》：乃順春東巡。古本「巡」下有「守」字。又：爲四岳所宗。古本無「所」字。○《定本校記》：爲四岳所宗。内野本、神宮本、足利本無「所」字。

十二葉五行注　燔柴祭天告至。　○山井鼎《考文》：燔柴祭天告至。〔古本〕下有「也」字。「其餘視伯子男」下、「東方之國君」下、「律法制」下並同。

十二葉六行釋文　守。收救反。本或作狩。　「收」，王、纂、魏、十、永、閩、阮作「時」，殿、庫作「詩」。「或」上殿、庫無「本」字。○山井鼎《考文》：守，收救反。經典釋文「收」作「詩」。正、嘉二本作「時」，非。○阮元《校記甲》：守，詩救反。或作狩。「詩」，十行本作「時」，毛本作「收」。《考文》云：正、嘉二本作「時」，非也。按：《考文》云「時」非，是也。「收救」即「詩救」。葉鈔、十行、毛本「或」上並有「本」字。

十二葉六行釋文　馬曰。祭時積柴。　「曰」，纂、岳作「云」。

十二葉七行注　東岳諸侯境内名山大川。　「境」，李作「境」，王、岳、十、永、閩、阮作「竟」。○阮元《校記甲》：東岳諸侯境内名山大川。「境」，岳本、十行、閩本、纂傳俱作「竟」。按：「竟」正字，「境」俗字。○阮元《校記乙》：東岳諸侯竟内名山大川。岳本、閩本、纂傳同。毛本「竟」作「境」。按：「竟」、「境」，正、俗字。

十二葉十一行注　合四時之氣節。　「氣」，十作「氣」。

十二葉十一行注　使齊一也。　「一」下王有一字空白。

十二葉十二行注　及尺丈斛斗斤兩皆均同。　「皆」下要無「均」字。○山井鼎《考文》：皆均同。〔古本〕下有「之也」二字。○盧文弨《拾補》：皆均同。古本下有「之也」二字。○阮元《校記甲》：皆均同。「同」下古本有「之也」二字。

十二葉十三行釋文　量。力尚反。　「反」下殿、庫有「注同」二字。○山井鼎《考文》：量，力尚反。經典釋文此下有「註同」二字。

十二葉十三行經　脩五禮。五玉。　「脩」，石、八、李、王、魏、要、永、殿、庫、阮作「修」，纂作「修」。○阮元《校記甲》：脩五禮五玉。毛氏曰：「玉」作「王」，誤。

十二葉十三行注　修吉凶賓軍嘉之禮。　「修」，十、閩、毛作「脩」。

十二葉十四行注　五等諸侯執其玉。　○山井鼎《考文》：「五等諸侯執其玉」下、「卒終」下、「器謂圭璧」下、「三帛生死則否」下、「南岳衡山」下，〔古本〕並有「也」字。

十二葉十四行經　三帛。二生。一死贄。　○阮元《校記甲》：二生。按：儀禮士昏記疏引尚書云：三帛二生一死摯。宋單疏本「生」作「牲」。考風俗通山澤篇及劉昭注補後漢書祭祀志上引此經俱作「二牲」，是漢世經文如此。孔傳古本葢亦作「牲」，賈疏所引尚存其舊。今經及賈疏俱作「生」，古本遂湮矣。按：史記封禪書、漢書郊祀志並作「牲」。阮元《校記乙》同。

十二葉十六行注　大夫執鴈。　「鴈」，毛作「雁」。○浦鏜《正字》：大夫執雁。「雁」，毛本誤「雁」。後並同。○盧文弨《拾補》：大夫執雁。毛本「雁」作「雁」。「雁」當作「雁」。下竝同。

十二葉十八行疏　器。謂圭璧。如五器。　二「器」字，八皆作「噐」。

十三葉一行釋文　還。音旋。　「還」，魏作「遶」。

十三葉二行注　自東岳南巡。　○山井鼎《考文》：自東岳南巡。〔古本〕「巡」下有「守」字。○阮元《校記甲》：自東岳南巡。「巡」下古本有「守」字。○《定本校記》：自東岳南巡。内野本、神宫本、足利本「巡」下有「守」字，與王制正義所引合。

十三葉二行注　五月至。「月」下永無「至」字。○山井鼎《考文》：五月至。〔古本〕「至」下有「也」字。

十三葉三行注　初。謂岱宗。○山井鼎《考文》：「初謂岱宗」下、「特一牛」下、「堯又可知」下，〔古本〕並有「也」字。

十三葉三行釋文　華。户化反。華山在弘農。「户」，纂作「胡」。○浦鏜《正字》：華，户化切。案：毛氏居正云：禹貢及武成「華」字有平、去二音。當從二音通用。○阮元《校記甲》：華。華山在宏農。「宏」，葉本作「恒」，與毛居正所見本合。毛氏曰：「宏」作「恒」，誤。武成釋文亦誤作「恒農」。「宏」、「恒」聲相近，傳寫誤也。興國及建本舜典釋文作「宏農」，武成釋文猶作「恒農」，改正未盡耳。

十三葉四行釋文　方興本同。「興」，十作「與」。

十三葉五行注　告至文祖之廟。「祖」，李作「祖」。

十三葉七行注　各會朝于方岳之下。○阮元《校記甲》：各會朝于方岳之下。毛氏曰：「于」作「二」，誤。○《定本校記》：各會朝于方岳之下。内野本、神宫本無「之下」二字。

十三葉七行注　凡四處。　「凡」，纂作「几」。

十三葉九行釋文　四朝。四季朝京師也。　○阮元《校記甲》：四朝，四季朝京師也。「季」，葉本作「秊」。盧文弨云：「秊」，古「年」字也。作「季」誤。

十三葉九行釋文　朝。音直遥反。　「直」上纂、魏、殿、庫無「音」字。

十三葉十一行注　各使陳進治理之言。　「理」，八、魏、十、永、閩、阮作「禮」。○山井鼎《考文》：各使陳進治理之言。〔古本〕「理」作「禮」，正、嘉同。○阮元《校記甲》：各使陳進治理之言。「理」，古本、十行、正、嘉閩本俱作「禮」。毛氏曰：正義云「各使自陳進其治化之言」，監本作「治禮之言」，誤。興國軍本作「治理」。○阮元《校記乙》：各使陳進治禮之言。古本、閩本、明監本同。興國本「禮」作「理」，毛本亦作「理」。案正義「各使自陳進其治化之言」，是作「禮」者誤也。○《定本校記》：各使陳進治理之言。「理」字八行、十行作「禮」。毛氏居正六經正誤曰：正義云「各使自陳進其治化之言」，監本作「治禮之言」，誤。興國軍本作「治理」。案：今所見岳本、纂圖互注本皆作「治理」，與興國軍本合。内野本、神宫本作「治化」，似亦通。

十三葉十一行注　明試其言以要其功。　○山井鼎《考文》：明試其言以要其功。〔古本〕「要」作「考」，後改作「要」。○阮元《校記甲》：明試其言以要其功。「要」，古本作「考」，後改作「要」。○《定本校記》：以要其功。内野本、足利本「要」字作「考」。

十三葉十二行注　則賜車服以表顯其能用。○山井鼎《考文》：以表顯其能用。〔古本〕下有「也」字。下傳「始置十二州」下同。

十三葉十三行疏　既以其歲二月。東行巡省守土之諸侯。「既」，單、八、魏、十、永作「即」，閩、阮作「卽」。○浦鏜《正字》：即以其歲二月東行。「即」誤「既」。○盧文弨《拾補》：即以其歲二月東行。毛本「卽」作「既」。「既」當作「卽」。○阮元《校記甲》：既以其歲二月。「既」，十行、閩本俱作「卽」。按：「既」字非也。

十三葉十七行疏　卿所執羔。「卿」，十作「鄉」。

十三葉十七行疏　大夫所執鴈也。「鴈」，毛作「雁」。

十三葉十七行疏　摠言所用玉帛生死皆爲贄以見天子也。「摠」，毛、殿、庫作「總」。「玉」，八作「王」。

十四葉一行疏　八月西巡守。「八」，阮作「入」。

十四葉二行疏　西岳禮畢。「西」，魏作「四」。

十四葉七行疏　天子適諸侯曰巡守。「守」，要作「狩」。

十四葉七行疏　巡守者巡所守也。　「守」，要作「狩」。

十四葉七行疏　故言諸侯爲天子守土。　「土」，阮作「上」。

十四葉八行疏　以會王之東蒐。　「蒐」，十作「蒐」。

十四葉九行疏　白虎通云。王者所以巡狩者也。　「狩」，永作「守」。○浦鏜《正字》：王者所以巡狩者何。「何」誤「也」。○盧文弨《拾補》：王者所以巡狩者何。毛本「何」作「也」。「也」當作「何」。○阮元《校記甲》：白虎通云，王者所以巡狩者也。盧文弨、浦鏜皆云「也」當作「何」，是也。阮元《校記乙》同。○《定本校記》：王者所以巡狩者也。浦氏云「也」當作「何」。

十四葉九行疏　巡者。循也。狩者。收也。　○浦鏜《正字》：巡者，循也。狩者，牧也。「牧」誤「收」。○盧文弨《拾補》：巡者，循也。狩者，收也。「收」，〔白虎通〕本作「牧」，是。而此與王制、禮器内皆作「收」。

十四葉九行疏　爲天子循收養人。　○浦鏜《正字》：爲天下循行守牧民。誤「爲天子循收養人」。○盧文弨《拾補》：爲天子循收養人。〔白虎通〕本作「爲天下循行守牧民」。

十四葉十行疏　不如晏子之言得其本也。　「本」，八作「木」。

十四葉十三行疏　東嶽至子男。　「嶽」，單、八、魏、永、阮作「岳」。○盧文弨《拾補》：東岳至子男。毛本「岳」作「嶽」。「嶽」當作「岳」。

十四葉十四行疏　故云東岳諸侯境内名山大川。　「大」，阮作「太」。

十四葉十五行疏　四瀆視諸侯。　「瀆」，八作「瀆」。

十四葉十五行疏　牲禮二字。　「禮」，要作「體」。

十四葉十六行疏　其所言諸侯。　「其」，單、八、魏、要、永、殿、庫、阮作「則」。

十四葉十八行疏　謂其牲帛粢盛籩豆爵獻之數。　「牲」，永作「性」。「帛」，單、八、魏、要、十、永、阮作「幣」。○阮元《校記甲》：謂其牲帛粢盛籩豆爵獻之數。「帛」，十行本作「幣」。○阮元《校記乙》：謂其牲幣粢盛籩豆爵獻之數。毛本「幣」作「帛」。

十五葉一行疏　侯伯七獻。　「伯」，阮作「佰」。

十五葉四行疏　○傳合四至均同○正義曰。　上篇已訓協爲合。　「上」上「○傳合四至均同○正義曰」，殿、庫作「合四時之氣節」。

十五葉五行疏　他皆倣此。　「倣」，殿、庫作「放」。

十五葉五行疏　則節氣晦朔。　「晦」，十作「脢」。

十五葉六行疏　氣是月半也。　「半」，魏作「正」。

十五葉七行疏　始作甲子紀日。　「作」，單、八、魏、要、永、殿、庫、阮作「用」。○山井鼎《考文》：始作甲子紀日。〔宋板〕「作」作「用」。○盧文弨《拾補》：蓋自黄帝以來，始用甲子紀日。毛本「用」作「作」。「作」當作「用」。○阮元《校記甲》：始作甲子紀日。「作」，宋板、十行本俱作「用」，是也。

十五葉七行疏　史記稱紂爲長夜之飲。　「記」，要、十、閩作「紀」。

十五葉八行疏　故須合日之甲乙也。　「故」下要無「須」字。

十五葉八行疏　三者皆當勘檢諸國使齊一也。　「檢」，殿、庫作「校」。

十五葉九行疏　而度量衡三者法制皆出於律。　「三」，單作「王」。

十五葉九行疏　皆取法於律。　「皆」，要作「故」。

十五葉十行疏　漢書律歷志云。　「歷」，單、魏、永、閩作「曆」，八作「曆」，十作「曆」，阮作「厤」。

十五葉十行疏　度量衡出於黄鐘之律也。　「鐘」，十、永、閩、阮作「鍾」。○盧文弨《拾補》：度量衡出於黄鍾之律也。毛本「鍾」作「鐘」。「鐘」當作「鍾」。下竝同。

十五葉十一行疏　本起於黃鐘之管長。　「鐘」，十、永、閩、阮作「鍾」。○盧文弨《拾補》：本起於黃鍾之管長。漢書無「管」字。

十五葉十一行疏　以子穀秬黍中者。　「穀」，八、魏、要、永、庫作「榖」，十作「穀」。「秬」，十作「柜」。

十五葉十一行疏　以一黍之廣度之。千二百黍爲一分。　○殿本《考證》：以一黍之廣度之。千二百黍爲一分。臣照按：漢志本文云「一黍之廣度之，九十分黃鍾之長爲一分」，不云「千二百黍」也。宋皇祐中房庶言得古本漢志，云「一黍之起積一千二百黍之廣度之九十分」，今文脱「起積一千二百黍之」八字。當時范鎮力主其説，而司馬光極闢之。此疏引漢志云云，然則唐初本固有不同，但以千二百黍爲一分，則分固不得若是廣。如讀去聲，謂是黃鍾之一分，則語固欠明，又不得接下「十分爲寸」句，當必有訛脱字也。

十五葉十二行疏　本起於黃鐘之龠。　「鐘」，十、永、閩、阮作「鍾」。

十五葉十三行疏　十龠爲合。　○殿本《考證》：十龠爲合。臣召南按：漢志本文作「合龠爲合」。宋祁曰：「合龠」當爲「十龠」。据此疏，則孔氏所見漢志作「十龠」矣。蔡傳即据此疏亦作「十龠」。○浦鏜《正字》：合籥爲合。「合籥」誤「十龠」。案：蔡西山嘉量篇註云：合籥，兩籥也。○盧文弨《拾補》：合龠爲合。毛本上「合」作「十」，譌。唐六典金部下：「二龠爲合。」蔡西山嘉量篇注云：合龠，兩龠也。

十五葉十四行疏　所以稱物知輕重也。　「知」，要作「之」。

十五葉十四行疏　本起於黄鐘之龠。　「鐘」，十、永、閩、阮作「鍾」。○浦鏜《正字》：本起於黄鍾之重。「重」誤「籥」。○盧文弨《拾補》：本起於黄鍾之重。毛本「重」作「龠」。「龠」當作「重」。○《定本校記》：本起於黄鍾之龠，一龠容千二百黍。上「龠」字，浦氏云當作「重」。

十五葉十四行疏　兩之爲兩。　「之」上單、八、魏、要、十、永、閩、阮有「銖」字。「之」，殿、庫作「銖」。○山井鼎《考文》：兩之爲兩。〔宋板〕作「兩銖之爲兩」，正、嘉二本同。謹按漢書元文無「銖」字。○阮元《校記甲》：兩之爲兩。「之」上宋板、十行、正、嘉閩本俱有「銖」字。山井鼎曰：漢元文無「銖」字。○阮元《校記乙》：兩銖之爲兩。宋板、閩本同。毛本無「銖」字。山井鼎曰：漢元文無「銖」。○《定本校記》：兩銖之爲兩。單疏、〔足利〕八行、十行如此。監本删「銖」字，是也。

十五葉十六行疏　是量度衡本起於律也。　「量度」，單、八、魏、要、永、毛、阮作「度量」。

十五葉十六行疏　以時月須與他月和合。　「須」，十作「傾」，庫作「湏」。

十五葉十六行疏　日有正與不正。故言正。「故」，八作「義」。

十五葉十七行疏　度量衡俱是民之所用。「民」，阮作「明」。○張鈞衡《校記》：俱是民之所用。阮本「民」作「明」，誤。

十五葉十七行疏　脩吉至其玉。「脩」，單、八、魏、十、永、阮作「修」。

十五葉十七行疏　周禮大宗伯云。「大」，魏作「太」。

十五葉十八行疏　以軍禮固邦國。「固」，單、八、魏、永、殿、庫、阮作「同」。○山井鼎《考文》：以軍禮固邦國。〔宋板〕「固」作「同」。○浦鏜《正字》：以軍禮同邦國。「同」誤「固」。○盧文弨《拾補》：以軍禮同邦國。毛本「同」作「固」。「固」當作「同」。○阮元《校記甲》：以軍禮固邦國。「固」，宋板、纂傳俱作「同」。按：作「同」是也。○阮元《校記乙》：以軍禮同邦國。宋板同。毛本作「固」。按：作「同」是也。

十五葉十八行疏　以嘉禮親萬民之婚姻。「婚」，單、八、魏、十、永、阮作「昏」。○浦鏜《正字》：以嘉禮親萬民。下衍「之婚姻」三字。○盧文弨《拾補》：以嘉禮親萬民。「民」下毛本有「之婚姻」三字，衍。

十六葉一行疏　以帝王相承。「王」，十作「壬」。

十六葉二行疏　且歷驗此經。　「歷」，單作「曆」，八作「曆」。○《定本校記》：且曆驗此經。單疏、〔足利〕八行如此。十行本「曆」作「歷」。

十六葉五行疏　未誓則以皮帛繼子男之下。　○浦鏜《正字》：未誓則以皮帛繼子男之下。「之下」二字非經文。○盧文弨《拾補》：未誓則以皮帛繼子男。毛本「男」下有「之下」二字，非經文。

十六葉五行疏　以皮帛眡小國之君。　「眡」，單、十作「眡」，魏、永作「眂」。

十六葉七行疏　不得執玉。　「得」，要作「能」。

十六葉九行疏　周禮孤與世子皆執皮帛。　「孤」，魏作「抓」。

十六葉十行疏　束帛而表之。　○孫詒讓《校記》：「之」，依大宗伯注刪。

十六葉十行疏　以皮爲之飾。　「飾」，毛作「餙」。

十六葉十行疏　○傳卿執至執雉○正義曰。此皆大宗伯文也。　「此」上「○傳卿執至執雉○正義曰」，殿、庫作「卿執羔，大夫執鴈，士執雉」。

十六葉十一行疏　鴈取其候時而行也。　「鴈」，毛作「雁」。

十六葉十二行疏　曲禮云飾羔鴈者以繢。　「鴈」，毛作「雁」。

十六葉十三行疏　羔鴈不必有飾。「鴈」，毛作「雁」。「飾」，庫作「節」。

十六葉十四行疏　大夫鴈。「鴈」，毛作「雁」。

十六葉十四行疏　二生是羔鴈也。「鴈」，毛作「雁」。

十六葉十五行疏　所執以自至也。「至」，殿、庫作「致」。○山井鼎《考文》：所執以自至也。〔宋板〕「自」作「白」。○阮元《校記甲》：所執以自至也。「自」，宋板作「白」。盧文弨云：宋板非。○《定本校記》：所執以自至也。「自」，〔足利〕八行本誤作「白」。「至」，殿本改作「致」，與大宗伯注合。

十六葉十五行疏　故言贄以結上文。「文」，阮作「又」。

十六葉十六行疏　以見君與自相見。○《定本校記》：與自相見。「自」，〔足利〕八行本誤作「臣」。

十六葉十七行疏　周禮大宗伯云以玉作五器。「大」，永作「太」。○孫詒讓《校記》：周禮大宗伯云以玉作六器。據周官正。○《定本校記》：「玉」，〔足利〕八行本誤作「王」。案：大宗伯云：以玉作六瑞，以等邦國。以玉作六器，以禮天地四方。無此文。

十六葉十八行疏　聘義云以圭璋聘。下「聘」字，要作「聘」。

十七葉一行疏　周禮司儀云諸公相見爲賔。還圭如將幣之儀。「之儀」，要作「之義」。○浦鏜《正字》：諸侯（公）相爲賓，還圭如將幣之儀。「爲賓」上誤衍「見」。○盧文弨《拾補》：諸公相爲賓，還圭如將幣之儀。毛本「相」下有「見」字，衍。

十七葉二行疏　士相見禮。「士」，魏、阮作「上」。

十七葉二行疏　云若他邦之人。「若」，要作「見」。「他邦」，單作「邦他」。○《定本校記》：若他邦之人。「他邦」二字單疏倒。

十七葉三行疏　是三帛生死則否。「生」，十作「主」。

十七葉四行疏　恒。北岳恒山也。○《定本校記》：恒北岳恒山也。「北」，〔足利〕八行本誤作「此」。

十七葉六行疏　張揖云天柱謂之霍山。「揖」，十作「楫」。

十七葉六行疏　漢書地理志云天柱在廬江灊縣。「理」，魏作「里」。

十七葉七行疏　潛水出焉。○《定本校記》：潛水出焉。上兩云灊縣，此「潛」字疑亦當作「灊」。

十七葉七行疏　漢武帝以衡山遼曠。「曠」，永作「曠」。

十七葉七行疏　今其彼土俗人皆呼之爲南岳。「彼」，十作「被」。○《定本校記》：今其彼土俗人。詩崧高正義、周禮大司樂疏、禮記王制正義、左傳昭四年正義引此文皆無「彼」字。

十七葉十一行疏　言萬物霍然大也。「大」，薈作「太」。

十七葉十四行疏　上云歲二月東巡守。「云」，十、永、阮作「去」。○阮元《校記甲》：上云歲二月東巡守。　「云」，十行本誤作「去」。○阮元《校記乙》：上去歲二月東巡守。毛本「去」作「云」。「去」字誤也。

十七葉十七行疏　此事不必然也。○盧文弨《拾補》：此事必不然也。「必不」舊倒。○阮元《校記甲》：此事不必然也。盧文弨云「不必」疑倒。按：下云「莽謂此官名爲朕虞，其義必不然也」，語勢正同。阮元《校記乙》同。○《定本校記》：此事不必然也。盧氏云「不必」疑倒。

十七葉十七行疏　其經南云如岱禮。「南」，閩作「南」。

十七葉十八行疏　故不須巡之也○朔巡守○正義曰。釋訓云。「也」下永無「朔巡守」三字。○張鈞衡《校記》：故不須巡之也○釋訓云。「也」字下此本脱「○傳朔巡守」三字。

（彙校者案：「朔巡守」係經文，不必冠「傳」字。）

十八葉一行疏　此史變文耳。「此」，單、八作「北」，魏、十、永、作「比」，閩作「比」，毛、阮作「北」。

十八葉二行疏　此承四巡之下。「承」上殿、庫無「此」字。

十八葉二行疏　知此以告至文祖之廟。「以」，單、八作「亦」。○山井鼎《考文》：知此以告文祖之廟。〔宋板〕「以」作「亦」。○浦鏜《正字》：以上受終在文祖之廟，知此以告至文祖之廟。「以告」當「亦告」誤。○盧文弨《拾補》：知此亦告文祖之廟。毛本「亦」作「以」。「以」當作「亦」。○阮元《校記甲》：知此以告至文祖之廟。「以」，宋板作「亦」。

十八葉三行疏　故藝爲文也。「藝」，十作「蓺」。

十八葉三行疏　王制説巡守之禮云歸格于祖禰。○浦鏜《正字》：歸格于祖禰。「格」，禮記作「假」，音同。

十八葉四行疏　考近於祖。「近」上要無「考」字。

十八葉四行疏　此惟言文祖。「惟」，單、八、要作「唯」。

十八葉六行疏　此摠説巡守之事。「摠」上殿、庫無「此」字。「摠」，毛、殿、庫作「總」。

十八葉六行疏　各自會朝於方岳之下。「方」，毛作「四」。○阮元《校記甲》：各自會朝於四岳之下。「四」，十行、閩、監俱作「方」。

十八葉十行疏　故爲進也。「故」，阮作「故」。

十八葉十一行疏　必如其言。「必」，阮作「以」。○張鈞衡《校記》：必如其言。阮本「必」作「以」，誤。

十八葉十二行疏　人以車服爲榮。「人」，八作「又」。

十八葉十二行經　肇十有二州。「肇」，石、八作「肈」。○阮元《校記甲》：肇十有二州。「肇」，唐石經作「肈」，後竝同，不悉挍。阮元《校記乙》同。

十八葉十三行注　肇。始也。「肇」，八、魏作「肈」。

十八葉十四行釋文　十有二州。「十」，魏作「什」。

十八葉十五行釋文　揚。豫。梁。雍。「揚」，纂、十、永、閩作「楊」。

十八葉十六行注　每州之名山殊大者。○山井鼎《考文》：每州之名山殊大者。〔古本〕「者」作「之」。○盧文弨《拾補》：每州之名山殊大者。古本「者」作「之」，是。○阮元《校記甲》：每州之名山殊大者。「者」，古本作「之」。按疏云「特舉其名，是殊大之也」，則作「之」爲是。阮元《校記乙》同。○《定本校記》：每州之名山殊大之。下「之」字各本作「者」，今據内野本、神宫本、足利本正。阮氏云：疏云「特舉其名，是殊大之也」，則作「之」爲是。

十八葉十七行注　用不越法。　○山井鼎《考文》：「用不越法」下、「寬五刑」下，〔古本〕共有「也」字。

十八葉十八行注　以流放之法。　「法」，永作「法」。

十八葉十八行釋文　宥。二宥也。　「二」，王、纂、魏、永、殿、庫作「三」。○浦鏜《正字》：宥，三宥也。「三」誤「二」。

十九葉一行注　以作爲治官事之刑。　「作」，八、李、王、纂、魏、要、岳、毛、殿、庫作「鞭」。○山井鼎《考文》：以鞭爲治官事之刑。〔古本〕「治」作「理」，「刑」下有「也」字。謹按正、嘉、萬曆本「鞭」作「作」，非也。○阮元《校記甲》：以鞭爲治官事之刑。「鞭」，十行、正、嘉、閩、監俱作「作」，非也。○阮元《校記乙》：以作爲治官事之刑。閩本、明監本同，毛本「作」作「鞭」。案：「鞭」字是也。○《定本校記》：以鞭爲治官事之刑。「治」，内野本、神宮本、足利本作「理」。

十九葉一行經　扑作教刑。　「扑」，石作「朴」。

十九葉一行注　榎楚也。　「榎」，李作「椱」，魏作「擾」，永作「櫌」。

十九葉二行釋文　扑。普卜反。　「卜」，永作「下」。

十九葉二行經　金作贖刑。　○盧文弨《拾補》：金作贖刑。毛云「贖」从賣，中从囧，今省。「賣」音育，非「買賣」字。

十九葉三行注　誤而入刑。　「入」，阮作「八」。○張鈞衡《校記》：誤而入刑。阮本「入」誤「八」。

十九葉三行注　出金以贖罪。　○山井鼎《考文》：「出金以贖罪」下、「當刑殺之」下、「憂欲得中」下、「水中可居者曰洲」下，〔古本〕並有「也」字。

十九葉三行釋文　徐音樹。　「樹」，永作「尌」。

十九葉四行注　眚。過。　「眚」，魏作「青」，永作「青」。

十九葉四行注　賊。殺也。　「賊」，閩作「戝」。

十九葉五行釋文　眚。所景反。　「反」，閩作「及」。

十九葉五行釋文　怙。音户。　「怙」，閩作「怙」。

十九葉五行經　惟刑之恤哉。　○阮元《校記甲》：惟刑之恤哉。匡謬正俗曰：惟，辭也，蓋語之發端。書云「惟三月哉生魄」、「惟十有三祀，王訪于箕子」之類是也。古文皆爲「惟」字，而今文尚書變爲「維」者，同音通用，厥義無别。○阮元《校記乙》：惟刑之恤哉。匡謬正俗曰：惟，辭也，蓋語之發端。書云「惟三月哉生魄」、「惟十有三祀，王訪于箕子」之類是也。古文皆「惟」字，今文尚書易爲「維」，音義並同。

十九葉七行經　流共工于幽洲。　○浦鏜《正字》：流共工于幽洲。「洲」，孟子作「州」。○盧文弨案：張氏弨云：唐明皇天寶間以隸寫六經，遂雜用俗改字，如「州」復加水之類。○盧文弨《拾補》：流共工于幽洲。「洲」本是「州」字。禮記注引堯典作「州」，史記正義云：尚書及大戴作「幽州」。浦云：孟子作「州」。張弨云：唐天寶間以隸寫六經，遂雜用俗改字，如「州」復加水之類。○阮元《校記甲》：流共工于幽洲。按：説文無「洲」字，水中之地本只作「州」，後人加水，相沿已久。惟此句不可作「洲」。觀孔疏直以十二州之幽州釋之，則孔氏所据之經作「州」，與孟子同。若作「洲」，則似别有一地名爲「幽洲」矣。孔傳云：水中可居者曰州。此葢汎釋「州」字之義，顧不於「肇十有二州」釋之，而釋之於此，亦不可解。阮元《校記乙》同。○《定本校記》：流共工于幽州。「州」，各本作「洲」，今正。阮氏云：觀孔疏直以十二州之幽州釋之，則孔氏所據之經作「州」。

十九葉七行注　象恭滔天。　「恭」，纂作「共」。

十九葉八行注　故流放之。　「放」下李有「〇」。

十九葉八行注　幽洲。北裔。　○《定本校記》：幽州，北裔。「州」，各本作「洲」，亦非疏意。

十九葉八行注　水中可居者曰洲。「洲」，十、永、阮作「州」。○阮元《校記甲》：水中可居者曰洲。「洲」，十行、閩本俱作「州」。按：岳本亦作「洲」，然當以「州」爲正。○阮元《校記乙》：水中可居者曰州。閩本同。岳本「州」作「洲」，當是岳本誤。下「幽州」同。

十九葉九行釋文　靖譖庸回。「譖」，王、魏、十、永作「僣」，閩作「僣」，阮作「僭」。○阮元《校記甲》：靖譖庸回。「譖」，十行本作「僣」。

十九葉十行注　罪惡同。○山井鼎《考文》：罪惡同。〔古本〕下有「矣」字。○阮元《校記甲》：罪惡同。「同」下古本有「矣」字。

十九葉十一行釋文　頑嚚不友。「友」，王作「𠬛」。

十九葉十一行釋文　謂之渾敦。「敦」，永作「𢽾」。

十九葉十三行注　號饕餮。「號」，王作「号」。

十九葉十三行注　三危。西裔。○山井鼎《考文》：三危，西裔。〔古本〕下有「也」字。「述作之體」下、「在海中」下、「用刑當其罪」下並同。

十九葉十三行釋文　馬王云國名也。「名」下纂無「也」字。

十九葉十五行釋文　不念孤寡。「念」，庫作「分」。○浦鏜《正字》：不分孤寡。「分」，音問，誤「念」。○《四庫考證》：不分孤寡。「分」訛「念」。据左傳改。○《薈要》案語：不分孤寡。刊本「分」訛「念」，據左傳改。

十九葉十五行釋文　非帝子孫。○浦鏜《正字》：非帝者子孫。「者」字脱。

十九葉十六行釋文　饕。土刀反。「土」，閩作「士」。○阮元《校記甲》：饕，七刀反。「七」，十行本、毛本俱作「土」字。按：「土」是，「七」非。

十九葉十六行注　方命圮族。「圮」，魏作「圯」。○阮元《校記甲》：方命圮族。毛氏云：「方」作「万」，誤。

十九葉十七行注　績用不成。「績」，李作「續」。○阮元《校記甲》：績用不成。「不」，纂傳作「弗」。

十九葉十七行注　異其文。述作之體。「述」，八作「迷」。

十九葉十八行釋文　顓頊氏有不才子。「頊」，閩作「項」。

二十葉一行釋文　傲狠明德。「狠」，王、纂、魏、殿作「很」，阮作「狼」。

二十葉一行釋文　謂之檮杌。「檮」，纂作「擣」。「杌」，魏作「杬」。

二十葉一行釋文　檮杌。「杌」，永作「杬」。

二十葉三行注　於此揔見之。「揔」，毛、殿、庫作「總」。

二十葉四行疏　肇十有至咸服。　「肇」，單作「肈」。「十」下單、八、魏、十、永、毛、阮無「有」字。○阮元《校記甲》：肇十至咸服。「十」下閩、監俱加「有」字。

二十葉五行疏　每州以大山爲鎮。　「每」下毛有「一」字。「以」下單、八、魏、十、永、阮有「一」字。○山井鼎《考文》：每州以大山爲鎮。〔宋板〕「大」上有「一」字。○浦鏜《正字》：每州以大山爲鎮。「每」下毛本衍「一」字。○盧文弨《拾補》：每州以一大山爲鎮。毛本「州以一」作「一州以」，譌。○阮元《校記甲》：每一州以大山爲鎮。宋板「大」上有「一」字。十行本「州」上無「一」字，「大」上有「一」字。閩、監「州」上、「大」上俱無「一」字。○阮元《校記乙》：每州以一大山爲鎮。宋板「州」上亦有「一」字，閩本、明監本並無。毛本「州」上有「一」字，「大」上無。（彙校者案：「宋板『州』上」當作「宋板『大』上」。）

二十葉五行疏　又留意於民。　「於」，毛作「于」。

二十葉六行疏　或以恩減降。　「減」，十作「滅」。

二十葉七行疏　有扑作師儒教訓之刑。　「扑」，永作「朴」。

二十葉九行疏　惟此刑罰之事。　「惟」，阮作「推」。○張鈞衡《校記》：惟此刑罰之事。阮本「惟」作「推」。

二十葉九行疏　令勤念刑罰。　「勤」，庫作「懃」，薈作「勤」。○浦鏜《正字》：令勤念刑罰。「勤」，監本誤「動」。○阮元《校記甲》：令勤念刑罰。「勤」，監本誤作「動」。

二十葉十行疏　方始重慎刑罰。　「罰」，阮作「罪」。○張鈞衡《校記》：重慎刑罰。阮本「罰」作「罪」。

二十葉十行疏　流徒共工於北裔之幽洲。　「徒」，單、八、魏、閩、毛、殿、庫、阮作「徙」。「洲」，單、八、魏、十、阮作「州」。○浦鏜《正字》：流徙共工於北裔之幽洲。「徙」，監本誤「徒」。○阮元《校記甲》：流徙共工於北裔之幽洲。「徙」，監本誤作「徒」。「洲」，十行本作「州」。

二十葉十一行疏　肇始至二州。　「肇」，單作「肈」。

二十葉十二行疏　肇。始。　「肇」，單作「肈」。

二十葉十三行疏　九州始畢。　「州」，魏作「年」。

二十葉十三行疏　以境界太遠。　「太」，魏作「大」。

二十葉十四行疏　周禮職方氏九州之名。　「職」，要作「軄」。

二十葉十四行疏　有幽并無徐梁。　「徐」，魏作「餘」。

二十葉十六行疏　孫炎以爾雅之文與職方禹貢並皆不同。「並」，要作「并」。

二十葉十六行疏　疑是殷制。「殷」，要作「因」。

二十葉十六行疏　則營州亦有所因。○劉承幹《校記》：亦在所因。阮本「在」作「有」。

二十葉十七行疏　齊即青州之地。○浦鏜《正字》：齊即營州之地。「營」誤「青」。○盧文弨《拾補》：齊即營州之地。毛本「營」作「青」，譌。浦改。

二十葉十七行疏　於此居攝之時。「於」，要作「于」。

二十一葉一行疏　冢。大也。舍人曰。冢。封之大也。二「冢」字，魏、殿、庫並作「冢」。○盧文弨《拾補》：冢，大也。毛本「冢」作「冢」，非。下同。

二十一葉一行疏　定四年左傳云。「左」，八作「在」。

二十一葉二行疏　揚州會稽。荊州衡山。「揚」，毛作「楊」。

二十一葉六行疏　象也者。象此者也。○浦鏜《正字》：象也者，象此者也。下「象」字當依經文作「像」。

二十一葉七行疏　皆須原其本情。然後斷決。「後」，單作「然」。○《定本校記》：然後斷決。「後」，單疏誤作「然」。

二十一葉八行疏　正義曰寬。宥。周語文。　「寬宥」，殿、庫作「宥寬」。○浦鏜《正字》：宥，寬。周語文。「宥寬」字誤倒。○盧文弨《拾補》：宥，寬。周語文。「宥寬」原作「寬宥」，浦云誤倒。○阮元《校記甲》：正義曰：寬，宥。周語文。浦鏜云：「宥寬」字誤倒。阮元《校記乙》同。○《定本校記》：寬，宥。周語文。浦氏云：「宥寬」字誤倒。

二十一葉八行疏　放。使生活。　「放」，要作「故」。

二十一葉九行疏　此惟解以流寬之刑。　○《定本校記》：此惟解以流寬之刑。「之」，疑當作「五」。

二十一葉十行疏　致刑即太重。　「即」，庫作「則」。

二十一葉十一行疏　此言五刑者。　「此言五」，要作「然則應」。

二十一葉十一行疏　其數則五。　「則」，要作「是」。

二十一葉十三行疏　則正五刑見矣。　「五」上要無「正」字。

二十一葉十三行疏　流放致罪爲輕。比鞭爲重。故次典刑之下。　「比」，單、八、魏、十、永、阮作「此」。「爲」下十、永、阮無「重」字。○阮元《校記甲》：比鞭爲重。十行本「比」誤作「此」，脱「重」字。○阮元《校記乙》：此鞭爲。毛本「此」作「比」，「爲」下有「重」字，是也。○《定本校記》：比鞭爲重。「比」，單疏誤作「此」。

二十一葉十四行疏　比於出金贖罪又爲輕。　○《定本校記》：比於出金贖罪又爲輕。「輕」，疑當作「重」。

二十一葉十四行疏　且呂刑五罰。　「且」，閩作「目」。「呂」，單、八作「以」。○《定本校記》：且呂刑五罰。「呂」，單疏誤作「以」。

二十一葉十五行疏　亦容輸贖。故後言之。　「輸」下魏無「贖」字。

二十一葉十五行疏　與流宥鞭扑俱有常法。　「扑」，魏作「抃」。

二十一葉十六行疏　周禮條狼氏。　「條」，單、八、魏、要、十、永、閩、殿、阮作「滌」。○浦鏜《正字》：周禮條狼氏云云。案：杜子春註：「條」當爲「滌器」之「滌」。○《四庫考證》：周禮條狼氏。刊本「條」訛「滌」，据周禮改。○《薈要》案語：周禮條狼氏。刊本「條」訛「滌」，今改。○盧文弨《拾補》：周禮條狼氏。「條」，元本從杜子春説作「滌」。○阮元《校記甲》：周禮條狼氏。「條」，十行、閩本俱作「滌」。按：十行本是。「周禮條狼氏」，杜子春云：「條」讀爲「滌器」之「滌」，因改而爲「滌」。此正義例也。○阮元《校記乙》：周禮滌狼氏。閩本同。毛本「滌」作「條」。案：「周禮條狼氏」，杜子春云：「條」讀爲「滌器」之「滌」，因改而爲「滌」。此正義例也，作「條」誤。

二十一葉十六行疏　左傳有鞭徒人費圉人犖是也。　「徒」，閩作「徙」。

二十一葉十七行疏　日來亦皆施用。　「來」，單作「末」。○《定本校記》：日來亦皆施用。「來」，單疏本誤作「末」。

二十一葉十七行疏　大隨造律。　「隨」，要作「隋」。○山井鼎《考文》：大隨造律。【謹按】「隨」，恐「隋」誤。○盧文弨《拾補》：大隨造律。正義成於隋時，入唐猶不改，當時「隨」、「隋」亦互用。○阮元《校記甲》：大隨造律。山井鼎曰：「隨」，恐「隋」誤。按：此説非也。唐人書「隋」字多作「隨」，歐陽詢書皇甫誕諸碑可証。阮元《校記乙》同。

二十一葉十七行疏　治官事之刑者。言若於官事不治則鞭之。　「刑」，毛作「行」。「於」，毛作「與」。○浦鏜《正字》：治官事之刑者。「刑」，毛本誤「行」。○盧文弨《拾補》：論官事之刑者，言若於官事不治，則鞭之。毛本「刑」作「行」，「於」作「與」。「行」當作「刑」，「與」當作「於」。○阮元《校記甲》：治官事之行者，言若與官事不治。「行」，十行、閩、監俱作「刑」，是也。「與」，十行、閩、監、纂傳俱作「於」，是也。

二十一葉十八行疏　扑榎至撻之。　「榎」，永作「⿰扌夏」。

二十一葉十八行疏　學記云榎楚二物。以收其威。　「榎」，永作「⿰扌夏」。○浦鏜《正字》：榎楚二物。以收其威。「榎」，禮記作「夏」，讀「榎」。「以收其威」作「收其威也」。

二十一葉十八行疏　鄭玄云榎。搯也。　「榎」，永作「𢯱」。「搯」，單、八、魏、要、十、永、毛、殿、庫、阮作「槄」。○浦鏜《正字》：榎，槄也。「槄」，監本旁誤從手。○阮元《校記甲》：榎，槄也。「槄」，監本誤從手。

二十二葉一行疏　二物可以扑撻犯禮者。　○浦鏜《正字》：二者所以撲撻犯禮者。「者所」二字誤「物可」。○盧文弨《拾補》：二者所以扑撻犯禮者。毛本「者所」作「物可」。「物可」當作「者所」。

二十二葉一行疏　知扑是榎楚也。　「榎」，單、永作「𢯱」。

二十二葉一行疏　既言以收其威。　「收」，魏作「牧」。

二十二葉二行疏　又大射鄉射皆云司馬搢扑。　「搢」，要作「晉」。

二十二葉四行疏　摠號爲金。　「摠」，要、毛、殿、庫作「總」。

二十二葉四行疏　釋器云黄金謂之盪。　○浦鏜《正字》：黄金謂之璗。「璗」下誤從皿。○盧文弨《拾補》：黄金謂之璗。毛本「璗」作「盪」。「盪」當作「璗」。○《定本校記》：黄金謂之盪。「盪」，浦氏改作「璗」。案：禹貢正義引正作「璗」。

二十二葉五行疏　冶氏爲殺矢。　「冶」，十、永、閩、阮作「治」。○阮元《校記甲》：冶氏爲殺矢。「冶」，十行、閩本俱誤作「治」。○阮元《校記乙》：治氏爲殺矢。案：「治」當作「冶」，閩本亦誤。

二十二葉五行疏　鳧氏爲鐘。桌氏爲重。段氏爲鎛。　「鐘」，十、永、閩、阮作「鍾」。「桌」，單作「㮚」，永作「栗」。「重」，單、八、魏、要、毛、殿、庫作「量」。「段」，單、魏、永、毛作「叚」。○浦鏜《正字》：桌氏爲量，段氏爲鎛。下考工記有「器」字。「量」，監本誤「重」。「段」，毛本誤「叚」。○盧文弨《拾補》：段氏爲鎛。毛本「段」作「叚」，譌。「鎛」下考工記有「器」字。○阮元《校記甲》：桌氏爲量。「量」，十行、閩、監俱誤作「重」。○阮元《校記乙》：桌氏爲重。岳(毛)本「重」作「量」。案：「量」字是也。閩本、明監本並誤。

二十二葉八行疏　爲四百一十六斤十兩大半兩銅。與金贖死罪金三斤。爲價相依附。「大」，阮作「六」。○孫詒讓改「六」爲「大」，改上「金」字爲「今」。孫詒讓《校記》云：「大」，依閩本正。「今」，據陳氏五經異義疏證説正。○《定本校記》：與金贖死罪金三斤。上「金」字，王氏鳴盛、江氏聲引皆作「今」。

二十二葉八行疏　實謂銅而謂之金鐵。　「謂」，要作「為」。

二十二葉九行疏　收絹十匹。今律乃復依古。「匹」，要、閩作「疋」。「今」，閩作「令」。「乃」，要作「及」。

二十三葉十行疏　今贖輕於古也。「今」，要作「金」。

二十三葉十一行疏　各依其狀以贖論是也。「依」上要無「各」字。

二十三葉十二行疏　事非疑似。「事」，薈作「是」。○浦鏜《正字》：或雖有證見，事非疑似。「事」當「是」字誤。○盧文弨《拾補》：或雖有證見，是非疑似。毛本「是」作「事」。「事」當作「是」。

二十三葉十三行疏　如此之類言皆爲疑罪。○浦鏜《正字》：如此之類言皆爲疑。「言」疑。○盧文弨《拾補》：言皆爲疑罪。「言」字衍。○《定本校記》：言皆爲疑罪。盧氏云：「言」字衍。

二十三葉十三行疏　吕刑已用言。「用」，單、八、魏、要、毛、殿、庫作「明」。○浦鏜《正字》：罪疑而罰贖，吕刑已明言。「明」，監本誤「用」。○阮元《校記甲》：吕刑已明言。「明」，十行、閩、監俱誤作「用」。○阮元《校記乙》：吕刑已用言。岳(毛)本「用」作「明」，是也。閩本、明監本並誤。

二十二葉十三行疏　故此傳指言誤而入罪。已解此贖。　「已」，單、八、魏、要、十、永、閩、殿、庫、阮作「以」。○山井鼎《考文》：已解此贖。〔宋板〕「已」作「以」，正、嘉二本同。○浦鏜《正字》：故此傳指言誤而入罪，以解此贖。「以」誤「已」。○盧文弨《拾補》：故此傳指言誤而入贖，以解此贖。毛本「以」作「已」。「已」當作「以」。○阮元《校記甲》：故此傳指言誤而入罪，已解此贖。「已」，宋板、十行、正、嘉閩本俱作「以」。

二十二葉十四行疏　鞭扑加於人身。　「於」，毛作「于」。

二十二葉十五行疏　是肆爰緩也。眚爰過也。　兩「爰」字，單、八、魏、要、毛、殿、庫作「爲」。○浦鏜《正字》：是肆爲緩也，眚爲過也。「爲」，監本誤「爰」。○阮元《校記甲》：是肆爲緩也，眚爲過也。兩「爲」字，十行、閩、監俱誤作「爰」。○阮元《校記乙》：是肆爰緩也，眚爰過也。岳（毛）本「爰」並作「爲」，是也。閩本、明監本並誤。

二十二葉十六行疏　公羊傳云。　「云」，庫作「曰」。

二十二葉十六行疏　晉侯殺趙盾。　「殺」，要作「患」。

二十二葉十七行疏　摠言用刑之罪。　「摠」，要、毛、殿、庫作「總」。「罪」，單、八、魏、要、毛、殿、庫作「要」。○浦鏜《正字》：總言用刑之要。「要」，監本誤「罪」。○阮元《校記甲》：總言用刑之要。「要」，十行、閩、監俱誤作「罪」。○阮元《校記乙》：總言用刑之罪。岳

（毛）本「罪」作「要」，是也。閩本、明監本並誤。

二十二葉十七行疏　小則恕之。　「恕」，要作「宥」。

二十三葉一行疏　○傳舜陳至得中○正義曰。此經二句。　「此經二句」上「○傳舜陳至得中○正義曰」，殿、庫作「欽哉欽哉，惟刑之恤哉」。

二十三葉三行疏　象恭至曰洲。　「洲」，單、八作「州」。○《定本校記》：傳象恭至曰洲。「洲」，單疏、（足利）八行俱作「州」，今從十行本。案：據疏，此傳乃當作「曰洲」。

二十三葉四行疏　傲狠漫天。　「狠」，單、魏、殿、庫作「很」。

二十三葉六行疏　共在一州之上。分之爲九耳。　「州」，單、八、魏、要、十、永、阮作「洲」。「耳」，要作「州」。○山井鼎《考文》：共在一州之上。〔宋板〕「州」作「洲」。○盧文弨《拾補》：共在一州之上。「州」，宋、元本作「洲」。○阮元《校記甲》：共在一州之上。「州」，宋板、十行俱作「洲」。○阮元《校記乙》：共在一洲之上。宋板同。毛本「洲」作「州」。

二十三葉八行疏　故知北裔在幽州。　「幽」下要無「州」字。

二十三葉八行疏　故舉州言之。此流四凶在治水前。　「此流四凶」，要作「流凶」。

二十三葉十行疏　左傳説此事云流四凶族。「族」，魏作「族」。

二十三葉十行疏　投諸四裔則四方方各有一人。「方各」，要作「之各」，魏作「方名」。

二十三葉十一行疏　幽州在北裔。「北」，永作「此」。

二十三葉十六行疏　以左傳説此事。「左」上要無「以」字。

二十三葉十六行疏　渾敦窮奇檮杌饕餮。「渾」，永作「軍」。

二十三葉十六行疏　謂此驩兜共工三苗與鯀也。○浦鏜《正字》：謂此驩兜、共工、三苗與鯀也。「鯀」，監本誤「熊」。○阮元《校記甲》：謂此驩兜、共工、三苗與鯀也。「鯀」，監本誤作「態」。

二十三葉十七行疏　但名不同。「但」，八作「伹」，要作「俱」。

二十三葉十七行疏　靖譖庸回。○浦鏜《正字》：左傳説窮奇之行云，靜譖庸回。「庸」字，監本誤。

二十四葉一行疏　傲狠明德。「狠」，八、十、殿作「很」，永作「狼」。

二十四葉四行疏　三苗丕叙。「丕」，永作「不」。

二十四葉七行疏　誅責之稱俱是流徙。「俱」，要作「具」。

二十四葉七行疏　共工滔天。　「共」，永作「其」。

二十四葉九行疏　是羽山爲東裔也。　「山」，單作「止」。○《定本校記》：是羽山爲東裔也。「山」，單疏、〔足利〕八行俱誤作「止」。

二十四葉九行疏　漢書地理志羽山。在東海郡祝其縣西南。　○浦鏜《正字》：羽山在東海郡祝其縣西南。案：漢志無「西」字。○盧文弨《拾補》：羽山在東海祝其縣西南。漢志無「西」字。

二十四葉十行疏　舜以微賤超升上宰。　「微」，要作「爲」。

二十四葉十二行疏　皆是徵用之時所行。　「徵」，閩作「微」。

二十四葉十二行疏　於此摠見之也。　「摠」，殿、庫作「總」。

二十四葉十三行疏　知此等諸事。　「知」，要作「如」。

二十四葉十五行疏　明是徵用所行也。　「明」下單、八、要無「是」字。

二十四葉十五行疏　所言稷播百穀。　「百」，要作「五」。

二十五葉一行經　二十又八載。帝乃殂落。　「二十」，石作「廿」。○盧文弨《拾補》：二十又八載。石經「二十」作「廿」。其「三十」亦倣此。

二十五葉三行注　堯死。壽一百一十七歲。　「死」，李、王、纂、岳作「凡」。「壽」下八、李、岳無「一」字。○山井鼎《考文》：堯死，壽一百一十七歲。〔古本〕「死」作「凡」，「歲」下有「也」字。宋板「死」作「凡」，無上「一」字。○浦鏜《正字》：壽一百一十七歲。「七」當作「六」，出疏。○盧文弨《拾補》：堯凡壽百一十七歲。毛本「凡」作「死」。「死」當作「凡」。「壽」下宋本無「一」字。「七」，疏云「六」之誤。○阮元《校記甲》：堯死，壽一百一十七歲。「死」，古本、岳本、宋板俱作「凡」。岳本、宋板俱無上「一」字。纂傳「歲」作「載」。餘同今本。○阮元《校記乙》：堯死，壽一百一十七歲。古本、岳本、宋板「死」作「凡」。岳本、宋板無上「一」字。纂傳「歲」作「載」。○《定本校記》：堯凡壽一百一十七歲。上「一」字，〔足利〕八行本脱。

二十五葉三行釋文　殂。才枯反。　「枯」，王作「桔」。

二十五葉四行注　考妣。父母。言百官感德思慕。　○山井鼎《考文》：考妣，父母。〔古本〕下有「也」字。「感德思慕」下、「匏土革木」下、「所及者遠」下，下傳「月正正月」下並同。

二十五葉四行釋文　妣。必履反。　「履」，纂作「禮」。

二十五葉六行注　八音。金。石。絲。竹。匏。土。革。木。　「土」，八作「士」。

二十五葉七行釋文　八音。謂金。鐘也。　「鐘」，王、魏、十、永、閩、阮作「鍾」。

二十五葉七行釋文　竹。篪笛也。　「篪」，王作「箎」。○阮元《校記甲》：竹，篪笛也。「箎」，葉本、十行本、毛本俱作「篪」字。按：説文作「䶵」，从龠虒聲，或从竹作「篪」。

二十五葉八行釋文　匏。白交反。　「白」，魏作「户」。

二十五葉九行疏　蠻夷戎狄。　「夷」，單作「炎」。○《定本校記》：蠻夷戎狄。「夷」，單疏本誤作「炎」。

二十五葉十行疏　所及者遠也。　「遠」下殿、庫無「也」字。

二十五葉十一行疏　蓋殂爲往也。　○浦鏜《正字》：蓋殂爲往也。「蓋」字，監本誤。

二十五葉十二行疏　試舜三年。　「三」，閩作「二」。

二十五葉十二行疏　揔計其數。　「揔」，要、殿、庫作「總」。

二十五葉十五行疏　以此計之。惟有一百一十六歲。　「惟」，阮作「淮」。○張鈞衡《校記》惟有一百一十六歲。阮本「惟」作「淮」，誤。

二十五葉十七行疏　檀弓説事君之禮。　「檀」，十作「擅」，永作「擅」。

二十六葉二行疏　遏絶至者遠。　「遏」，永作「過」。

二十六葉三行疏　周禮大師云播之以八音。　「大」，單、魏、十、永、閩、毛、阮作「太」。

二十六葉三行疏　鄭云金。鐘鏄也。　「鐘」，魏、十、永、閩、阮作「鍾」。「鏄」，閩作「鎛」。

二十六葉四行疏　竹。管簫也。　「簫」，永作「蕭」。

二十六葉五行疏　爲天子正服繐衰。既葬除之。　「繐」，永作「緦」。「衰」，毛作「衺」。○張鈞衡《校記》：緦衰既葬。阮本「緦」作「繐」，誤。○劉曉東曰：「緦」誤。

二十六葉五行疏　今能使四夷三載絶音。　○《定本校記》：今能使四夷三載絕音。「絕」，〔足利〕八行本誤作「紀」。

二十六葉七行注　舜服堯喪三年畢。將即政。　○山井鼎《考文》：畢將即政。〔古本〕作「喪畢將即位」。○盧文弨《拾補》：舜服堯喪三年畢，將即政。「年」下古本有「喪」字。「政」，古本作「位」。○阮元《校記甲》：舜服堯喪三年畢，將即政。古本「畢」上有「喪」字，「政」作「位」。○《定本校記》：將即政。「政」字，内野本、神宫本、足利本作「位」。

二十六葉八行注　故復至文祖廟告。　○山井鼎《考文》：故復至文祖廟告。〔古本〕下有「也」字。「廣致衆賢」下、「使天下無壅塞」下、「敬授民時」下、「元善之長」下、「皆相率而來服」下，下傳「言舜曰以别堯」下、「四岳同辭而對」下、「言可用之」下、「勉行之」下、「二臣名」下、「稽首首至地」下、「敕使往宅百揆」下並同。

二十六葉八行經　詢于四岳。闢四門。　「闢」，纂作「闢」。

二十六葉八行注　謀政治於四岳。　「於」，纂作「于」。

二十六葉九行注　開闢四方之門未開者。　「闢」，纂作「闢」。

二十六葉九行釋文　闢。婢亦反。　「反」，永作「友」。

二十六葉九行釋文　徐甫亦反。○浦鏜《正字》：徐甫亦切。案：毛氏居正云：「甫」當作「蒲」。

二十六葉十二行注　柔。安。邇。近。敦厚也。　「敦」，李、纂、殿、庫作「惇」。○浦鏜《正字》：柔，安。邇，近。「邇」，監本誤「通」。○阮元《校記甲》：柔，安。邇，近。敦，厚也。「邇」，監本誤作「通」。「敦」，纂傳作「惇」。○《定本校記》：惇，厚也。「惇」，各本作「敦」，今據疏改。

二十六葉十四行釋文　長。張丈反。　「張」，王、纂、岳作「丁」，永作「丁」，殿、庫作「之」。「丈」上閩無「張」字。

二十六葉十四行注　任。佞。難。拒也。佞人斥遠之。　上「佞」字，纂作「侫」。○物觀《補遺》：任，佞。難，拒也。〔古本〕「佞」下有「也」字，「拒」下無「也」字。○盧文弨《拾補》：任，佞。難，拒也。佞人斥遠之。古本「也」字在「難拒」上，是也。若正釋「難」字，不應反在釋「任」之下。○阮元《校記甲》：任，佞。難，拒也。古本「佞」下有「也」字，「拒」下無「也」字。無「也」字，「難拒」屬下句。○《定本校記》：任，佞也。難拒佞人。「也」字，各本在「難拒」下。今據内野本、神宫本、足利本正。

二十六葉十五行釋文　難。音乃旦反。　「乃」上王、纂、魏、殿、庫無「音」字。

二十六葉十六行釋文　任。音壬。又音而鴆反。　「而」上王、纂、魏、殿、庫無「音」字。

二十六葉十六行疏　正義曰自此已下。　「已」，單、八、永作「以」。

二十六葉十六行疏　言舜真爲天子命百官受職之事。　「受」，阮作「授」。○張鈞衡《校記》：命百官受職之事。阮本「受」作「授」。

二十六葉十八行疏　使爲己遠聽聞四方也。　○《定本校記》：使爲己遠聽聞四方也。「聞」，〔足利〕八行本誤作「闇」。

二十七葉一行疏　恐遠方有所擁塞。　「擁」，八、殿、庫作「壅」。○《定本校記》：恐遠方有所壅塞。〔足利〕八行本如此。各本「壅」作「擁」。

二十七葉五行疏　正月長於諸月。　「月」，庫作「目」。

二十七葉六行疏　元日還是上日。　「元」，十作「亓」。

二十七葉七行疏　以堯存且攝其位。「且」，永作「日」。

二十七葉七行疏　舜避丹朱於南河之南。○《定本校記》：舜避丹朱於南河之南。「丹」，〔足利〕八行本誤作「堯」。

二十七葉八行疏　謳歌者不之堯子而謳歌舜。二「歌」字，單、八、要均作「謌」。

二十七葉九行疏　踐天子位。既言然矣。「既」上單、八、要有「孟子」二字。○山井鼎《考文》：既言然矣。〔宋板〕「既」上有「孟子」二字。○盧文弨《拾補》：孟子既言然矣。毛本無「孟子」二字，宋本有。當補。○阮元《校記甲》：既言然矣。宋板「既」上有「孟子」二字。

二十七葉十行疏　今以即政告也。「政」，殿、庫作「位」。

二十七葉十四行疏　明謂所見博。「博」，單作「愽」，永作「傳」。

二十七葉十四行疏　故傳摠申其意。「摠」，殿、庫作「總」。

二十七葉十五行疏　咨亦至明時。「明」，單、八、魏、十、永、毛、阮作「民」。

二十七葉十七行疏　民生在於粒食。「於」，毛作「于」。

二十七葉十七行疏　謂年穀也。「穀」，八作「糓」。

二十七葉十八行疏　柔。安。邇。近。惇。厚。皆釋詁文。「邇」，永作「迩」。「惇」，永作「悙」。

二十八葉一行疏　若其不能安近。　○阮元《校記甲》：若其不能安近。按：「若」，疑當作「苦」。阮元《校記乙》同。

二十八葉一行疏　但戒使之柔遠。　「但」，八作「但」。

二十八葉二行疏　欲令遠近皆安也。　「近」，魏、十、永、阮作「言」。○阮元《校記甲》：欲令遠近皆安也。「近」，十行本作「言」，與下條互誤。○阮元《校記乙》：欲令遠言皆安也。案：「言」當作「近」，與下「據遠言之」互易而譌也。○張鈞衡《校記》：欲令遠言皆安也。阮本同。案：「言」當作「近」，與下文「據遠近之」互易而譌。

二十八葉二行疏　以牧在遠方。故據遠近之。　「近」，單、八作「言」。○山井鼎《考文》：故據遠近之。〔宋板〕「近」作「言」。○浦鏜《正字》：以牧在遠方，故據遠近之。「近之」，疑「言之」誤。○盧文弨《拾補》：故據遠言之。毛本「言」作「近」。「近」當作「言」。○阮元《校記甲》：故據遠近之。「近」，宋板、纂傳俱作「言」。按：「言」字是也。○阮元《校記乙》：故據遠近之。宋板、纂傳「近」作「言」。按：「言」字是也，與上互誤。○張鈞衡《校記》：故據遠近之。阮本同。案：「近」當作「言」。書見上條。

二十八葉三行疏　民必効之爲善而行也。　○浦鏜《正字》：必効之爲善而行也。「効」宜作「效」。凡効力之「効」作「効」，效法之「效」作「效」。後並同。

二十八葉四行疏　**故以難距倿人爲斥遠之。**　〇《定本校記》：故以難距倿人爲斥遠之。「距」字，上文皆从手。

二十八葉八行經　**使宅百揆。亮采惠疇。**　〇盧文弨《拾補》：亮采惠疇。「亮」，毛本下从几作「亮」，譌。「采」，毛本上从爪。

二十八葉九行經　**僉曰。伯禹作司空。**　「伯」，八作「百」。

二十八葉十行注　**禹代鯀爲崇伯。**　「崇」，王、魏、十、閩、阮作「宗」。〇阮元《校記甲》：禹代鯀爲崇伯。「崇」，十行、閩本俱誤作「宗」。〇阮元《校記乙》：禹代鯀爲宗伯。岳本「宗」作「崇」，是也。閩本亦誤。〇張鈞衡《校記》：鯀爲宗伯。阮本同。案：「宗」當從岳本作「崇」。〇《定本校記》：禹代鯀爲崇伯，入爲天子司空。神宮本重「崇伯」二字，内野本不重，寫者偶脱耳。

二十八葉十三行注　**惟居是百揆勉行之。**　「惟」，魏作「雖」。

二十八葉十六行注　**不許其讓。敕使往宅百揆。**　纂「許」作「詐」，「揆」作「癸」。

二十九葉三行疏　**釋詁文。庸。勞也。**　「文」，單、八、魏、十、永、阮作「云」。〇山井鼎《考文》：釋詁文，庸，勞也。〔宋板〕「文」作「云」。〇盧文弨《拾補》：釋詁云，庸，勞也。毛本「云」作「文」。「文」當作「云」。〇阮元《校記甲》：釋詁文，庸，勞也。「文」，宋板、十行本俱作「云」，不誤。

二十九葉四行疏　各自以意訓耳。　「耳」，永作「且」。

二十九葉四行疏　舜受堯禪。　「禪」，庫作「禪」。

二十九葉五行疏　廣大帝堯之事者欲任之。　「廣」，毛作「廣」。

二十九葉七行疏　故歷言所順而後始問誰乎。　○浦鏜《正字》：故歷言所任而後云云。「任」誤「順」。○盧文弨《拾補》：故歷言所任而後始問誰乎。毛本「任」作「順」。「順」當作「任」。

二十九葉十行疏　知禹治洪水有成功。　「有」，阮作「自」。○張鈞衡《校記》：知禹治洪水有成功，言可用也。阮本「有」作「自」，誤。

二十九葉十二行疏　下文帝述三人。遂變稷爲棄。故解之。居稷官者。棄也。　「居稷官者，棄也」六字，殿、庫在「下文帝述」上。

二十九葉十四行疏　周禮大祝辨九拜。一曰稽首。　「大」，單、八、魏、要、十、永、閩、毛、阮作「太」。○浦鏜《正字》：周禮大祝辨九拜，一曰稽首。「拜」，經文作「𢷎」，「稽」作「䭫」。

二十九葉十四行疏　稽首爲敬之極。　「極」，永作「拯」。

二十九葉十四行疏　爲拜乃稽首。　○阮元《校記甲》：爲拜乃稽首。「爲」，纂傳作「禹」，是也。阮元《校記乙》同。

二十九葉十五行經　帝曰。棄。　○盧文弨《拾補》：帝曰棄。「棄」，石經作「弃」。○阮元《校記甲》：帝曰棄。「棄」，唐石經作「弃」。後並同。阮元《校記乙》同。

二十九葉十五行經　黎民阻飢。　○山井鼎《考文》：黎民阻飢。蔡沈集傳本「飢」作「饑」。○盧文弨《拾補》：黎民阻飢。「阻」，今文作「祖」。「飢」，蔡傳作「饑」，與漢書同。

二十九葉十六行注　衆人之難在於饑。　○山井鼎《考文》：衆人之難在於飢。〔古本〕「人」作「民」。○盧文弨《拾補》：衆人之難在於飢。「人」，古本作「民」。「飢」，元本作「饑」。○阮元《校記甲》：衆人之難在於飢。「人」，古本作「民」。「飢」，十行、閩、監俱作「饑」。○按：經「飢」字，蔡氏集傳本作「饑」。○《定本校記》：衆民之難在於飢。「民」，各本作「人」，今據内野本、神宮本、足利本正。

二十九葉十六行注　汝后稷布種是百穀以濟之。　「穀」，十作「榖」。

二十九葉十七行注　美其前功以勉之。　○山井鼎《考文》：美其前功以勉之。〔古本〕下有「也」字。

二十九葉十七行釋文　播。波左反。　○浦鏜《正字》：波左切。案：毛氏居正云：盤庚音義：波，波餓切。有上、去二音，合通用。

二十九葉十七行疏　帝曰棄至百穀。　「穀」，十作「穀」。

三十葉一行疏　教民布種是百穀以濟活之。　「穀」，十作「穀」。

三十葉二行疏　堯遭洪水。　「遭」，永作「遭」。

三十葉三行疏　布種是百穀以濟救之。　「穀」，十作「穀」。

三十葉四行疏　皆以后稷爲言。　「稷」，要作「稱」。

三十葉六行經　汝作司徒。敬敷五教在寬。　「徒」，李作「徙」。○物觀《補遺》：敬敷五教。〔古本〕「敬」上有「而」字。○盧文弨《拾補》：敬敷五教在寬。毛本「寬」作「寛」。「寬」當作「寛」。毛云：「寛」从「莧」，音胡官反，非「莧菜」之「莧」。○阮元《校記甲》：敬敷五教。「敬」上古本有「而」字。按：列女傳引此句亦有「而」字。又蔡邕司空文烈侯楊公碑「令公作司徒而敬敷五教」，蓋古本即據以增入。○《定本校記》：敬敷五教。内野本、神宮本、足利本「敬」上有「而」字。

三十葉七行注　所以得人心。　○山井鼎《考文》：所以得人心。〔古本〕「人」作「民」。○阮元《校記甲》：所以得人心。「人」，古本作「民」。

三十葉七行注　亦美其前功。○山井鼎《考文》：亦美其前功。〔古本〕下有「也」字。

三十葉七行疏　帝又呼契曰。「契」，單作「契」。

三十葉八行疏　汝作司徒之官。「官」，閩作「宫」。

三十葉八行疏　故使五典克從。「故」，十作「故」。

三十葉九行疏　即父母兄弟子是也。「母」，閩作「毋」。

三十葉十行疏　此事可常行。乃爲五常耳。「事」下單、八無「可常」二字。○劉承幹《校記》：此事行，乃爲五常耳。弘化本同。阮本作「此事可常行，乃爲五常耳」。二字宜增。○《定本校記》：此事行。「事」下十行本有「可常」二字。

三十葉十行疏　傳上云五典克從。即此五品能順。○浦鏜《正字》：傳上云五典克從。「傳」當衍字。○盧文弨《拾補》：傳上云五典克從，即此五品能順。「傳」字衍。

三十葉十二行疏　父義。母慈。兄友。弟恭。○浦鏜《正字》：兄友，弟恭。「恭」，左傳作「共」。

三十葉十五行疏　於事不得寬也。「不」上魏無「於事」二字。

三十葉十七行注　言無教所致。「所致」，李作「之所致」，岳作「之致」。○山井鼎《考文》：言無教所致。〔古本〕作「言無教之致也」。○阮元《校記甲》：言無教所致。古本作

「无教之致也」。岳本作「言無教之致」。阮元《校記乙》同。○《定本校記》：言無教之致。「之」，注疏本作「所」，與疏標題不合。今據岳本、内野本、神宫本、足利本正。

三十葉十八行注　五刑。墨。劓。剕。宫。大辟。　「劓」，李作「劓」。「大」，纂作「木」。○山井鼎《考文》：剕、宫、大辟。〔古本〕下有「也」字。「中正」下、「士於市」下、「若四凶者」下、「故歷述之」下、下傳「垂臣名」下、「二臣名」下、「元凱之中」下、「天地人之禮」下、「姜姓」下、「主郊廟之官」下、「敬思其職」下、「清明」下、「二臣名」下、「不許讓」下並同。

三十一葉一行釋文　大辟。婢亦反。死刑也。　「辟」上魏、庫無「大」字。

三十一葉四行注　謂不忍加刑。　「刑」，纂作「㓝」。

三十一葉五行注　次千里之外。　「千」，李作「十」。

三十一葉七行注　使咸信服無敢犯者。　「無」，王作「无」。

三十一葉八行疏　又有强寇刼賊。　「强」，魏作「彊」。

三十一葉十二行疏　猾亂至所致。　「所」，單、八、魏、十、永、閩、阮作「之」。○阮元《校記甲》：傳滑(猾)亂至所致。「所」，十行、閩本俱作「之」，與岳本傳合。

三十一葉十四行疏　在内爲宄。　○浦鏜《正字》：在内爲宄。左傳「宄」作「軌」。

三十一葉十六行疏　寇賊姦宄皆國内之害小。故後言之。　○浦鏜《正字》：皆國内之害小，故後言之。疑脱一「害」字。○盧文弨《拾補》：皆國内之害，害小。舊本「害」字不重，浦補。○《定本校記》：皆國内之害小。此文有譌脱，浦氏重「害」字，似未確。

三十一葉十六行疏　往者洪水爲災。　「災」，毛作「害」。○物觀《補遺》：洪水爲害。〔宋板〕「害」作「灾」。○盧文弨《拾補》：往者洪水爲災。毛本「災」作「害」。「害」當作「災」。○阮元《校記甲》：往者洪水爲害。「害」，宋板、十行、閩、監俱作「灾」。

三十一葉十七行疏　不應末年頓至於此。　「末」，永作「未」。「頓」，殿作「頓」。「於」，要作「于」。

三十一葉十八行疏　歸功於人。　「於」，毛作「于」。

三十一葉十八行疏　即周禮司寇之屬有士師卿士等。　「卿」，殿、庫作「鄉」。○浦鏜《正字》：士，即周禮司寇之屬，有士師、鄉士等。「鄉」誤「卿」。○盧文弨《拾補》：有士師、鄉士等。毛本「鄉」作「卿」。「卿」當作「鄉」。○阮元《校記甲》：有士師卿士等。浦鏜云：「鄉」誤「卿」。阮元《校記乙》同。○《定本校記》：士，即周禮司寇之屬，有士師、卿士等。「卿」，殿本、浦氏改作「鄉」，是也。

三十二葉一行疏　主察獄訟之事。　「主」，八作「王」。

三十二葉三行疏　**呂刑云。咸庶中正是也。**　「正」，毛作「國」。○物觀《補遺》：咸庶中國。〔宋板〕「國」作「正」。○浦鏜《正字》：呂刑云：咸庶中正是也。「正」，毛本誤「國」。○盧文弨《拾補》：呂刑云：咸庶中正是也。毛本「正」作「國」。「國」當作「正」。○阮元《校記甲》：咸庶中國。「國」，宋板、十行、閩、監俱作「正」，是也。

三十二葉五行疏　**其次鑽筰。**　「筰」，要作「笮」。

三十二葉五行疏　**薄刑。**　「薄」，十、閩作「簿」。

三十二葉六行疏　**國語賈逵註云用兵甲者。**　「賈逵」下魏無「註」字。

三十二葉八行疏　**所言三次。**　「三」，永作「二」。

三十二葉十行疏　**且皆國語之文。**　○《定本校記》：且皆國語之文。「皆」，疑當作「背」。

三十二葉十一行疏　**(傳)謂不至之外○正義曰。此五流有宅。**　「(傳)謂不至之外○正義曰：此五流有宅」，殿、庫作「五流有宅」。

三十二葉十一行疏　**故知謂不忍加刑。**　「謂」，庫作「爲」。

三十二葉十三行疏　**周禮小司寇所云議親。議故。議賢。議能。議功。議貴。議賓。議勤。**　「議功」，單、八、魏、要在「議賓」下，十、永、阮無。○阮元《校記甲》：議功，議貴。十行本脱「議功」二字。閩本擠入。○阮元《校記乙》：議能，議貴。閩本「議能」下有「議功」二字。

案：所補是也。

三十二葉十三行疏　**罪重不可全赦。**　「罪重」，要作「重罪」。

三十二葉十五行疏　**謂本犯死罪也。**　「本」，阮作「不」。○張鈞衡《校記》：謂本犯死罪也。阮本「本」作「不」，誤。

三十二葉十六行疏　**即王制云入學不率教者。**　○浦鏜《正字》：入學不率教者，屏之遠方。「率」，禮記作「帥」。

三十二葉十六行疏　**西方曰僰。東方曰寄。**　「僰」，單作「僰」，十、永、閩作「僰」。○浦鏜《正字》：西方曰僰，東方曰寄。「僰」，禮記作「棘」。註：「棘」當爲「僰」，僰之言偪，使之偪寄于夷戎。○盧文弨《拾補》：西方曰僰。「僰」，禮記作「棘」。此從鄭注。

三十二葉十七行疏　**立政云中國之外不同者。**　「不」，單作「下」。○浦鏜《正字》：立政云中國之外不同者。「立政」下當脱「傳」字。○盧文弨《拾補》：立政傳云中國之外不同者。「傳」字浦補，當從。

三十二葉十八行疏　**據罪人所居之國定千里也。**　「罪人」，要作「大罪」。○孫詒讓《校記》：千里也。「也」疑當作「者」。○《定本校記》：定千里也。疑當作「言千里者」。

三十三葉一行疏　若周之夷鎮蕃也。　「蕃」，永作「審」。

三十三葉一行疏　豈五百里之校乎。　「百」下要無「里」字。

三十三葉三行疏　但彼人信服。　「但」，八作「伹」。

三十三葉三行疏　攷傳言皐陶能明信五刑。　「攷」，單、八、魏、殿、庫作「故」。○山井鼎《考文》：攷傳言皐陶。〔宋板〕「攷」作「故」。○盧文弨《拾補》：故傳言臯陶能明信五刑。毛本「故」作「攷」。「攷」當作「故」。○阮元《校記甲》：攷傳言皐陶能明信五刑。「攷」，宋板作「故」。按：「攷」，非也。阮元《校記乙》同。

三十三葉三行疏　主言信者。　○《定本校記》：主言信者。「主」，疑當作「重」。

三十三葉四行經　帝曰。疇若予工。　○山井鼎《考文》：帝曰：疇若予工。〔古本〕「疇」作「誰」。○阮元《校記甲》：帝曰：疇若予工。「疇」，古本作「誰」。

三十三葉五行釋文　徐音睡。　「徐」下纂有「又」字。

三十三葉七行經　汝共工。　○《定本校記》：汝作共工。「作」字各本無，與疏不合，今據内野本、神宫本、足利本補。

三十三葉八行釋文　共。音恭。　「恭」，魏作「供」。

三十三葉九行疏　今命此人云。汝作共工。○浦鏜《正字》：今命此人云：汝作共工。「作」當衍字。○盧文弨《拾補》：今命此人云：汝共工。毛本「汝」下有「作」字，衍。

三十三葉十一行注　殳斨。「殳」，王作「叜」。

三十三葉十三行注　上。謂山。「上」，纂作「止」。

三十四葉二行注　皆在元凱之中。「凱」，八作「凱」。

三十四葉三行疏　知垂所讓四人皆在元凱之中者。「垂」下殿、庫有「益」字。○阮元《校記甲》：知垂所讓四人。按：「垂」下脱「益」字。阮元《校記乙》同。○《定本校記》：知垂所讓四人皆在元凱之中者。殿本「垂」下增「益」字。

三十四葉三行疏　以文十八年。「文」上要無「以」字。

三十四葉四行疏　有伯虎仲熊。「仲」，閩作「中」。

三十四葉四行疏　但不知彼誰當之耳。「但」，單作「伹」。

三十四葉六行疏　夔龍亦不可知。「夔」，要作「垂」。

三十四葉八行注　姜姓。「姓」，要作「氏」。

三十四葉八行疏　其職云掌天神人鬼地祇之禮。「神」，毛作「地」。「祇」，單、八、魏、十、阮作「祗」。○物觀《補遺》：天地人鬼地祇之禮。〔宋板〕上「地」作「神」。○浦鏜《正字》：

掌天神人鬼地祇之禮。「神」，毛本誤「地」。「祇」，經作「示」。○盧文弨《拾補》：掌天神人鬼地祇之禮。毛本「神」作「地」。「地」當作「神」。毛本「祇」作「祇」。「祇」當作「祇」。○阮元《校記甲》：掌天地人鬼地祇之禮。上「地」字宋板、十行、閩、監俱作「神」。按：周禮是「神」字。

三十四葉十二行經　汝作秩宗。　○《定本校記》：汝作秩宗。内野本、神宮本無「作」字。案：原本釋文出「女秩宗」三字，云本或作「女作秩宗」。「作」，衍字。

三十四葉十四行疏　故詳之也。　「故」，十作「故」。

三十四葉十五行疏　即周禮所謂天神人鬼地祇之禮是也。　「祇」，單、八、魏、阮作「祇」。

三十四葉十六行注　言早夜敬思其職。　○物觀《補遺》：敬思其職。古本「其」作「厥」。○阮元《校記甲》：言早夜敬思其職。「其」，古本作「厥」。

三十四葉十六行注　典禮施政教。　○《定本校記》：典禮施政教。「政」字内野本、神宮本無。案：無者似是。

三十四葉十七行疏　夙早也言早夜敬思其職典禮施政教使正直而清明。　「夙早也」至「清明」二十一字，單、八、魏、毛作「夙早至清明」。○阮元《校記甲》：傳夙早至清明。十行、閩、監俱全載傳文。

三十四葉十八行疏　深夜乃臥。　「深夜」，單、八作「夜深」。○山井鼎《考文》：深夜乃臥。〔宋板〕「深夜」作「夜深」。○盧文弨《拾補》：夜深乃臥。「夜深」，今倒作「深夜」。○阮元《校記甲》：深夜乃臥。「深夜」二字宋板倒。阮元《校記乙》同。○劉承幹《校記》：夜深乃臥。弘化本作「深夜」。

三十五葉一行經　讓于夔龍。　○盧文弨《拾補》：讓于夔龍。説文：「夔」从夊，象有角手人面之形。舊本从廿从白，譌。下竝同。

三十五葉二行釋文　夔。音求龜反。　「夔」下王、纂、魏、殿、庫無「音」字。

三十五葉二行注　然其賢。不許讓。　○物觀《補遺》：然其賢，不許讓。〔古本〕「賢」上有「推」字。○盧文弨《拾補》：然其推賢，不許讓。毛本脱「推」字，古本有。「讓」下古本有「也」字。○阮元《校記甲》：然其賢。「賢」上古本有「推」字。○《定本校記》：然其賢。「其」下内野本、神宮本、足利本俱有「推」字。

三十五葉三行注　冑。長也。謂元子以下至卿大夫子弟。　「以」，岳作「已」。「下」，十作「于」。○山井鼎《考文》：謂元子以下至卿大夫子弟。〔古本〕「謂」上有「子」字，「元」作「天」，「弟」下有「也」字。○盧文弨《拾補》：冑，長也。子謂天子以下至鄉大夫子弟。古本「謂」上有「子」字。「天」，毛本作「元」，古本作「天」。「元」當作「天」。案：疏以「冑子」为

「長子」，然傳意似不爾。下云「教長國子」，與釋文馬云「教長天下之子弟」語相似，則「子」須別爲釋明矣。○阮元《校記甲》：謂元子以下至卿大夫子弟。古本「謂」上有「子」字，「元」作「天」，「弟」下有「也」字。按：釋文：王云：冑子，國子也。馬云：冑，長也，教長天下之子弟。如馬氏説，則「教冑」二字連文，「子」字單出，謂「教長此子」也。如王氏説，則「教」字單出，「冑子」二字連文，謂「教此國子」也。孔傳云：教長國子。「國子」二字取諸王，「教長」二字取之馬，則孔意亦「教冑」連文，「子」字單出也。上文所謂「冑長也」者，乃長養之「長」，非長幼之「長」，當從古本，「謂」上加「子」字爲是。然以疏考之，則孔穎達時已譌脱矣。又按：「冑」無「長」義。馬本未必作「冑」。説文云部「育」字注云：養子，使作善也。虞書曰：教育子。然則古書作「育」，馬本亦必作「育」，故訓作「長」。「長」即「養」也。陸氏未經注明，偶失檢耳。僞孔於文則從王，於義則從馬，殊爲牽率。後人誤解「長」字，妄删「子」字，職此之由。阮元《校記乙》同。

三十五葉四行注　教長國子中和祗庸孝友。　「祗」，李、王、纂、魏、要、岳、十、永、閩、殿、庫作「祇」。○山井鼎《考文》：祗庸孝友。〔古本〕下有「也」字。「而能莊栗」下同。

三十五葉五行釋文　冑。直又反。　「冑」，永作「胄」。

三十五葉五行釋文　王云胄子。　「胄」，永作「冑」。

三十五葉六行釋文　莊栗。戰栗也。　上「栗」字上王、纂、魏、殿、庫無「莊」字。「栗，戰栗也」，纂作孔傳。○山井鼎《考文》：莊栗，戰栗也。經典釋文無「莊」字。謹按　無者爲是。「莊栗」，注文。經已有「栗」字。

三十五葉七行注　剛失之虐。簡失之傲。　二「之」字，八、纂、要、岳皆作「入」。○山井鼎《考文》：剛失之虐，簡失之傲。〔古本〕二「之」作「入」，宋板同。○岳本《考證》：剛失入虐簡失入傲。案：正義云：剛强之失，入于苛虐。簡易之失，入于傲慢。謂過于剛簡，則入虐傲。知原本兩「入」字最得解。若如諸本作「失之」，則似剛簡即虐傲矣，于義未洽。○盧文弨《拾補》：剛失入虐，簡失入傲。毛本二「入」字作「之」。古本、宋本皆作「入」，疏同。「之」當作「入」。○阮元《校記甲》：剛失之虐。簡失之傲。兩「之」字古本、岳本、宋板、纂傳俱作「入」。岳本考證曰：正義云：剛强之失，入於苛虐。簡易之失，入於傲慢。謂過於剛簡，則入虐傲。知元本兩「入」字最得解。若如諸本作「失之」，則似剛簡即虐傲矣，於義未洽。阮元《校記乙》同。

三十五葉七行注　教之以防其失。　○物觀《補遺》：以防其失。〔古本〕下有「也」字。

三十五葉八行經　歌永言。　○阮元《校記甲》：歌永言。按：疏云：定本經作「永」字。言定本作「永」，則俗本有不作「永」者。釋文「永，徐音詠」，殆据别本作音歟。

三十五葉八行注　謂詩言志以導之。　○山井鼎《考文》：謂詩言志以導之。〔古本〕無「謂」字。○盧文弨《拾補》：謂詩言志以導之。「謂」字疑衍。○阮元《校記甲》：謂詩言志以導之。古本無「謂」字。○《定本校記》：謂詩言志以導之。内野本、神宮本、足利本無「謂」字。

三十五葉八行注　歌詠其義以長其言。　「詠」，毛作「咏」。○山井鼎《考文》：以長其言。〔古本〕下有「也」字。「宫商角徵羽」下、「十二月之音氣」下、「依聲律以和樂」下、「命夔使勉之」下並同。○盧文弨《拾補》：歌詠其義。毛本「詠」作「咏」。「咏」當作「詠」。○阮元《校記甲》：歌咏其義以長其言。「咏」，纂傳作「永」。按：作「永」，則與「長其言」意複矣。孔疏申傳意云：定本經作「永」字，明訓「永」爲「長」，正恐人誤認傳之「咏」字爲釋經之「永」也。阮元《校記乙》同。

三十五葉九行釋文　永。徐音詠。　「永」，永作「水」。○阮元《校記甲》：永，徐音詠。「詠」，葉本作「評」，誤。

三十五葉九行經　**聲依永。**　○山井鼎《考文》：聲依永，律和聲。〔古本〕「永」作「詠」。○盧文弨《拾補》：聲依永。古本「永」作「詠」。漢書與上「永言」竝作「詠」。○阮元《校記甲》：聲依永。「永」，古本作「詠」。按：古本此句作「詠」，上句不作「詠」，葢字有虛實動静之别。定本當皆作「永」耳。阮元《校記乙》同。

三十五葉十二行經　**夔曰。於。予擊石拊石。百獸率舞。**　○殿本《考證》：夔曰。於。予擊石拊石。百獸率舞。劉敞曰：益稷之末又有「夔曰於」云云。然則舜典之末衍一簡耳。○浦鏜《正字》：夔曰：於，予擊石拊石，百獸率舞。案：蔡氏沈曰：益稷之文脱簡在此。

三十五葉十四行注　**則其餘皆從矣。**　「餘」下纂有「音」字。

三十五葉十五行注　**則神人和可知。**　○山井鼎《考文》：則神人和可知。〔古本〕下有「之也」。○阮元《校記甲》：則神人和可知。「知」下古本有「之也」。

三十五葉十五行釋文　**於如字。或音烏。**　「烏」，永作「鳥」。

三十五葉十五行釋文　**拊。音撫。**　「拊」，王作「坿」。

三十五葉十六行疏　**我今命女典掌樂事。**　「今」，十、永、阮作「令」。「女」，單、八、要作「汝」。○浦鏜《正字》：我今命女典掌樂事。「女」當作「汝」。○阮元《校記甲》：我今命女典掌樂事。「今」，十行本誤作「令」。○阮元《校記乙》：我令命女典掌樂事。岳（毛）本「令」作

「今」，是也。

三十五葉十八行疏　夔答舜曰。　「答」，單、永作「荅」，八、魏、十、阮作「荅」。

三十六葉一行疏　我擊其石磬。　「擊」，單作「繫」。○《定本校記》：我擊其石磬。「擊」，單疏本誤作「繫」。

三十六葉一行疏　是人神既已知矣。　「人神」，庫作「神人」。

三十六葉二行疏　釋詁云。胤，繼也。　「胤」下永有「也」字。

三十六葉二行疏　謂元子已下至卿大夫子弟者。　「卿」，魏作「鄉」。○《定本校記》：謂元子以下至卿大夫子弟。内野本、神宫本、足利本「謂」上有「子」字，「元」作「天」。

三十六葉四行疏　不言元士。士卑故略之。　「士」字八、要不重。「卑」，要作「畢」。○物觀《補遺》：不言元士，士卑故。〔宋板〕無二「士」字。○阮元《校記甲》：不言元士，士卑故略之。「士」字宋板不重。○《定本校記》：不言元士，士卑。〔足利〕八行本脱二「士」字。

三十六葉四行疏　彼鄭注云王子。　「彼」，閩作「佊」。

三十六葉六行疏　教此適長國子也。　「國」，阮作「曰」。○張鈞衡《校記》：此適長國子也。阮本「國」作「曰」，誤。

三十六葉六行疏　中和祗庸孝友。「祗」，八、阮作「祇」。

三十六葉七行疏　祗。敬也。「祗」，八、阮作「祇」。

三十六葉八行疏　在族黨鄉里之中。○浦鏜《正字》：在族黨鄉里之中云云。「黨」，禮記作「長」。

三十六葉九行疏　能成中和祗庸孝友之六德也。「中」，單、八、魏、十、永、閩、阮作「忠」。「祗」，八作「祇」。

三十六葉十行疏　正直者失於太嚴。「太」，閩作「大」。

三十六葉十行疏　故令正直而直和。「直和」，單、八、魏、十、永、閩、毛、殿、庫、阮作「温和」。○浦鏜《正字》：故令正直而温和。「温」，監本誤「直」。○阮元《校記甲》：故令正直而温和。「温」，監本誤作「直」。

三十六葉十一行疏　謂矜莊嚴栗。「矜」，單作「矜」，永作「矜」。

三十六葉十一行疏　剛彊之失入於苛虐。「彊」，永作「彊」。

三十六葉十五行疏　以導胄子之志使開悟也。「胄」，八作「胃」。

三十六葉十六行疏　謂聲長續之。「續」上魏無「長」字。

三十六葉十七行疏　**周禮大師云文之以五聲。**　「大」，單、八、魏、十、永、閩、毛、阮作「太」。「文」，永作「丈」。

三十六葉十八行疏　**又大師掌六律六呂。**　「大」上要無「又」字。「大」，單、八、魏、要、十、永、閩、毛、阮作「太」。○浦鏜《正字》：太師掌六律六呂，以合陰陽之聲。「呂」，經作「同」。○盧文弨《拾補》：又太師掌六律六同。毛本「同」作「呂」。觀下文，自必依經作「同」。○《定本校記》：又太師掌六律六呂。盧氏云「呂」當依周禮作「同」。

三十六葉十八行疏　**黄鐘。**　「鐘」，魏、永作「鍾」。

三十六葉十八行疏　**太蔟。**　「蔟」，魏、十、阮作「簇」，永作「簇」，閩作「簇」。

三十六葉十八行疏　**姑洗。**　「姑」，單、八、魏作「沽」。

三十六葉十八行疏　**蕤賓。**　「蕤」，永作「蕤」。

三十六葉十八行疏　**應鐘。**　「鐘」，永作「鍾」。

三十六葉十八行疏　**南呂。林鐘。仲呂。夾鐘。**　二「鐘」字，永皆作「鍾」。○浦鏜《正字》：南呂，林鐘，仲呂，夾鐘。經文「林」作「函」，「仲」作「小」，「鐘」作「鍾」。○《薈要》案語：函鍾小呂。刊本作「林鍾仲呂」，本通，但既引用周禮，自當從其原文，今據改。○盧文弨《拾補》：林鍾仲呂。經文本作「函鍾小呂」。

三十七葉一行疏　漢書律歷志云。「歷」，單、八、魏、十作「曆」。

三十七葉一行疏　律有十二。○浦鏜《正字》：律十有二。「十有」字誤倒。○盧文弨《拾補》：律十有二。「十有」，舊誤倒作「有十」。

三十七葉二行疏　同助陰宣氣。與之同也。○《定本校記》：同助陰宣氣，與之同也。典同注「陰」作「陽」，此恐誤。

三十七葉二行疏　黄帝使伶倫氏。自大夏之西。崑崙之陰。取竹於嶰谷之中。各生其竅厚薄均者。斷兩節之間。吹之以爲黄鐘之宫。制十二籥以聽鳳凰之鳴。其雄聲爲六。雌鳴亦六。「兩」，毛作「雨」。「間」，單作「閒」。「鐘」，永作「鍾」。「凰」，單、八、魏、十、永、阮作「皇」。○浦鏜《正字》：黄帝使伶倫氏，自大夏之西，崑崙之陰，取竹於嶰谷之中。案：漢志無「氏」字，「伶倫」作「泠綸」，「崑崙」作「昆侖」，「取竹於嶰谷之中」作「取竹於解谷」。孟康曰：解，脱也。谷，竹溝也。取竹之脱無溝節者也。一説昆侖之北谷名。又，各生其竅厚薄均者，斷兩節之間，吹之以爲黄鍾之宫。案：志無「各」、「薄」二字，「之間」作「間」。又，制十二籥以聽鳳凰之鳴，其雄鳴爲六，雌鳴亦六。案：志無「凰」字，「籥」作「筩」，「雄鳴」誤「雄聲」。○盧文弨《拾補》：取竹於嶰谷之中，各生其竅厚薄均者。漢志：取竹之解谷，生其竅厚均者。孟康曰：解，脱也。谷，竹溝也。取竹之脱無溝節者也。一説昆侖之北谷名。

應劭曰：生，治也。竅，孔也。晉灼曰：取谷中之竹生而孔，外内厚薄自然均者，截以爲筩，不復加削刮也。此似有譌舛。又，斷兩節之閒，吹之以爲黄鍾之宫，制十二篇以聽鳳凰之鳴，其雄鳴爲六，雌鳴亦六。漢書律曆志「閒」上無「之」字，「閒」下有「而」字，「篇」作「筩」，「之」上無「凰」字。「雄鳴」毛本作「雄聲」。「雄聲」當作「雄鳴」。○阮元《校記甲》：各生其竅厚薄均者。按：「各」字疑衍，或「谷」字之誤。阮元《校記乙》同。

三十七葉四行疏　以比黄鐘之宫。　「鐘」，永作「鍾」。

三十七葉五行疏　是六律六吕。述十二月之音氣也。　「十」上單、八、要無「述」字。「之」下魏有「位」字。○山井鼎《考文》：是六律六吕，述十二月之音氣也。〔宋板〕無「述」字。○盧文弨《拾補》：是六律六吕，十二月之音氣也。毛本「吕」下有「述」字，衍。○阮元《校記甲》：述十二月之音氣也。宋板無「述」字。阮元《校記乙》同。○汪文臺《識語》：述十二月之音氣也。宋板無「述」字。案：周禮注：律，述氣者也。「述」字出此。宋板非。

三十七葉七行疏　八音能諧。　「八」上八有一字空白。

三十七葉八行疏　大司樂云大合樂以致鬼神示。　「致」下永重「致」字。

三十七葉十行疏　故云拊亦擊之。　「擊」下要無「之」字。○盧文弨《拾補》：故云拊亦擊也。毛本「也」作「之」。「之」當作「也」。○《定本校記》：故云拊亦擊之。盧氏云「之」當作「也」。

三十七葉十行疏　擊有大小。「有」，庫作「其」。

三十七葉十行疏　音聲濁者粗。「濁者」，殿作「者夫」。

三十七葉十一行疏　即大司樂云。「大」，八作「太」。

三十七葉十三行疏　乃答帝云。「答」，單、八、魏、阮作「荅」，十、永作「荅」。

三十七葉十四行注　堲。疾。殄。絶。「堲」，魏、十、永作「即」，阮作「卽」。○山井鼎《考文》：「堲疾」下、「殄絶」下、「欲遏絶之」下、「喉舌之官」下、「必以信」下，〔古本〕共有「也」字。○阮元《校記甲》：堲，疾。「堲」，十行本誤作「卽」。○阮元《校記乙》：卽疾。毛本「卽」作「堲」，是也。

三十七葉十五行注　欲遏絶之。「欲」，李作「欲」。

三十七葉十五行釋文　堲。徐在力反。「堲」，永作「即」。

三十七葉十六行釋文　讒。切韻仕咸反。「仕」，王作「牀」，殿、庫作「士」。

三十七葉十八行注　受上言宣於下。「宣」，八作「宜」。凡「旦」旁八行本多作「且」，不俱校。

三十八葉三行疏　讒人以善爲惡。「爲」下魏有「善」字。

三十八葉三行疏　衆人畏其讒口。故爲讒也。　○浦鏜《正字》：衆人畏其讒口，故爲驚也。「驚」誤「讒」。○盧文弨《拾補》：衆人畏其讒口，故爲驚也。毛本「驚」作「讒」。「讒」當作「驚」。○《定本校記》：故爲讒也，動驚我衆。「也」疑當作「人」。

三十八葉五行疏　故言出朕命。　「故」，單作「故」。

三十八葉七行經　汝二十有二人。　「二十」，石作「廿」。

三十八葉八行注　凡二十二人。　「凡」，李作「几」。

三十八葉八行注　特勑命之。　○山井鼎《考文》：特勑命之。〔古本〕「之」作「也」。○阮元《校記甲》：特勑命之。「之」，古本作「也」。

三十八葉九行注　惟是乃能信立天下之功。　○山井鼎《考文》：天下之功。〔古本〕下有「也」字。

三十八葉十行疏　帝曰咨至天功。　「天」，永作「大」。

三十八葉十行疏　乃摠戒勑之曰。　「摠」，殿、庫作「總」。

三十八葉十一行疏　汝各當敬其職事哉。　「汝」，單、魏作「等」。○山井鼎《考文》：汝各當敬其職事哉。〔宋板〕「汝」作「等」，屬上句。○盧文弨《拾補》：凡二十有二人等，各當敬其職事哉。毛本「等」作「汝」。「汝」當作「等」。○阮元《校記甲》：汝各當敬其職事哉。

「汝」，宋板作「等」，屬上句。阮元《校記乙》同。

三十八葉十一行疏　天下之功成之在於汝。　「之」，單、八、魏作「主」，十、永、阮作「王」。○山井鼎《考文》：成之在於汝。〔宋板〕「之」作「主」。○盧文弨《拾補》：天下之功成主在於汝。毛本「主」作「之」。「之」當作「主」。○阮元《校記甲》：成之在於汝。「之」，宋板作「主」，十行本誤作「王」。○阮元《校記乙》：成王在於汝。宋板「王」作「主」，毛本作「之」。

三十八葉十二行疏　傳以此文摠結上事。　「摠」，要、殿、庫作「總」。

三十八葉十三行疏　故不須勑命之。　「故」，十作「故」。

三十八葉十四行疏　常所咨詢。　○《定本校記》：常所咨詢。下文云：岳牧俱是帝所咨詢。此「常」字或亦當作「帝」。

三十八葉十四行疏　鄭玄云自咨十有二牧。　「自」，永作「目」。

三十八葉十五行疏　或歷日命授。　「歷」，單、八作「曆」。○《定本校記》：或歷日命授。單疏本「歷」作「曆」。

三十八葉十六行疏　乃摠勑之。　「摠」，殿、庫作「總」。

三十八葉十六行疏　數殳斨伯與朱虎熊羆。　「斨」，單作「析」。

三十八葉十八行注　三年有成。「三」，十作「二」。○山井鼎《考文》：三年有成。〔古本〕下有「功」字。○阮元《校記甲》：三年有成。「成」下古本有「功」字。○《定本校記》：三年有成。内野本、神宫本、足利本「成」下有「功」字。

三十九葉一行注　九歲則能否幽明有別。○山井鼎《考文》：九歲則能否幽明有別。〔古本〕「歲」作「載」。○阮元《校記甲》：九歲。「歲」，古本作「載」。阮元《校記乙》同。

三十九葉一行注　升進其明者。「升」，纂作「陞」。○山井鼎《考文》：升進其明者。〔古本〕下有「焉」字。○阮元《校記甲》：升進其明者。「者」下古本有「焉」字。

三十九葉二行經　分北三苗。「苗」，王、永作「苗」，閩作「苗」。○盧文弨《拾補》：分北三苗。「苗」下从「田」，其从「由」者音笛。

三十九葉三行注　君臣善否。「否」，永作「不」。○張鈞衡《校記》：君臣善不。阮本「不」作「否」，兩通。

三十九葉三行注　分北流之。○山井鼎《考文》：君臣善否，分北流之。〔古本〕「分」上有「並」字，「北」作「背」。○阮元《校記甲》：分北流之。古本「分」上有「並」字，「北」作「背」。按疏意似亦作「背」。阮元《校記乙》同。

三十九葉三行注　善惡明。○山井鼎《考文》：善惡明。〔古本〕下有「也」字。

三十九葉五行疏　經三載乃考其功績。　「考」，單作「者」。○《定本校記》：經三載乃考其功績。「考」，單疏本誤作「者」。

三十九葉五行疏　羣官懼黜思升。　「官」，閩作「宫」。

三十九葉九行疏　或益其土地。　「土」，十作「主」。

三十九葉十行疏　分北三苗。　「北」，單作「地」。○《定本校記》：分北三苗。「北」，單疏本誤作「地」。

三十九葉十行疏　故於考績之下。言其流之。　「於」，單作「其」。○山井鼎《考文》：故於考績之下，言其流之。〔宋板〕「於」作「其」。○阮元《校記甲》：故於考績之下。「於」，宋板作「其」。

三十九葉十行疏　言相背。　「相」上魏無「言」字。

三十九葉十二行疏　言善惡不使相從。　「善」下魏有「言」字。

三十九葉十三行疏　故以三苗爲西裔諸侯。　「故」，十作「故」。

三十九葉十五行疏　復繼爲國君。　「國」下魏無「君」字。

三十九葉十五行疏　故分北流之。　「故」下魏無「分」字。

三十九葉十六行經　舜生三十徵庸。　「三十」，閩作「二十」。

三十九葉十六行注　言其始見試用。　○山井鼎《考文》：言其始見試用。〔古本〕下有「時也」二字。○盧文弨《拾補》：言其始見試用。古本「用」下有「時也」二字。○阮元《校記甲》：言其始見試用。「用」下古本有「時也」二字。○《定本校記》：言其始見試用。内野本、神宫本、足利本「用」下有「時也」二字。

三十九葉十七行注　歷試二年。　「二」，王作「三」。

三十九葉十七行注　攝位二十八年。　○山井鼎《考文》：攝位二十八年。〔古本〕下有「也」字。

三十九葉十七行疏　上云乃言厎可績三載。　「厎」，閩作「底」。

三十九葉十八行疏　故惟有二年耳。　「二」，閩作「一」。

四十葉三行注　三十徵庸。　○山井鼎《考文》：三十徵庸。〔古本〕「庸」作「用」。○阮元《校記甲》：三十徵庸。「庸」，古本作「用」。

四十葉三行注　服喪三年。　○山井鼎《考文》：服喪三年。〔古本〕「服」下有「堯」字。○盧文弨《拾補》：服堯喪三年。毛本「服」下脱「堯」字。○阮元《校記甲》：服喪三年。「服」下古本有「堯」字。○《定本校記》：服喪三年。「喪」上内野本、神宫本、足利本有「堯」字。

四十葉四行注　凡壽百一十二歲。　○山井鼎《考文》：凡壽百一十二歲。〔古本〕作「凡壽一百一十二載也」。○阮元《校記甲》：凡壽百一十二歲。古本作「凡壽一百一十二載也」。

四十葉五行疏　從格於文祖之後數之。　「從」，永作「後」。

四十葉六行疏　未必以仲夏之月巡守南岳也。　「巡」下單無「守」字。○山井鼎《考文》：未必以仲夏之月巡守南岳也。〔宋板〕無「守」字。○盧文弨《拾補》：未必以仲夏之月巡南嶽也。毛本「巡」下有「守」字，衍。○阮元《校記甲》：巡守南岳也。宋板無「守」字。

四十葉六行疏　檀弓云舜葬蒼梧之野。　「葬」，要作「死」。

四十葉八行疏　其一年即在三十在位之數惟有二年。　「即在」，要作「即位」。

四十葉九行疏　是舜凡壽百一十二歲也。　「十」，十作「一」。

四十葉九行疏　孟子云舜薦禹於天。十有七年。　「天十有七年」，單、八、魏、十、永、閩、阮作「天子十七年」。「十」下要無「有」字。○阮元《校記甲》：舜薦禹於天，十有七年。「十有」，十行、閩本俱誤作「子十」。○阮元《校記乙》：舜薦禹於天子十七年。毛本「十」作「十有」，是也。閩本亦誤。○《定本校記》：舜薦禹於天子十七年。「子十」，監本改作「十有」，與大禹謨疏合。

四十葉十行疏　鄭玄讀此經。云舜生三十。　「玄」，毛作「云」。「讀」，八作「續」。○山井鼎《考文》：鄭云讀此經云。〔宋板〕作「鄭玄續此經云」。○盧文弨《拾補》：鄭元讀此經。毛本「元」作「云」。宋、元本俱作康成名，當作「元」。宋本「讀」作「續」。○阮元《校記甲》：鄭云讀此經云。上「云」字宋板、十行、閩、監俱作「元」。「讀」，宋板誤作「續」。○《定本校記》：鄭玄讀此經云。「讀」，〔足利〕八行本誤作「續」。

四十葉十一行疏　史記云舜年三十。　「舜」，八作「舜」。

四十葉十二行疏　年六十一而踐天子位。　○山井鼎《考文》：年六十一而踐天子位。〔宋板〕「一」作「三」。○阮元《校記甲》：年六十一而踐天子位。「一」，宋板作「三」。盧文弨云：宋板非。○《定本校記》：年六十一而踐天子位。「一」，〔足利〕八行本誤作「三」。

四十葉十三行注　言舜理四方諸侯。　○山井鼎《考文》：言舜理四方。〔古本〕「理」下有「於」字。○阮元《校記甲》：言舜理四方諸侯。「理」下古本有「於」字。

四十葉十四行注　居其方。　○山井鼎《考文》：居其方。〔古本〕下有「也」字。「使相從」下、「治民之功興」下、「爲汨作之篇亡」下並同。

四十葉十四行釋文　下土絶句。　「土」，閩作「上」。

四十葉十四行釋文　讀至方字絶句。　「讀」上王、纂、殿、庫有「一」字。○山井鼎《考文》：

讀至方字絶句。經典釋文「讀」上有「一」字。○浦鏜《正字》：一讀至方字絶句。脱「一」字。

四十葉十六行注　故爲汨作之篇。亡。　「故」，李作「故」，阮作「故」。「亡」，王作「亡」。「篇」下魏無「亡」字。

四十葉十七行經　九共九篇。　○浦鏜《正字》：九共。案：朱子云：劉侍講以「共」爲「丘」，言九丘也。○岳本《考證》：九共九篇。案宋劉敞曰：虞書「九共」應作「九丠」。古文「丠」作「丠」，與「共」相似，故誤傳以爲「共」耳。○盧文弨《拾補》：九共。朱子云：劉侍講以「共」爲「丘」，言「九丘」。

四十葉十七行經　槀飫。　「槀」，毛作「稾」。○阮元《校記甲》：槀飫。「槀」，唐石經、岳本、十行、閩、監俱从木。注疏放此。按：「槀」即「枯槁」字也。今注疏本作「稾」，从禾，非也。○阮元《校記乙》：槀飫。唐石經「槀」从木，岳本、閩本、明監本同。注疏同。按：「槀」即「枯槁」字也。今注疏本作「稾」，从禾，非也。

四十葉十七行注　槀。勞也。飫。賜也。　「槀」，毛作「稾」。「勞」下八、李、王、纂、魏、要、岳無「也」字。○山井鼎《考文》：槀，勞也。宋板無「也」字。○浦鏜《正字》：槀，勞也。飫，賜也。上「也」字衍。○盧文弨《拾補》：槀，勞。飫，賜也。宋本「勞」下無「也」字。毛本有。」當無。○阮元《校記甲》：稾，勞也。飫，賜也。宋板、岳本俱無上「也」字，與疏標目合。按：纂傳有。

四十葉十八行釋文　稾。苦報反。　「稾」，毛作「稾」。○阮元《校記甲》：稾。葉本、十行本俱从木，是也。

四十葉十八行釋文　飫。於據反。　「據」，王、纂、魏、岳、殿、庫作「庶」。○山井鼎《考文》：飫，於據反。經典釋文「據」作「庶」。○阮元《校記甲》：飫，於庶反。庶，十行本、毛本俱作「據」。

四十葉十八行釋文　稾飫。亦書篇名也。　「稾」，毛作「稾」。

四十一葉一行釋文　百篇之序揔爲一卷。　「揔」，殿作「總」，庫作「總」。

四十一葉一行釋文　孔以各冠其編首。而亡篇之序。即隨其次篇。　「編」，王、纂、魏、十、永、殿、庫、阮作「篇」。「次篇」，王、纂作「次第」。○浦鏜《正字》：孔以各冠其篇首，而亡篇之序，即隨其次第。「篇首」誤「編首」。「第」誤「篇」。○阮元《校記甲》：即隨其次第。「第」，十行本、毛本俱誤作「篇」。

四十一葉二行釋文　惟王注本下。　「惟」，纂、魏、永、阮作「唯」。

四十一葉二行釋文　**更有汨作九共故逸。**　「故」，王作「故」。

四十一葉三行疏　**帝釐至稾飫。**　「稾」，毛作「稾」。

四十一葉四行疏　**故此序在此也。**　「故」下魏無「此」字。

四十一葉六行疏　**下土。**　「土」，八作「上」。

四十一葉六行疏　**各爲其官。**　○浦鏜《正字》：各設其官。「設」字誤「為」。○盧文弨《拾補》：各爲其官，居其方。「爲」當從傳文作「設」。○阮元《校記甲》：各爲其官。盧文弨云「爲」依注是「設」字。阮元《校記乙》同。

四十一葉七行疏　**不知若此設之。**　「此」，單、八、魏、十、永、閩、殿、阮作「爲」，庫作「為」。○物觀《補遺》：不知若此設之。〔宋板〕「此」作「爲」。○浦鏜《正字》：不知若為設之。「若為」誤「若此」。○盧文弨《拾補》：不知若爲設之。毛本「爲」作「此」。「此」當作「爲」。○阮元《校記甲》：不知若此設之。「此」，宋板、十行、閩本俱作「爲」，是也。

四十一葉七行疏　**闇射無以可中。**　○浦鏜《正字》：闇射無以考中。「考」誤「可」。○盧文弨《拾補》：闇射無以考中。毛本「考」作「可」，浦改。當作「考」。

四十一葉九行疏　**左傳言犒師者。**　「犒」，單、八、魏、十、永、閩作「槁」。○阮元《校記甲》：左傳言犒師者。「犒」，十行、閩本俱作「槁」。○阮元《校記乙》：左傳言槁師者。閩本同。

毛本「槁」作「犒」。

四十一葉九行疏　是稾得爲勞也。「稾」，毛作「槀」。

四十一葉十行疏　襄二十六年左傳云將賞爲之加膳。「二十六」，魏作「二十八」。「加」上八、要無「之」字。

尚書註疏卷第四　漢孔氏傳　唐孔穎達疏

皇明朝列大夫國子監祭酒臣田一儁

奉訓大夫司經局洗馬管司業事臣盛訥等奉

勑重校刊

大禹謨第三

○釋文徐云。本虞書揔爲一卷。凡一十二卷。今依七志七錄爲十一卷。

虞書

臯陶矢厥謨。傳 矢。陳也。○臯。音高。陶。音遙。禹成厥功。傳 陳其成功。帝舜申之。傳 申。重也。重美二子之言。○重。直用反。作大禹臯陶謨。傳 大禹謀九功。臯陶謀九德。○謨。亦作謩。益稷。

傳凡三篇。疏皐陶至益稷○正義曰。皐陶爲帝舜陳其謀。禹爲帝舜陳已成所治水之功。帝舜因其所陳。從而重美之。史錄其辭。作大禹皐陶二篇之謨。又作益稷之篇。凡三篇也。篇先大禹。序先言皐陶者。皐陶之篇。皐陶自先發端。禹乃然而問之。皐陶言在禹先。故序先言皐陶。其此篇以功大爲先。故先禹也。益稷之篇。亦是禹之所陳。因皐陶之言。而禹論益稷在皐陶謨後。故後其篇。○傳矢陳也○正義曰。矢。陳。釋詁文。○傳陳其成功。○正義曰。此是謨篇禹成其功陳其言耳。蒙上矢文。故傳明之。言陳其成功也。序成在厥上。傳成在下者。序順上句。傳從便文。故倒也。○傳申重至之言○正義曰。申。重。釋詁文。大禹謨云帝曰俞。地平天成。時乃功。又帝曰。皐陶惟茲臣庶。罔或干予正。時乃功。懋哉。益稷云迪朕德。時乃功。皆是重美二子之言也。○傳大禹至九德○正義曰。二篇皆是謨也。序以一謨揔二篇。故傳明之。大禹治水能致九功而言謨。以其序有謨文。故云謨也。○傳凡三篇○正義曰。益稷亦大禹所謀。不言謨者。禹謀言及益稷。非是益稷爲謀。不得言益稷謨也。其篇雖有夔曰。夔言樂和。本非謀慮。不得謂之夔謨。

大禹謨

傳禹稱大。大其功。謨。謀也。

疏傳禹稱至謀也○正義曰。餘文單稱禹。而此獨加大者。故解之。禹與皐陶同爲舜謀。而禹功實大。禹與皐陶不等。史加大其功。使異於皐陶。於此獨加大字。與皐陶並言故也。謨。謀。釋詁文。此三篇皆是舜史所錄。上取堯事。下錄禹功。善於堯之知已。又美所禪得人。故包括上下以爲虞書。其事以類相從。非由事之先後。若其不然。上篇已言舜死。於此豈死後言乎。此篇已言禪禹。下篇豈受禪後乎。明史以類聚爲文。計此三篇禹謨最在後。以禹功大。故進之於先。孟子稱舜薦禹於天。十有七年。則禹攝一十七年。舜陟方乃死。不知禹征有苗在攝幾年。史述禹之行事。不必以攝位之年。即征苗民也。

曰若稽古大禹。傳順考古道而言之。曰文命敷于四海。祗承于帝。傳言其外布文德教命。內則敬承堯舜。○文命。孔云文德教命也。先儒云文命。禹名。疏曰若至于帝○正義曰。史將錄禹之事。故爲題目之辭曰。能順而考案古道而言之者。是大功之禹也。此禹能以文德教命布陳於四海。又能敬承堯舜。外布四海。內承二帝。言其道周備。○傳順考至言之○正義曰。典是常行。謨是言語。故傳於典云行之。於謨云言之。皆是順考古道也。○傳言其至堯舜○正義曰。敷於四海。卽敷此文命。故言外布文德教命也。四海舉其遠地。故傳以外內言之。祗。訓敬也。禹承堯舜二帝。故云敬承堯舜。傳不訓祗而直言敬。以易知而略之。

曰后克艱厥后。臣克艱厥臣。政乃乂。黎民敏德。傳敏疾也。能知爲君難。爲臣不易。則其政治。而衆民皆疾修德。○易以豉反。治直吏反。帝曰俞允若兹嘉言罔攸伏野無遺賢萬邦咸寧傳攸所也善言無所伏言必用如此則賢才在位天下安寧。○俞羊朱反。攸音由徐以帚反。稽于衆舍己從人不虐無告不廢困窮惟帝時克傳帝謂堯也舜因嘉言無所伏遂稱堯德以成其義考衆從人矜孤愍窮凡人所輕聖人所重。○舍音捨告故毒反。矜居陵反。疏曰后至時克。○

正義曰。禹爲帝舜謀曰。君能重難其爲君之事。臣能重難其爲臣之職。則上之政教乃治。則下之衆民皆化而疾修其德。而帝曰然。信能如此。君臣皆能自難。並願善以輔己。則下之善言無所隱伏。在野無遺逸之賢。賢人盡用。則萬國皆安寧也。爲人上者。考於衆言。觀其是非。舍己之非。從人之是。不苛虐鰥寡孤獨。

無所告者必哀矜之。不廢棄困苦貧窮。無所依者必愍念之。惟帝堯於是能爲此行。餘人所不能。言克艱之不易也。○傳敏疾至修德。○正義曰。許慎說文云。敏疾也。是相傳爲訓。爲君難。爲臣不易。論語文。能知爲君難爲臣不易。則當謹慎恪勤。求賢自輔。故其政自然治矣。見善則用。知賢必進。衆民各自舉。則皆疾修德矣。此經上不言禹者。承上禹事。以可知而略之。○傳攸所至下安。○正義曰。攸所。釋言文。善言無所伏者。言其必用之也。言之善者。必出賢人之口。但言之易。行之難。或有人不賢而言可用也。故嘉言與賢異其文也。知此用善言。任賢才在位。則天下安。○傳舜帝謂至所重。○正義曰。舜稱爲帝。故知帝謂堯也。舜因嘉言無所伏。以爲堯乃能然。故遂稱堯德以成其義。此禹言之義。以堯之聖智無所不能。惟言其考衆從人。矜孤愍窮。以爲堯之美者。此是凡人所輕。聖人所重。不虐不廢。皆謂矜撫愍念之。互相通也。王制云少而無父謂之孤。老而無子謂之獨。老而無妻謂之鰥。老而無夫謂之寡。此四者。天民之窮而無告者。故此無告。是彼四者。彼四者而此惟言孤者。四者皆孤也。言孤足以揔之。言困窮謂貧無資財也。益曰。都。帝德廣運。乃聖乃神。乃武乃文。傳 益因舜言又美堯也。廣謂所覆者大。運謂所及者遠。聖無所不通。神妙無方。文經天地。武定禍亂。皇天眷命。奄有四海。爲天下君。傳 眷視。奄同也。言堯有此德。故爲天所命。所以勉舜也。○眷居倦反。奄於檢反。疏 益曰至下君。○正義曰。益承帝言。歎美堯德曰。嗚呼。帝堯之德。廣大運行。乃聖而無所不通。乃神而微妙無方。乃武能克定禍亂。乃文能經緯天地。以此爲大天顧視而命之。使同有四海之內。爲天下之君。○傳益因至禍亂。○正義曰。廣者。闊之義。故爲所覆者大。運者。動之言。故爲所及者遠。洪範云。睿作聖。言通知衆事。故爲無所不通。案易曰。神者。妙萬物而爲言也。

萬曆十五年刊

又曰。神妙無方。此言神道微妙。無可比方。不知其所以然。易亦云陰陽不測之謂神。謚法云經緯天地曰文。克定禍亂曰武。經傳文武倒者。經取韻句。傳以文重故也。○傳眷視至勉舜○正義曰。詩云乃眷西顧。謂視而廻首。說文亦以眷爲視。奄同。釋言文。益因帝言盛稱堯善者。亦勸勉舜冀之必及堯也。

禹曰。惠迪吉。從逆凶。惟影響。傳 迪。道也。順道吉。從逆凶。吉凶之報。若影之隨形。響之應聲。言不虛。○迪。徒歷反。響。許丈反。

益曰。吁。戒哉。儆戒無虞。罔失法度。傳 先吁後戒。欲使聽者精其言。虞。度也。無億度。謂無形。戒於無形。備慎深。秉法守度。言有恒。○吁。況俱反。度。徒布反。虞度。徒洛反。

罔遊于逸。罔淫于樂。傳 浮。過也。遊逸過樂。敗德之原。富貴所忽。故皆以爲戒。○樂音洛。任賢勿貳，去邪勿疑，疑謀勿成，百志惟熙。傳一意任賢，果於去邪，疑則勿行，道義所存於心日以廣矣。○去起呂反。熙火其反。罔違道以干百姓之譽，傳干，求也。失道求名，古人賤之。罔咈百姓以從己之欲，傳咈，戾也。專欲難成，犯衆興禍，故戒之。○咈扶弗反。戾連悌反。無怠無荒，四夷來王。傳言天子常戒慎，無怠惰荒廢，則四夷歸往之。○怠音待。惰徒臥反。疏禹曰至來王○正義曰：禹因益言，謀及世事，言人順道則吉，從逆則凶，吉凶之報，惟若影之隨形，響之應聲，言其無不報也。益聞禹語，驚懼而言曰：吁！誠如此言，宜誠慎之哉！所誠者，當儆誡其心，無億度之事，謂忽然而有，當誠慎之，無失其守法度，使行必有

萬曆十五年刊　書疏卷四　五

恒。無違常也。無遊縱於逸豫。無過耽於戲樂。當誠慎之以保已也。任用賢人。勿有二心。逐去回邪。勿有疑惑。所疑之謀。勿成用之。如是則百種志意惟益廣也。無違越正道以求百姓之譽。無反戾百姓以從己心之欲。常行此事。無怠惰荒廢。則四夷之國皆來歸往之。此亦所以勸勉舜也。○傳迪道也○正義曰。釋詁文。○傳先吁至有恒○正義曰。堯典傳云。吁。疑怪之辭。此無可怪。聞善驚而爲聲耳。先吁後戒者。驚其言之美。然後設戒辭。欲使聽者精審其言。虞。度。釋詁文。無億度者。謂不有此事。無心億度之。曲禮云。凡爲人子者。聽于無聲。視于無形。戒于無形。見之事。言備慎深也。安不忘危。治不忘亂。是其慎無形也。法度當執守之。故以秉法守度解不失。言有恒也。○傳淫過至爲戒○正義曰。淫者。過度之意。故爲過也。逸謂縱體。樂謂適心。縱體在於逸遊。適心在於淫恣。故以遊逸過樂爲文。二者敗德之源。富貴所忽。故特以爲戒。○傳干求至賤之○正義曰。干。求。釋言文。失道求名。謂曲取人情。苟悅衆意。古人賤之。○傳咈戾至戒之○

正義曰。堯典已訓咈爲戾。彼謂戾朋僻。此謂戾在下。故詳其文耳。專欲難成犯衆興禍。襄十年左傳文。

禹曰。於帝念哉。德惟善政。政在養民。傳 歎而言念。重其言。爲政以德。則民懷之。

水火金木土穀惟修。傳 言養民之本在先修六府。

正德利用厚生惟和。傳 正德以率下。利用以阜財。厚生以養民。三者和。所謂善政。

九功惟敘。九敘惟歌。傳 言六府三事之功有次敘。皆可歌樂。乃德政之致。○樂音洛

戒之用休。董之用威。勸之以九歌。俾勿壞。傳 休。美。董。督也。言善政之道。美以戒之。威以督之。歌以勸之。使政勿壞。在此三者而已。○俾

必爾反。壞。乎怪反。帝曰。俞。地平天成。六府三事允治。萬世永賴。時乃功。傳水土治曰平。五行敘曰成。因禹陳九功而歎美之。言是汝之功。明衆臣不及。疏禹曰至乃功○正義曰。禹因益言。又獻謀於帝曰。嗚呼。帝當念之哉。言所謂德者。惟是善於政也。政之所爲。在於養民。養民者。使水火金木土穀。此六事惟當修治之。正身之德。利民之用。厚民之生。此三事惟當諧和之。修和六府三事九者。皆就有功。九功惟使皆有次敘。九事次敘。惟使皆可歌樂。此乃德之所致。是德能爲善政之道。終當不得怠惰。但人雖爲善。或寡令終。故當戒勅之。念用美道。使民慕美道行善。又督察之用威罰。言其不善當獲罪。勸勉之以九歌之辭。但人君善政。先致九歌成辭自勸勉也。用此事。使此善政勿有敗壞之時。勸帝使長爲善也。帝答禹曰。汝之所言爲然。汝治水土。使地平天成。六府三事信皆治理。萬代長所恃賴。是汝之功也。歸功于禹。明衆臣不及。○傳歎而至懷之○正義曰。於。歎辭。歎而言念。自重其言。欲使帝念之。此史以類相從共爲篇耳。非是一時之事。不使念益言也。禹謨以九功爲重。知重其言者。九功之言也。○傳言養至六府○正義曰。下文帝言六府。即此經六物也。六者。民之所資。民非此不生。故言養民之本。在先修六府也。府者藏財之處。六者貨財所聚。故稱六府。襄二十七年左傳云。天生五材。民並用之。即是水火金木土。民用此自資也。彼惟五材。此兼以穀爲六府者。穀之於民尤急。穀是土之所生。故於土下言之也。此言五行與洪範之次不同者。洪範以生數爲次。此以相尅爲次。便文耳。六府是民之急。先有六府。乃可施教。故先言六府。後言三事也。○傳正德至善政○正義曰。正德者。自正其德。居上位者。正已以治民。故所以率下人。利用者。謂在上節儉。不爲糜費。以利而用。使財物殷阜。利民之用。爲民興利除害。使不匱乏。故所以阜財。阜財謂財豐大也。厚生。謂薄征徭。輕賦稅。不奪農時。令民生計溫厚。衣食豐足。故所以養民也。三者和。謂德行正。財用利。生資厚。立君所以養民。人君若能如此。則爲君之道備矣。故謂善政。結上德惟善政之言。此三者之次。人君自正。乃能正下。故以正德爲先。利用然後厚生。故後言厚生。厚生謂財用足。禮讓行也。○傳言六至之致。○正義曰。上六下三。卽是六府三事。此摠云九功。知六府三事之功爲九功。惟敘者。卽上惟修惟和爲次敘。事皆有敘。民必歌樂君德。故九敘皆可歌樂。乃人君德政之致也。言下民必有歌樂。乃爲善政之驗。所謂和樂興而頌聲作也。○傳休美至而已○正義曰。休。美。釋詁文。又云。董。督正也。是董爲督也。此戒之董之勸之。皆謂人君自戒勸。欲使善政勿壞。在此三事而已。文七年左傳云。晉郤缺言於趙宣子。引此一經。乃言九功之德。皆可歌也。謂之九歌。若吾子之德。莫可歌也。其誰來之。盍使睦者歌吾子乎。言九功之德皆可歌者。若水能灌溉。火能烹飪。金能斷割。木能興作。土能生殖。穀能養育。古之歌詠。各述其功。猶如漢魏已來。樂府之歌事。歌其功用。是舊有成辭。人君修治六府以自勸勉。使民歌詠之。三事亦然。○傳水土至不及。○正義曰：釋詁云：平，成也。是平成義同。天地文異而分之耳。天之不成，由地之不平，故先言地平，本之於地以及天也。禹平水土，故水土治曰平。五行之神，佐天治物，繫之於天，故五行敘曰成。洪範云：鯀陻洪水，汩陳其五行，彝倫攸斁。禹治洪水，彝倫攸敘，是禹命五行敘也。帝因禹陳九功而歎美之，指言是汝之功，明衆臣不及。

帝曰：格，汝禹。朕宅帝位三十有三載，耄期倦于勤。汝惟不怠，揔朕師。傳八十九十曰耄，百年曰期頤。言已年老，厭倦萬機，汝不懈怠於位，稱揔我衆，欲使攝。○格，庚白反。朕，直錦反。耄，莫報反。倦，其卷反。頤，以之反。厭，於豔反。解，于賣反。

禹曰：朕德罔克，民不依。皐陶邁種德，德乃降，黎民懷之。傳邁，行。種，布。降，下。懷，歸也。言已無德，民所不能依。皐陶布行其德。下洽於民。民歸服之。○種。章用反。降。江巷反。帝念哉。念兹在兹。釋兹在兹。(傳)兹。此。釋。廢也。念此人。在此功。廢此人。在此罪。言不可誣。名言兹在兹。允出兹在兹。惟帝念功。(傳)名言此事。必在此義。信出此心。亦在此義。言皐陶之德。以義爲主。所宜念之。

[疏]帝曰格至念功○正義曰。此舜言將禪禹。帝呼禹曰。來。汝禹。我居帝位。已三十有三載。在耄期之間。厭倦於勤勞。汝惟在官不懈怠。可代我居帝位。摠領我衆。禹讓之曰。我德實無所能。民必不依就我也。言已不堪摠衆也。皐陶行布於德。德乃下洽於民。衆皆歸服之。可令皐陶攝也。我所言者。帝當念之哉。凡念愛此人。在此功勞。知有功。乃用之。釋廢此人。在此罪纍。知有罪。乃廢之。言進人退人不可誣也。名目言談

此事。必在此事之義而名言之。若信實出見此心。必在此心之義而出見之。言已名言其口。出見其心。以舉皋陶。皆在此義。不有虚妄。帝當念錄其功以禪之。言皋陶堪攝位也。○傳八十至使攝。○正義曰。八十九十曰耄。百年曰期頤。曲禮文也。如舜典之傳。計舜年六十三即政。至今九十五矣。年在耄期之間。故並言之。鄭云。期。要也。頤。養也。不知衣服食味。孝子要盡養之道而已。孔意當然。○傳邁行至服之。○正義曰。邁。行。降。下。釋言文。又云。懷。來也。來亦歸也。種物必布於地。故爲布也。○傳玆此至可誣。○正義曰。玆。此。釋詁文。釋爲舍義。故爲廢也。禹之此意。欲令帝念皋陶。下云惟帝念功。念是念功。知廢是廢罪。言念廢必依其實。不可誣罔也。○傳名言至念之。○正義曰。名言。謂已發於口。信出。謂始發於心。皆據欲舉皋陶。必先念慮於心。而後宣之於口。先言名言者。已對帝讓皋陶。即是名言之事。故先言其意。然後本其心。故後言信出。以義爲主者。言已讓皋陶。事非虚妄。以義爲主。

帝曰。皋陶。惟玆臣庶。罔或

干予正。(傳)或。有也。無有干我正。言順命。汝作士。明于五刑。以弼五教。期于予治。(傳)弼。輔。期。當也。歎其能以刑輔教。當於治體。○治音稚。當丁浪反。又如字。刑期于無刑。民協于中。時乃功。懋哉。(傳)雖或行刑。以殺止殺。終無犯者。刑期於無所刑。民皆合於大中之道。是汝之功。勉之。○懋音茂。皐陶曰。帝德罔愆。臨下以簡。御衆以寬。(傳)愆。過也。善則歸君。人臣之義。○愆音牽。罰弗及嗣。賞延于世。(傳)嗣。亦世。俱謂子。延。及也。父子罪不相及。而及其賞。道德之政。宥過無大。刑故無小。(傳)過誤所犯。雖大必宥。

不忌故犯。雖小必刑。○宥音又。**罪疑惟輕。功疑惟重。**傳刑疑附輕。賞疑從重。忠厚之至。**與其殺不辜。寧失不經。好生之德。洽于民心。茲用不犯于有司。**傳辜。罪。經。常。司主也。皐陶因帝勉已。遂稱帝之德。所以明民不犯上也。寧失不常之罪。不枉不辜之善。仁愛之道。○辜音孤。好呼報反。**帝曰。俾予從欲以治。四方風動。惟乃之休。**傳使我從心所欲而政以治。民動順上命。若草應風。是汝能明刑之美。疏帝曰皐陶至之休。○正義曰。帝以禹讓皐陶。故述而美之。帝呼之曰。皐陶。惟此羣臣衆庶。皆無敢有干犯我正道者。由汝作士官。明曉於五刑。以輔成五教。當於我之治體。用刑期於無刑。以殺止殺。使民合於中正之道。令人每事得中。是汝之功。當勉之哉。皐陶以帝美已。歸美於君曰。民合於中者。由帝德純善。無有過失。臨臣下以簡易。御衆庶以優寬。罰人不及後嗣。賞人延於來世。宥過失者無大。雖大亦宥之。刑其故犯者無小。雖小必刑之。罪有疑者。雖重從輕罪之。功有疑者。雖輕從重賞之。與其殺不辜非罪之人。寧失不經不常之罪。以等枉殺無罪。寧妄免有罪也。由是故帝之好生之德。下洽於民心。民服帝德如此。故用是不犯於有司。言民之無刑。非已力也。帝又述之曰。使我從心所欲而爲政。以大治。四方之民從我化。如風之動草。惟汝用刑之美。言已知其有功也。○傳弼輔至治體○正義曰。書傳稱左輔右弼。是弼亦輔也。期要是相當之言。故爲當也。傳言當於治體。言皐陶用刑。輕重得中。於治體與正相當也。○傳雖或至勉之○正義曰。言皐陶或行刑。乃是以殺止殺。爲罪必將被刑。民終無犯者。要使人無犯法。是期於無所用刑。刑無所用。此期爲限。與前經期義別。而論語所謂勝殘去殺矣。民皆合於大中。言舉動每事得中。不犯法憲。是合大中。即洪範所謂皇極是也。○傳愆過至之義。○正義曰。愆。過。釋言文。坊記云。善則稱君。過則稱己。則民作忠。是善則稱君。人臣之義也。臨下據其在上。御衆斥其治民。簡易寬大。亦不異也。論語云。居敬而行簡以臨其民。不亦可乎。是臨下宜以簡也。又曰。寬則得衆。居上不寬。吾何以觀之哉。是御衆宜以寬也。○傳嗣亦至及也。○正義曰。嗣謂繼父世。謂後胤。故俱謂子也。延。訓長。以長及物。故延爲及也。○傳辜罪至之道。○正義曰。辜。罪。釋詁文。經。常。司。主。常訓也。皋陶因帝勉己。遂稱帝之德。所以明民不犯上者。自由帝化使然。非己力也。不常之罪者。謂罪大。非尋常小罪也。枉殺無罪。妄免有罪。二者皆失。必不得民心。寧妄免大罪。不枉殺無罪。以好生之心故也。大罪尚赦。小罪可知。欲極言不可枉殺不辜。寧放有罪故也。故言非常大罪以對之耳。寧失不經。與殺不辜相對。故爲放赦罪人。原帝之意。等殺無罪。寧放有罪。傳言帝德之善。寧失有罪。不枉殺無罪。是仁愛之道。各爲文勢。故經傳倒也。洽。謂沾漬優渥。洽於民心。言潤澤多也。帝曰。來禹。降水儆予。成允成功。惟汝賢。傳水性流下。故曰下水。儆。戒也。能成聲教之信。成治水之功。言禹最賢。重美之。○儆。居領反。重。直用反。克勤于邦。克儉于家。不自滿假。惟汝賢。傳滿謂盈實。假。大也。言禹惡衣薄食。卑其宮室。而盡力爲民。執心謙沖。不自盈大。○假。工雅反。盡。津忍反。爲。于僞反。汝惟不矜。天下莫與汝爭能。汝惟不伐。天下莫與汝爭功。傳自賢曰矜。自功曰伐。言禹推善讓人而不失其能。不有其勞而不失其功。所以能絕衆人。予懋乃德。嘉乃丕績。天之曆數在汝躬。汝終陟元后。傳丕。大也。曆數。謂天道。元。大也。大君。天子。舜善禹有治水之大功。言天道在汝身。汝終當升爲天子。○丕。普悲反。人心惟危。道心惟微。惟精惟一。允執厥中。傳危則難安。微則難明。故戒以精一。信執其中。無稽之言勿聽。弗詢之謀勿庸。傳無考。無信驗。不詢專獨。終必無成。故戒勿聽用。○聽。徐天定反。可愛非君。可畏非民。衆非元后何戴。后非衆罔與守邦。傳民以君爲命。故可愛。君失道。民叛之。故可畏。言衆戴君以自存。君恃衆以守國。相須而立。欽哉。愼乃有位。

敬修其可願。四海困窮。天祿永終。傳 有位。天子位。可願。謂道德之美。困窮。謂天民之無告者。言爲天子勤此三者。則天之祿籍。長終汝身。

惟口出好興戎。朕言不再。傳 好。謂賞善。戎。謂伐惡。言口榮辱之主。慮而宣之。成於一也。○出。如字。徐尺遂反。好。如字。徐許到反。

疏 帝曰來至不再○正義曰。帝不許禹讓。呼之曰。來禹。下流之水。儆戒於我。我恐不能治之。汝能成聲教之信。能成治水之功。惟汝之賢。汝能勤勞於國。謂盡力於溝洫。能節儉於家。謂薄飲食。卑宮室。常執謙沖。不自滿溢誇大。惟汝之賢也。又申美之。汝惟不自矜誇。故天下莫敢與汝爭能。汝惟不自稱伐。故天下莫敢與汝爭功。美功之大也。我今勉汝之德。善汝大功。天之曆運之數。帝位當在汝身。汝終當升此大君之位。宜代我爲天子。因戒以爲君之法。民心惟甚危險。道心惟甚幽微。危則難安。微則難明。汝當精心。惟當一意。信執其中正之道。乃得人安而道明耳。又爲人君。不當妄受用人語。無可考驗之言。勿聽受之。不是詢衆之謀。勿信用之。言民所愛者。豈非人君乎。民以君爲命。故愛君也。言君可畏者。豈非民乎。君失道。則民叛之。故畏民也。衆非大君而何所奉戴。無君則民亂。故愛君也。君非衆人無以守國。無人則國亡。故畏民也。君民相須如此。當宜敬之哉。謹慎汝所有之位。守天子之位。勿使失也。敬修其可願之事。謂道德之美。人所願也。養彼四海困窮之民。使皆得存立。則天之禄籍長終汝身矣。又告禹惟口之所言。出好事。興戎兵。非善思慮。無以出口。我言不可再發。令禹受其言也。○【傳】水性至美之。○正義曰。降水。洪水也。水性下流。故曰下水。禹以治水之事儆戒於予。益稷云。予創若時。娶于塗山。辛壬癸甲。啓呱呱而泣。予弗子。惟荒度土功之事。雖文在下篇。實是欲禪前事。故帝述而言之。禹貢言治水功成。云朔南暨聲教。故知成允是成聲教之信。成功是成治水之功也。前已言地平天成是汝功。今復說治水之事。言禹最賢。重美之也。禹實聖人。美其賢者。其性爲聖。其功爲賢。猶易繫辭云。可久則賢人之德。可大則賢人之業。亦是聖人之事。○傳滿謂至盈大○正義曰滿以器喻。故爲盈實也。假大。釋詁文。言已無所不知是爲自滿。言已無所不能是爲自大。禹實不自滿大。故爲賢也。論語美禹之功德云。惡衣服非飲食卑宮室而盡力乎溝洫。故傳引彼。惡衣薄食卑其宮室。是儉於家。盡力爲民。是勤於邦。上言其功。此言其德。故再云惟汝賢。○傳自賢至衆人○正義曰。自言已賢曰矜。自言已功曰伐。論語云。願無伐善。詩云矜其車甲。矜與伐俱是誇義。以經有爭能爭功。故別解之耳。弗矜莫與汝爭能。即矜者矜其能也。賢能。大同小異。故自賢解矜。老子云夫惟不爭。故天下莫能與之爭。是故不矜伐而不失其功能。此所以能絕異於衆人也。○傳丕大至天子○正義曰。丕大。釋詁文。曆數謂天曆運之數。帝王易姓而興。故言曆數謂天道。鄭玄以曆數在汝身。謂有圖籙之名。孔無讖緯之說。義必不然。當以大功既立。衆望歸之。即是天道在身。釋詁元訓爲首。首是體之大也。易曰。大君有命。是大君謂天子也。○傳危則至其中。○正義曰。居位則治民。治民必須明道。故戒之以人心惟危。道心惟微。道者。徑也。物所從之路也。因言人心。遂云道心。人心爲萬慮之主。道心爲衆道之本。立君所以安人。人心危則難安。安民必須明道。道心微則難明。將欲明道。必須精心。將欲安民。必須一意。故以戒精心一意。又當信執其中。然後可得明道以安民耳。○傳無考至聽用。○正義曰。爲人之君。不當妄用人言。故又戒之。無可考校之言。謂無信驗。不詢於衆人之謀。謂專獨用意。言無信驗。是虛妄之言。獨爲謀慮。是偏見之説。二者終必無成。故戒令勿聽用也。言。謂率意爲語。謀。謂豫計前事。故互文也。○傳民以至而立。○正義曰。百姓無主。不散則亂。故民以君爲命。君尊民畏之。嫌其不愛。故言愛也。民賤君忽之。嫌其不畏。故言畏也。○傳有位至汝身。○正義曰。上云汝終陟元后。命升天位。知其愼汝有位。愼天子位也。道德人之可願。知可願者是道德之美也惟言四海困窮不結言民之意必謂四海之内困窮之民令天子撫育之故知如王制所云孤獨鰥寡此四者天民之窮而無告者此是困窮者也言爲天子當慎天位修道德養窮民勤此三者則天之祿籍長終汝身祿謂福祿籍謂名籍言享大福保大名也○傳好謂至於一○正義曰昭二十八年左傳云慶賞刑威曰君君出言有賞有刑出好謂愛人而出好言故爲賞善興戎謂疾人而動甲兵故爲伐惡易繫辭曰言語者君子之樞機樞機之發榮辱之主必當慮之於心然後宣之於口故成之於一而不可再帝言我命汝升天位者是慮而宣之此言故不可再

禹曰枚卜功臣惟吉之從傳枚謂歷卜之而從其吉此禹讓之志○枚音梅

帝曰禹官占惟先蔽志昆命于元龜傳帝王立卜占之官故曰官占蔽斷昆後也官占之法先斷人志後命

於元龜。言志定然後卜。○蔽，必世反，徐甫世反。斷，丁亂反。**朕志先定。詢謀僉同。鬼神其依。龜筮協從。卜不習吉。**（傳）習，因也。言已謀之於心，謀及卜筮，四者合從，卜不因吉，無所枚卜。○僉，七潛反。**禹拜稽首固辭。**（傳）再辭曰固。**帝曰：毋。惟汝諧。**（傳）言毋，所以禁其辭。禹有大功德，故能諧和元后之任。○禁，今鴆反，又音金。

〔疏〕「禹曰」至「汝諧」。○正義曰：禹以讓卜功臣，惟吉之人從而受之。帝曰：禹，卜官之占，惟能先斷人志，後乃命其大龜。我授汝之志，先以定矣。又詢於衆人，其謀又皆同美矣。我後謀及鬼神，加之卜筮，鬼神其依我矣，龜筮復合從矣。卜法不得因前之吉更復卜之，不須復卜也。禹猶拜而後稽首固辭。帝曰：毋。毋者，禁止其辭也。惟汝能諧和此元后之任，汝宜受之。○傳枚謂至之志。○正義曰。周禮有銜枚氏。所銜之物狀如箸。今人數物云一枚兩枚。則枚是籌之名也。枚卜。謂人人以次歷申卜之。似若枚數然。然請卜不請筮者。舉重也。○傳帝王至後卜。○正義曰。占是卜人之占。而云官占者。帝王立卜筮之官。故曰官占。洪範稽疑云。擇建立卜筮人。謂帝王立卜筮之官。周禮司寇斷獄爲蔽獄。是蔽爲斷也。昆後。釋言文。官占之法。先斷人志。後命元龜。言志定然後卜也。洪範云汝則有大疑。謀及乃心。謀及卿士。謀及庶人。是先斷人志。乃云謀及卜筮。是後命元龜。元龜。謂大龜也。○傳習因至枚卜。○正義曰。表記云卜筮不相襲。鄭云襲。因也。然則習與襲同。重衣謂之襲。習是後因前。故爲因也。朕志先定。言已謀之於心。龜筮協從。是謀及卜筮。經言詢謀僉同。謀及卿士庶人。謀皆同心。鬼神其依。即是龜筮之事。卜筮通鬼神之意。故言鬼神其依。龜筮協從。謂卜得吉。是依從也。志先定也。謀僉同也。鬼神依也。龜筮從也。四者合從。然後命汝。卜法不得因吉。無所復枚卜也。如帝此言。既謀既卜。方始命禹。仍請枚卜者。帝與朝臣私謀私卜。將欲命禹。禹不預謀。故不在。更請卜也。○傳言毋至之任。○正義曰。說文云。毋。止之也。其字從女內有一畫。象有姦之者。禁止令勿姦也。古人言毋。猶今人言莫。是言毋者。所以禁其辭。令勿辭。

正月朔旦受命于神宗。傳受舜終事之命。神宗。文祖之宗廟。言神尊之。○正。音政。徐音征。**率百官若帝之初。**傳順舜初攝帝位故事。奉行之。

疏正月至之初。○正義曰。舜即政三十三年。命禹代已。禹辭不獲免。乃以明年正月朔旦。受終事之命於舜神靈之宗廟。摠率百官。順帝之初攝故事。言與舜受禪之初。其事悉皆同也。此年舜即政三十四年。九十六也。○傳受舜至尊之。○正義曰。舜典說舜之初受終于文祖。此言若舜之初。知受命即是舜終事之命也。神宗猶彼文祖。故云文祖之宗廟。文祖。言祖有文德。神宗。言神而尊之。名異而實同。神宗當舜之始祖。案帝繫云。黄帝生昌

萬曆十五年刊　尚書疏卷四　十七

意。昌意生顓頊。顓頊生窮蟬。窮蟬生敬康。敬康生句芒。句芒生蟜牛。蟜牛生瞽瞍。瞽瞍生舜。即是舜有七廟。黄帝爲始祖。其顓頊與窮蟬爲二祧。敬康句芒蟜牛瞽瞍爲親廟。則文祖爲黄帝顓頊之等也。○傳順舜至行之。○正義曰。若不得爲如也。舜典巡守之事。言如初者皆言如。不言若。知此若爲順也。順舜初攝帝位故事而奉行之。其奉行者。當如舜典在璿璣以下。班瑞羣后以上也。其巡守非率百官之事。舜尚自爲陟方。禹攝帝位。未得巡守。此是舜史所録以爲虞書。故言順帝之初。奉行帝之事。故自美禪之得人也。

帝曰。咨禹。惟時有苗弗率。汝徂征。傳三苗之民。數干王誅。率。循。徂。往也。不循帝道。言亂逆。命禹討之。○數音朔。

禹乃會羣后。誓于師曰。濟濟有衆。咸聽朕命。傳會諸侯共伐有苗。軍旅曰誓。濟濟。衆盛之貌。○濟。子禮反。

蠢兹

有苗昏迷不恭。傳 蠢，動。昏，闇也。言其所以宜討之。○蠢，春允反。侮慢自賢，反道敗德。傳 狎侮先王，輕慢典教，反正道，敗德義。○侮，亡甫反。慢，亡諫反。君子在野，小人在位。傳 廢仁賢，任姦佞。民棄不保，天降之咎。傳 言民叛，天災之。○咎，其九反。肆予以爾衆士奉辭伐罪。傳 肆，故也。辭，謂不恭。罪，謂侮慢以下事。爾尚一乃心力，其克有勳。傳 尚，庶幾。一汝心力，以從我命。

疏 「帝曰咨」至「有勳」。○正義曰：史言禹雖攝位，帝尊如故。時有苗國不順，帝曰：咨嗟，汝禹，惟時有苗之國，不循帝道，汝往征之。禹得帝命，乃會羣臣諸侯，告誓於衆曰：濟濟美盛之有衆，皆聽從我命。今蠢蠢然動而不遜者，是此有苗之君，昏闇迷惑，不恭敬王命，侮慢典常。自以爲賢。反戾正道。敗壞德義。君子在野。小人在位。由此民棄叛之。不保其有衆。上天降之殃咎。故我以爾衆士奉此譴責之辭。伐彼有罪之國。汝等庶幾同心盡力。以從我命。其必能有大功勳。不可懈惰。○傳三苗至討之。○正義曰。呂刑稱苗民作五虐之刑。皇帝遏絶苗民。無世在下。謂堯初誅三苗。舜典云竄三苗于三危。謂舜居攝之時。投竄之也。舜典又云庶績咸熙。分北三苗。謂舜即位之後。往徙三苗也。今復不率命。命禹徂征。是三苗之民。數干王誅之事。禹率衆征之。猶尚逆命。即三苗是諸侯之君。而謂之民者。以其頑愚。號之爲民。呂刑云苗民弗用靈。是謂爲民也。呂刑稱堯誅三苗云。無世在下。而得有苗國歷代常存者。無世在下。謂誅叛者絶後世耳。蓋不滅其國。又立其近親。紹其先祖。鯀既殛死於羽山。禹乃代爲崇伯。三苗亦竄其身而存其國。故舜時有被宥者。復不從化。更分北流之。下傳云三苗之國。左洞庭。右彭蠡。其國在南方。蓋分北之時使爲南國君。今復不率帝道。率。循。徂。往。皆釋詁文。不循帝道。言其亂逆以其亂逆。故命禹討之。案舜典皆言舜受終之後。萬事皆舜主之。舜自巡守。不稟堯命。此言若帝之初。其事亦應同矣。而此言命禹征苗。舜復陟方乃死。與舜受堯禪事不同者。以題曰虞書。卽舜史所録。明其詳於舜事。略於堯禹也。○傳會諸至之貌。○正義曰。軍旅曰誓。曲禮文也。隱八年穀梁傳曰。誥誓不及五帝。盟詛不及三王。交質不及二伯。二伯。謂齊桓公晉文公也。不及者。言於時未有也。據此文。五帝之世有誓。周禮立司盟之官。三王之世有盟也。左傳云。平王與鄭交質。二伯之前有質也。穀梁傳漢初始作。不見經文。妄言之耳。美軍衆而言濟濟。知是衆盛之貌。○傳蠢動至討之。○正義曰。蠢。動。釋詁文。釋訓云。蠢。不遜也。郭璞云。蠢動爲惡。不謙遜也。日入爲昏。是爲闇也。動爲惡而闇於事。言其所以宜討之。○傳狎侮至德義。○正義曰。侮謂輕人身。慢謂忽言語。故爲狎侮先王。輕慢典教。侮慢義同。因有二字而分釋之。論語云。狎大人。侮聖人之言。則狎侮爲異。旅獒云。狎侮君子。則狎侮意亦同。鄭玄云。狎。慣忽也。慣見而忽之。是侮之義。傳取狎侮連言之。慢先王典教。自謂已賢。不知先王訓教道者。物所由之路。德謂自得於心。反正道。從邪徑。敗德義。毁正行也。○傳廢仁賢任姦佞○正義曰。雖則下愚之君。皆云好賢疾佞。非知賢而廢之。知佞而任之。但愚人所好。必同於民。賢求其心。佞從其欲。以賢爲惡。謂佞爲善。故仁賢見廢。姦佞被任。此則昏迷之狀也。○傳肆故至下事○正義曰。肆。故。釋詁文。所奉之辭。卽所伐之罪。但天子責其不恭。數其身罪。因其文異而分之。○傳尚庶至我命○正義曰。釋言云。庶幾。尚也。反以相解。故尚爲庶幾。

三旬。苗民逆命。傳旬。十日也。以師臨之。一月不服。責舜不先有文誥之命。威讓之辭。而便憚之以威。脅之以兵所以生辭。○誥。古報反。憚。徒旦反。一音丹末反。脅。許業反。

益贊于禹曰。惟德動天。無遠弗屆。傳贊。佐。屆。至也。益以此義佐禹。欲其脩德致遠。○屆，音戒。**滿招損，謙受益，時乃天道。**(傳)自滿者人損之，自謙者人益之，是天之常道。**帝初于歷山，往于田，日號泣于旻天，于父母，**(傳)仁覆愍下謂之旻天。言舜初耕于歷山之時，爲父母所疾，日號泣于旻天及父母，克己自責，不責於人。○田，本或作畋。號，戶高反。旻，武巾反。**負罪引慝，祗載見瞽瞍，夔夔齊慄，瞽亦允若。**(傳)慝，惡。載，事也。夔夔，悚懼之貌。言舜負罪引惡，敬以事見于父，悚懼齊莊，父亦信順之。言能以至誠感頑父。○慝，他則反。見，賢遍反。瞽，音古。瞍，素后反。夔，求龜反。齊，側皆反。**至誠感神，矧茲有苗。**(傳)諴，和。

萬曆十五年刊　書疏卷四　七一

矧。況也。至和感神。況有苗乎。言易感。○諴。音咸。矧。失忍反。易。以豉反。

禹拜昌言曰俞班師振旅【傳】昌。當也。以益言爲當。故拜受而然之。遂還師。兵入曰振旅。言整衆。○當。丁浪反。下同。還。經典皆音旋。

帝乃誕敷文德【傳】遠人不服。大布文德以來之。○誕。音但。

舞干羽于兩階【傳】干。楯。羽。翳也。皆舞者所執。修闡文教。舞文舞于賓主階間。抑武事。○階。徐音皆。楯。食允反。翳。於計反。闡。尺善反。

七旬有苗格【傳】討而不服。不討自來。明御之者必有道。三苗之國。左洞庭。右彭蠡。在荒服之例。去京師二千五百里也。○洞。徒弄反。蠡。音禮。【疏】三旬至苗格。○正義曰。禹旣誓於衆。而以師臨苗。經三旬。苗民逆帝命。不肯服罪。益乃進謀以佐於禹曰。惟是有德。能動上天。苟能修德。無有遠而不至。因言行德之事。自滿者招其損。謙虛者受其益。是乃天之常道。欲禹修德謙虛以來苗。既說其理。又言其驗。帝乃初耕於歷山之時。爲父母所疾。往至于田。日號泣于旻天于父母。乃自負其罪。自引其惡。恭敬以事見父瞽瞍。夔夔然悚懼。齊莊戰慄。不敢言已無罪。舜謙如此。雖瞽瞍之頑愚。亦能信順。帝至和之德。尚能感于冥神。況此有苗乎。言其苗易感於瞽瞍。禹拜受益之當言。曰然。然益語也。遂還師整衆而歸。帝舜乃大布文德。舞干羽于兩階之間。七旬而有苗自服來至。言主聖臣賢。御之有道也。○傳旬十至生辭○正義曰。堯典云。三百有六旬。是知旬十日也。以師臨之一月不服者。責舜不先有文告之命。威讓之辭。而便憚之以威。脅之以兵。所以有苗得生辭也。傳知然者。昭十三年左傳論征伐之事云。告之以文辭。董之以武師。是用兵者。先告不服。然後伐之。今經無先告之文。而有逆命之事。故知責舜不先有文告之命。而卽脅之以兵。其文告之命。威讓之辭。國語亦有其事。夫以大舜足達用兵之道。而不爲文告之命。使之得生辭者。有苗數干王誅。逆者難以言服。故憚之以威武。任其生辭。待其有辭。爲之振旅。彼若師退而服。我復更有何求。爲退而又不降。復往必無辭說。不恭而征之。有辭而捨之。正是柔服之道也。若先告以辭。未必卽得從命。不從而後行師。必將大加殺戮。不以文誥。感德自來。固是大聖之遠謀也。○傳贊佐至致遠○正義曰。禮有贊佐。是助祭之人。故贊爲佐也。屆至也。釋詁文。經云惟德動天。天遠而難動。德能動遠。又言無遠不屆。乃據人言德動遠人。無不至也。益以此義佐禹。欲修德致遠。使有苗自來也。德之動天。經傳多矣。禮運云聖人順民。天不愛其道。地不愛其寶。故天降膏露。地出醴泉。如此之類。皆德動之也。○傳自滿至常道○正義曰。自以爲滿。人必損之。自謙受物。人必益之。易謙卦彖曰。天道虧盈而益謙。地道變盈而流謙。鬼神害盈而福謙。人道惡盈而好謙。是滿招損。謙受益。爲天道之常也。益言此者。

欲令禹修德息師。持謙以待有苗。○傳仁覆至責於人○正義曰。仁覆愍下。謂之旻天。詩毛傳文也。旻愍也。求天愍已故呼曰旻天。書傳言舜耕於歷山。鄭玄云。歷山在河東。是耕於歷山之時。爲父母所疾。故往於田。日號泣于旻天。何爲然也。孟子曰。怨慕也。長息問於公明高曰。舜往于田。則予既聞命矣。號泣于旻天及父母。則吾不知矣。公明高曰。非爾所知也。我竭力耕田。供爲子職而已。父母不愛我何哉。大孝終身慕父母。五十而慕者。予於大舜見之矣。言舜之號泣怨慕者。克已自責。不責於人也。○傳慝惡至頑父○正義曰。慝之爲惡。常訓耳。舜典已訓載爲事。以非常訓。故詳其文。夔夔與齋慄共文。故爲悚懼之貌。自負其罪。引惡歸已。事瞽同耳。丁寧深言之。敬以事見于父者。謂恭敬自因事務須見父。恭敬以見。夔夔然悚懼齋慄。是見時之貌。父亦信順之者。謂當以事見之時。順帝意不悖怒也。言能以至誠感頑父者。言感使當時暫以順耳。不能使每事信順。變爲善人。故孟子說舜既被堯徵用。堯妻之以二女。瞽瞍猶與象欲謀殺舜而分其財物。是下愚之性。終不可改。但舜善養之。使不至于姦惡而已。○傳誠和至易感○正義曰。誠。亦咸也。咸訓爲皆。皆能相從。亦和之義也。矧。況。釋言文。上言德能動天。次言帝能感瞽。天以玄遠難感。瞽以頑愚難感。言苗民近於天而智於瞽。故言感天感瞽以況之。天是神也。覆動上天。言至和尚能感天神。而況於有苗乎。言其苗易感。神覆動天而不覆言瞽者。以瞽雖愚。猶是人類。天神事與人隔。感天難於感瞽。故舉難者以況之。其實天與瞽俱言難感。以況有苗易於彼二者。○傳昌當至整衆○正義曰。昌。當也。釋詁文。禹以益言爲當。拜受而已。卽還。還不請者。春秋襄十九年。晉士匄帥師侵齊。聞齊侯卒乃還。公羊傳曰。大夫以君命出。進退在大夫。是言進退由將。不須請也。或可當時請帝乃還。文不具耳。兵入曰振旅。釋天文。與春秋二傳。皆有此文。振。整也。言整衆而還。○傳遠人至來之○正義曰。遠人不服文德以來之。論語文也。益贊於禹使修德。而帝自誕敷者。言君臣同心。大布者。多設文德之教。君臣共行之也。○傳干楯至武事○正義曰釋言云干扞也孫炎曰干楯自蔽扞也以楯爲人扞通以干爲楯名故干爲楯釋言又云纛翳也郭璞云舞者持以自蔽翳也故明堂位云朱干玉戚以舞大武戚斧也是武舞執斧執楯詩云左手執籥右手秉翟是文舞執籥故干羽皆舞者所執修闡文教不復征伐故舞文德之舞於賓主階間言帝抑武事也經云舞干羽即亦舞武也傳惟言舞文者以據器言之則有武有文俱用以爲舞而不用於敵故教爲文也○傳討而至百里○正義曰御之必有道者不恭而往征得辭而振旅而御之以道史記吳起對魏武侯云昔三苗氏左洞庭右彭蠡德義不修而禹滅之此言來服則是不滅吳起言滅者以武侯恃險言滅以懼之辯士之說不必皆依實也知在荒服之例者以其地驗之爲然禹貢五服甸侯綏要荒荒最在外王畿面五百里其外四服又每服五百里是去京師爲二千五百里

皐陶謨第四

虞書　　孔氏傳　孔穎達疏

皋陶謨。傳謨，謀也。皋陶爲帝舜謀。○爲，于僞反。疏傳謨謀至舜謀。○正義曰：孔以此篇惟與禹言，嫌其不對帝舜，故言爲帝舜謀。將言爲帝舜謀，故又訓謨爲謀，以詳其文。

曰若稽古皋陶。傳亦順考古道以言之。夫典、謨，聖帝所以立治之本，皆師法古道以成不易之則。○夫，音扶。治，直吏反。下同。曰允迪厥德，謨明弼諧。傳迪，蹈。厥，其也。其，古人也。言人君當信蹈行古人之德，謀廣聰明以輔諧其政。○蹈，徒報反。禹曰：俞，如何？傳然其言，問所以行。皋陶曰：都！

愼厥身修思永。傳 歎美之重也。愼修其身。思爲長久之道。○身修絶句。惇叙九族庶明勵翼邇可遠在茲。傳 言愼修其身。厚次敘九族。則衆庶皆明其教。而自勉勵翼戴上命。近可推而遠者。在此道。○惇。切韻都昆反。禹拜昌言曰俞。傳 以皐陶言爲當。故拜受而然之。○當。丁浪反。下同。

疏 曰若至曰俞○正義曰。史將言皐陶之能謀。故爲題目之辭曰。能順而考案古道而言之者。是皐陶也。其爲帝謀曰。爲人君者。當信實蹈行古人之德。而謀廣其聰明之性。以輔諧已之政事則善矣。禹曰然。然其謀是也。此當如何行之。皐陶曰。鳴呼。重其事而歎美之。行上謀者。當謹愼其已身。而修治人之事。思爲久長之道。又厚次敘九族之親而不遺棄。則衆人皆明曉上意。而各自勉勵翼戴上命。行之於近而可推而至遠者。在此道也。禹乃拜受其當理之言曰然。美其言而拜受之。○傳亦順至之則。○正義曰。二謨其目正同。故云亦順考古道以言也。堯舜考古以行。謂之爲典。大禹臯陶考古以言。謂之爲謨。典謨之文不同。其目皆云考古。故傳明言其意。夫典謨。聖帝所以立治之本。雖言行有異。皆是考法古道以成不易之則。故史皆以稽古爲端目。但君則行之。臣則言之。以尊卑不同。故典謨名異。禹亦爲君而云謨者。禹在舜時未爲君也。顧氏亦同此解。臯陶德劣於禹。皆是考古以言。故得同其題目。但禹能敷于四海。祗承于帝。臯陶不能然。故此下更無別辭耳。○傳迪蹈至其政。○正義曰。釋詁文。迪。道也。聲借爲導。導音與蹈同。故迪又爲蹈也。其德卽其上稽古。故曰其。古人也。而臣爲君謀。故云言人君當信蹈行古人之德。謂蹈履依行之也。謀廣聰明。聰明者。自是已性。又當受納人言。使多所聞見。以博大此聰明。以輔弼和諧其政。經惟言明。傳亦有聰者。以耳目同是所用。故以聰明言之。此曰上不言臯陶。猶大禹爲謨曰上不言禹。鄭玄云以皋陶下屬爲句。則稽古之下無人名。與上三篇不類甚矣。○傳歎美至之道。○正義曰。案傳之言。以修爲上讀。顧氏亦同也。○傳言愼至此道。○正義曰。自身以外。九族爲近。故愼修其身。又厚次敘九族。猶堯之爲政。先以親九族也。人君既能如此。則衆庶皆明其教。而各自勉勵翼戴上命。昭九年左傳說晉叔向言翼戴天子。故以爲翼戴上命。言如鳥之羽翼而奉戴之。王者率已以化物。親親以及遠。故從近可推而至于遠者。在修已身親九族之道。王肅云。以衆賢明爲砥礪。爲羽翼。鄭云。厲作也。以衆賢明作輔翼之臣。與孔不同。

皋陶曰。都。在知人。在安民。傳歎修身親親之道。在知人所信任。在能安民。**禹曰。吁。咸若時。惟帝其難之。**傳言帝堯亦以知人安民爲難。故曰吁。**知人則哲。能官人。安民則惠。黎民懷之。**傳哲。智也。無所不知。

故能官人。惠愛也。愛則民歸之。**能哲而惠，何憂乎驩兜。**【傳】佞人亂眞。堯憂其敗政。故流放之。**何遷乎有苗。何畏乎巧言令色孔壬。**【傳】孔甚也。巧言。靜言庸違。令色。象恭滔天。禹言有苗驩兜之徒。甚佞如此。堯畏其亂政。故遷放之。

【疏】皐陶曰都在至孔壬〇正義曰。皐陶以禹然其言。更述修身親親之道。歎而言曰。人君行此道者。在於知人善惡。擇善而信任之。在於能安下民。爲政以安定之也。禹聞此言。乃驚而言曰。吁。人君皆如是。能知人能安民。惟帝堯猶其難之。況餘人乎。知人善惡。則爲大智。能用官得其人矣。能安下民。則爲惠政。衆民皆歸之矣。此甚不易也。若帝堯能智而惠。則當朝無姦佞。何憂懼於驩兜之佞而流放之。何須遷徙於有苗之君。何所畏懼於彼巧言令色爲甚佞之人。三凶見惡。帝堯方始去之。是知人之難。○傳哲智至歸之○正義曰。哲。智。釋言文。舍人曰。哲。大智也。無所不知。知人之善惡。是能官人。惠。愛。釋詁文。君愛民則民歸之。○傳孔甚至放之○正義曰。孔。甚。釋詁文。上句既言驩兜有苗。則此巧言令色。共工之行也。故以堯典共工之事解之。巧言。靜言庸違也。令色。象恭滔天也。孔壬之文。在三人之下。揔上三人皆甚佞也。苗言其名。巧言令色言其行。令其文首尾互相見。故傳通言之。禹言有苗驩兜之徒甚佞如此。堯畏其亂政。故遷放之。傳不言共工。故云之徒以包之。遷與憂畏亦互相承。言畏之而憂乃遷之也。四凶惟言三者。馬融云。禹爲父隱。故不言鯀也。**皋陶曰。都。亦行有九德。**傳言人性行有九德。以考察眞僞則可知。○行下孟反。注性行行正直之行同。**亦言其人有德。乃言曰。載采采。**傳載。行。采。事也。稱其人有德。必言其所行某事某事以爲驗。疏皋陶至釆釆。○正義曰。禹既言知人爲難。臯陶又言行之有術。故言曰。嗚呼。人性雖則難知。亦當考察其所行有九種之德。人欲稱薦人者。不直言可用而已。亦當言其人有德。問其德之狀。乃言曰。其德之所行某事某事。以所行之事。爲九德之驗。如此則可知也。○傳言人至可知○正義曰。言人性行有九德。下文所云是也。如此九者考察其眞僞。則人之善惡皆可知矣。然則臯陶之賢。不及帝堯遠矣。臯陶知有此術。帝堯無容不知。而有四凶在朝。禹言帝難之者。堯朝之有四凶。晦迹以顯舜爾。禹言惟帝難之。說彼甚佞。因其成敗以示教法。欲開臯陶之志。故舉大事以爲戒。非是此實甚佞。堯不能知也。顏氏亦云。堯實不以此爲難。今云難者。俯同流俗之稱也。○傳載行至爲驗○正義曰。載者。運行之義。故爲行也。此爲薦舉人者。稱其人有德。欲使在上用之。必須言其所行之事。云見此人常行其某事某事。由此所行之事。以爲有德之驗。論語云。如有所譽者。其有所試矣。是言試之於事。乃可知其德。

禹曰何。傳問九德

品例。皐陶曰：寬而栗，傳 性寬弘而能莊栗。柔而立，傳 和柔而能立事。愿而恭，傳 慤愿而恭恪。○愿，音願。慤，切頡苦角反。恪，若各反。亂而敬，傳 亂，治也。有治而能謹敬。擾而毅，傳 擾，順也。致果爲毅。○擾，而小反，徐音饒。毅，五既反。直而溫，傳 行正直而氣溫和。簡而廉，傳 性簡大而有廉隅。剛而塞，傳 剛斷而實塞。○斷，丁亂反。彊而義。傳 無所屈撓，動必合義。○撓，女孝反。彰厥有常吉哉。傳 彰，明。吉，善也。明九德之常，以擇人而官之，則政之善。

疏 禹曰至吉哉。○正義曰：皐陶既言其九德，禹乃問其品例，曰何謂也。皐陶曰：人性有寬弘而能莊栗也，和柔而能立事也，慤愿而能恭恪也，治理而能謹敬也，和順而能果毅也。正直而能温和也。簡大而有廉隅也。剛斷而能實塞也。彊勁而合道義也。人性不同。有此九德。人君明其九德所有之常。以此擇人而官之。則爲政之善哉。○傳性寬至莊栗○正義曰。此九德之文。舜典云寬而栗。直而温。與此正同。彼云剛而無虐。簡而無傲。與此小異。彼言剛失之虐。此言剛斷而能實塞。實塞亦是不爲虐。彼言簡失之傲。此言簡大而有廉隅。廉隅亦是不爲傲也。九德皆人性也。鄭玄云。凡人之性有異。有其上者。不必有下。有其下者。不必有上。上下相協。乃成其德。是言上下以相對。各令以相對兼而有之。乃爲一德。此二者雖是本性。亦可以長短自矯。寬弘者失於緩慢。故性寬弘而能矜莊嚴栗。乃成一德。九者皆然也。○傳愨愿而恭恪○正義曰。愿者。愨謹良善之名。謹愿者失於遲鈍。貌或不恭。故愨愿而能恭恪。乃爲德。○傳亂治至謹敬○正義曰。亂。治。釋詁文。有能治者。謂才高於人也。堪撥煩理劇者也。負才輕物。人之常性。故有治而能謹敬。乃爲德也。愿言恭。治云敬者。恭在貌。敬在心。愿者遲鈍。外失於儀。故言恭以表貌。治者輕物。內失於心。故稱敬以顯情。恭與敬。其事亦通。愿其貌恭而心敬也。○傳擾順至爲毅。○正義曰。周禮太宰云。以擾萬民。鄭玄云擾猶馴也。司徒云。安擾邦國。鄭云擾亦安也。擾是安馴之義。故爲順也。致果爲毅。宣二年左傳文。彼文以殺敵爲果。致果爲毅。謂能致果敢殺敵之心。是爲強毅也。和順者失於不斷。故順而能決。乃爲德也。○傳性簡至廉隅。○正義曰。簡者。寬大率略之名。志遠者遺近。務大者輕細。弘大者失于不謹細行者。不修廉隅。故簡大而有廉隅。乃爲德也。○傳剛斷而實塞。○正義曰。塞。訓實也。剛而能斷。失於空疎。必性剛正而內充實。乃爲德也。○傳無所至合義。○正義曰。強直自立。無所屈撓。或任情違理。失於事宜。動合道義。乃爲德也。鄭注論語云。剛謂強。志不屈撓。即剛強義同。此剛強異者。剛是性也。強是志也。當官而行。無所避忌。剛也。執己所是。不爲衆撓。強也。剛強相近。鄭連言之。寬。謂度量寬弘。柔。謂性行和柔。擾。謂事理擾順。三者相類。即洪範云柔克也。愿謂容貌恭正。亂謂剛柔治理。直謂身行正直。三者相類。即洪範云正直也。簡謂器量凝簡。剛謂事理剛斷。强謂性行堅强。三者相類。即洪範云剛克也。而九德之次。從寬而至剛也。惟擾而毅。在愿亂之下耳。其洪範三德。先人事而後天地。與此不同。○傳彰明至之善○正義曰。彰。明。吉。善。常訓也。此句言用人之義。所言九德。謂彼人常能然者。若暫能爲之。未成爲德。故人君取士。必明其九德之常。知其人常能行之。然後以此九者之法。擇人而官之。則爲政之善也。明。謂人君明知之。王肅云。明其有常。則善也。言有德當有恒也。其意亦言彼能有常人君能明之也。鄭云人能明其德。所行使有常。則成善人矣。其意謂彼人自明之。與孔異也。

日宣三德。夙夜浚明有家。傳三德。九德之中有其三。宣布。夙。早。浚。須也。卿大夫稱家。言能日日布行三德。早夜思之。須明行之。可以爲卿大夫。○浚。息俊反。馬云大也。

日嚴祗

敬六德。亮采有邦。傳有國諸侯。日日嚴敬其身。敬行六德。以信治政事。則可以爲諸侯。○嚴，如字。馬徐魚檢反。翕受敷施。九德咸事。俊乂在官。傳翕合也。能合受三六之德。而用之。以布施政教。使九德之人皆用事。謂天子如此。則俊德治能之士並在官。○翕，許及反。俊乂，馬曰。千人曰俊。百人曰乂。百僚師師。百工惟時。傳僚。工。皆官也。師師。相師法。百官皆是。言政無非。○僚，本又作寮。撫于五辰。庶績其凝。傳凝。成也。言百官皆撫順五行之時。衆功皆成。○撫，方武反。凝，魚陵反。馬云定也。疏日宣至其凝。○正義曰。皐陶既陳人有九德。宜擇而官之。此又言官之所宜。若人能日日宣布三德。早夜思念而須明行之。此人可以爲卿大夫使有家也。若日日嚴敬其身。又能敬行六德。信能治理其事。此人可以爲諸侯使有國也。然後摠以天子之任。合受有家有國三六之德而用之。布施政教。使九德之人皆得用事。事各盡其能。無所遺棄。則天下俊德治能之士。並在官矣。皆隨賢才任職。百官各師其師。轉相教誨。則百官惟皆是矣。無有非者。以此撫順五行之時。以化天下之民。則衆功其皆成矣。結上知人安民之意。○傳三德至大夫○正義曰。此文承九德之下。故知三德是九德之内課有其三也。周語云宣布哲人之令德。宣亦布義。故爲布也。夙。早。釋詁文。又云須待也。此經之意。謂夜思之。明旦行之。須爲待之意。故浚爲須也。大夫受采邑。賜氏族。立宗廟。世不絶祀。故稱家。位不虚受。非賢臣不可。言能日日布行三德。早夜思之。待明行之。如此念德不懈怠者。乃可以爲大夫也。以士卑。故言不及也。計有一德二德。卽可以爲士也。鄭以三德六德皆亂而敬以下之文。經無此意也。○傳有國至諸侯○正義曰。天子分地建國。諸侯專爲已有。故有國謂諸侯也。祇亦與敬。敬有二文。上謂敬身。下謂敬德。嚴則敬之狀也。故言日日嚴敬其身。敬行六德。以信治政事。則可以爲諸侯也。諸侯大夫皆言日日者。言人之行德。不可暫時捨也。臣當行君之令。故早夜思之。君是出令者。故言敬身行德。此文以小至大。揔以天子之事。故先大夫而後諸侯。○傳翕合至在官○正義曰。翕合。釋詁文。以文承三德六德之下。故言合受三六之德而用之。以此人人爲官。令其布施政教。使此九德之人。皆居官用事。謂天子也。任之所能。大夫所行三德。或在諸侯六德之內。但并此三六之德。即充九數。故言九德皆用事。謂用爲大夫。用爲諸侯。使之治民事也。大夫諸侯。當身自行之。故言日宣日嚴。天子當任人使行之。故言合受而用之。其實天子亦備九德。故能任用三德六德也。則俊德治能之士並在官矣。乂訓爲治。故云治能。馬王鄭皆云才德過千人爲俊。百人爲乂。○傳僚工至無非○正義曰。僚。官。釋詁文。工。官。常訓也。師師。謂相師法也。○傳凝成至皆成○正義曰。鄭玄亦云。凝。成也。王肅云。凝。猶定也。皆以意訓耳。文承百工之下。撫于五辰。還是百工撫之。故云百官皆撫順五行之時。則衆功皆成也。五行之時。卽四時也。禮運曰。播五行於四時。土寄王四季。故爲五行之時也。所撫。撫順者。堯典敬授民時。平秩東作之類是也。

無教逸欲有邦。傳不爲逸豫貪欲之教。是有國者之常。

兢兢業業一日二日萬幾。傳兢兢。戒愼。業業。危懼。幾。微也。言當戒懼萬事之微。○兢。居凌反。業。如字。徐五咨反。幾。徐音機。

無曠庶官天工人其代之。傳曠。空也。位非其人爲空官。言人代天理官。不可以天官私非其才。

天敘有典勑我五典五惇哉。傳天次敘人之常性。各有分義。當勑正我五常之教。使合于

五厚厚天下。○有典，馬本作五典。分，扶問反。**天秩有禮。自我五禮有**

庸哉。（傳）庸，常。自，用也。天次秩有禮，當用我公侯伯子男五等之禮以接之，使有常。○有庸，馬本作五庸。**同寅協恭和**

衷哉。（傳）衷，善也。以五禮正諸侯，使同敬合恭而和善。○衷，音中。**天命有德。五服五章哉。**（傳）五服，天子諸侯卿大夫士之服也。尊卑彩章各異，所以命有德。**天討有罪。**

五刑五用哉。（傳）言天以五刑討有罪，用五刑，宜必當。

政事懋哉懋哉。（傳）言敘典秩禮，命德討罪，無非天意者。故人君居天官，聽政治事，不可以不自勉。［疏］無敎至懋哉。○正義曰。皋陶既言用人之法。又戒以居官之事。上之所爲。下必效之。無敎在下爲逸豫貪欲之事。是有國之常道也。爲人君當兢兢然戒愼。業業然危懼。言當戒愼一日二日之間。而有萬種幾微之事。皆須親自知之。不得自爲逸豫也。萬幾事多。不可獨治。當立官以佐已。無得空廢衆官。使才非其任。此官乃是天官。人其代天治之。不可以天之官而用非其人。又言典禮德刑。皆從天出。天次叙人倫。使有常性。故人君爲政。當勑正我父母兄弟子五常之敎敎之。使五者皆惇厚哉。天又次叙爵命。使有禮法。故人君爲政。當奉用我公侯伯子男五等之禮接之。使五者皆有常哉。接以常禮。當使同敬合恭而和善哉。天又命用有九德。使之居官。當承天意爲五等之服。使五者尊卑彰明哉。天又討治有罪。使之絶惡。當承天意爲五等之刑。使五者輕重用法哉。典禮德刑。無非天意。人君居天官。聽治政事。當須勉之哉。○傳不爲至之常

○正義曰。毋者。禁戒之辭。人君身爲逸欲。下則效之。是以禁人君使不自爲耳。不爲逸豫貪欲之敎。是有

國者之常也。此文主於天子。天子謂天下爲國。詩云生此王國之類是也。○傳兢兢至之微○正義曰。釋訓云。兢兢。戒也。業業。危也。戒必愼。危必懼。傳言愼懼以足之。易繫辭云幾者動之微。故幾爲微也。一日二日之間。微者乃有萬事。言當戒愼萬事之微。微者尚有萬。則大事必多矣。且微者難察。察則勞神。以言不可逸耳。馬王皆云一日二日。猶日日也。○傳曠空至其才○正義曰。曠之爲空。常訓也。位非其人。所職不治。是爲空官。天不自治。立君乃治之。君不獨治爲臣以佐之。下典禮德刑。無非天意者。天意既然。人君當順天。是言人當代天治官。官則天之官。居天之官。代天爲治。苟非其人。不堪此任。人不可以天之官而私非其才。王肅云。天不自下治之。故人代天居之。不可不得其人也。○傳天次至天下○正義曰。天敘有典。有此五典。卽父義母慈兄友弟恭子孝是也。五者人之常性。自然而有。但人性有多少耳。天次敘人之常性。使之各有分義。義宜也。令此義慈友恭孝。各有定分。合於事宜。此皆出天然。是爲天次敘之。天意旣然。

人君當順天之意。勑正我五常之教。使合於五者皆厚。以教天下之民也。五常之教。人君爲之。故言我也。五教徧於海内。故以天下言之。○傳庸常至有常○正義曰。庸。常。釋詁文。又云。自。由也。由是用。故自爲用也。天次敘有禮。謂使賤事貴卑承尊。是天道使之然也。天意既然。人君當順天意。用我公侯伯子男五等之禮以接之。使之貴賤有常也。此文主於天子。天子至於諸侯車旗衣服。國家禮儀。饗食燕好。饔餼飱牢。禮各有次秩以接之。上言天敘。此云天秩者。敘謂定其倫次。秩謂制其差等。義亦相通。上云勑我。此言自我者。五典以教下民。須勑戒之。五禮以接諸侯。當用我意。故文不同也。上言五惇。此言五庸者。五典施於近親。欲其恩厚。五禮施於臣下。欲其有常。故文異也。王肅云。五禮。謂王公卿大夫士。鄭玄云。五禮。天子也。諸侯也。卿大夫也。士也。庶民也。此無文可據。各以意說耳。○傳衷善至和善○正義曰。衷之爲善。常訓也。故左傳云。天誘其衷。說者皆以衷爲善。此文承五禮之下。禮尚恭敬。故以五禮正諸侯。使同敬合恭而和善也。鄭玄以爲幷上之禮共有此事。五典，室家之內務在相親。非復言以恭敬。恭敬惟爲五禮而已。孔言是也。○傳五服至有德。○正義曰：益稷云：以五采彰施於五色作服。汝明，是天子諸侯卿大夫士之服也。其尊卑彩章各異，於彼傳具之。天命有德，使之居位。命有貴賤之倫，位有上下之異，不得不立名以此等之。象物以彰之。先王制爲五服，所以表貴賤也。服有等差，所以別尊卑也。

天聰明自我民聰明。傳言天因民而降之福，民所歸者天命之。天視聽人君之行，用民爲聰明。

天明畏自我民明威。傳天明可畏，亦用民成其威。民所叛者天討之，是天明可畏之效。○畏，如字。徐音威。馬本作威。

達于上下，敬哉有土。傳言天所賞罰，惟善惡所在，不避貴賤。有土之君，不可不敬懼。皐陶曰朕言惠可厎行傳其所陳九德以下之言。順於古道可致行。禹曰俞乃言厎可績傳然其所陳。從而美之曰。用汝言。致可以立功。皐陶曰予未有知思曰贊贊襄哉傳言我未有所知。未能思致於善。徒亦贊奏上古行事而言之。因禹美之。承以謙辭。言之序。○知。如字。徐音智。思。如字。徐音息吏反。襄。息羊反。上也。馬云因也。案爾雅作儴。因也。如羊反。疏天聽至襄哉○正義曰。此承上懋哉之下。言所勉之者。以天之聰明視聽。觀人有德。用我民以爲耳目之聰明。察人言善者。天意歸賞之。又天之明德可畏。天威者。用我民言惡而叛之。因討而伐之。成其明威。天所賞罰。達於上下。不避貴賤。故須敬哉有土之君。皐陶既陳此戒。欲其言入之。故曰。我之此言。順於古道

可致行。不可忽也。禹即受之曰然。汝言用而致可以
立功。重其言以深戒帝。皋陶乃承之以謙曰。我未有
所知。未能思致於善。我所言曰。徒贊奏上古所行而
言之哉。非已知天而所自能。是其謙也。○傳言天至
聰明○正義曰。皇天無心。以百姓之心爲心。此經大
意言民之所欲。天必從之。聰明。謂聞見也。天之所聞
見。用民之所聞見也。然則聰明直是聞見之義。其言
未有善惡。以下言明威是天降之禍。知此聰明是天
降之福。此即泰誓所云天聽自我民聽。天視自我民
視。故民所歸者天命之。大而言之。民所歸就。天命之
爲天子也。小而言之。雖公卿大夫之任。亦爲民所歸
向。乃得居之。此文主於天子。故言天視聽人君之行。
用民爲聰明。戒天子使順民心。受天之福也。○傳言
天至敬懼○正義曰。上句有賞罰。故言天所賞罰。不
避貴賤。此之達於上下。言天子亦不免也。喪服鄭玄
注云。天子諸侯及卿大夫。有地者皆曰君。即此有土
可兼大夫以上。但此文本意實主於天子。戒天子不
可不敬懼也。○傳言我至之序○正義曰。皋陶自言

可致行。禹言致可績。此承而爲謙。知其自言未有所知。未能思致致於善也。思字屬上句。王肅云贊贊。猶贊奏也。顧氏云襄。上也。謂贊奏上古行事而言之也。經云曰者。謂我上之所言也。傳不訓襄爲上。已從襄陵而釋之。故二劉並以襄爲因。若必爲因。孔傳無容不訓其意言進習上古行事。因贊成其辭而言之也。傳雖不訓襄字。其義當如王說。皋陶慮忽之。自云言順可行。因禹美之。卽承謙辭。一揚一抑。言之次序也。鄭玄云。贊。明也。襄之言暢。言我未有所知所思。徒贊明帝德。揚我忠言而已。謙也。

尚書註疏卷第四

尚書注疏彙校卷四

大禹謨第三

一葉五行釋文　釋文徐云。本虞書摠爲一卷。凡一十二卷。今依七志七録爲十卷。

「摠」，十、永、阮作「緫」，閩作「總」。「一十二」，十、永作「十十二」，阮作「十二」。「爲十卷」，阮作「爲十三卷」。「大禹謨第三」下王、纂、魏無「釋文徐云」至「爲十卷」二十五字。○物觀《補遺》：今依七志七録爲十卷。〔經典釋文〕「十」下有「三」字。○浦鏜《正字》：今依七志七録爲十三卷。脱「三」字。○阮元《校記甲》：徐云，本虞書總爲一卷，凡十二卷，爲十三卷。按：「云」字疑衍。十行本重「十」字，毛本「十」上有「一」字，俱誤。十行本、毛本俱脱「三」字。○張鈞衡《校記》：凡一十二卷。阮本無「一」字。

一葉七行經　皋陶矢厥謨。

○阮元《校記甲》：皋陶矢厥謨。陸氏曰：「矢」本又作「夭」。盧文弨云：隋天文志「枉矢」舊本竝作「枉夭」。阮元《校記乙》同。○《定本校記》：皋陶矢厥謨。「謨」，内野本、神宮本、足利本作「謀」。

一葉七行釋文　皋。音高。陶。音遥。重。直用反。謨。亦作謩。「遥」下殿、庫有「矢。本又作𢎘」五字。○山井鼎《考文》：皋音高。陶音遥。矢本亦作𢎘。謨字又作謩。申重，直用反。下同。[謹按]此即經典釋文也。今本所引有脱誤矣，當以經典釋文爲正也。又按：「𢎘」字可疑，古本作「戻」，古文考載之，可併考也。○阮元《校記甲》：矢，本又作𢎘。山井鼎云：「𢎘」字可疑，古本作「戻」。盧文弨云：「𢎘」，古「矢」字。隸釋成陽令唐扶頌「惟直如𢎘」，太元羨次六「得𢎘夫」，又争次八「狼盈口，𢎘在其後」，隋書「𢎘矢」、「枉矢」，皆作「𢎘」。今字書有不載「𢎘」字者，故具證之也。按：「𢎘」，蓋東京以後俗字也。因「矢」字與「失」相似，説文「失」本作「𢎘」，遂以「𢎘」爲「矢」耳。今之太元已非子雲手跡，未足爲據。考文所載古本類多俗譌，至「戻」字之臆撰，更不足辨矣。

一葉七行經　禹成厥功。○山井鼎《考文》：禹成厥功。〔古本〕「厥」作「亓」。[謹按]「亓」，古文「其」字。

一葉八行注　重美二子之言。○山井鼎《考文》：重美二子之言。〔古本〕下有「也」字。「凡三篇」下、「禹稱大大其功」下、「順考古道而言之」下、「内則敬承堯舜」下、「而衆民皆疾修德」下並同。

一葉八行釋文　重。直用反。「反」下殿、庫有「下同」二字。

一葉九行經　**作大禹、皋陶謨。**　「禹」下王有一字空白。

一葉九行注　**大禹謀九功。皋陶謀九德。**　二「謀」字，八、庫皆作「謨」。「皋」，纂作「皇」。○《定本校記》：大禹謨九功，皋陶謨九德。二「謨」字各本作「謀」。今從〔足利〕八行本。

一葉九行釋文　**謨。亦作謩。**　「謨，亦作謩」，王、纂、魏無，殿、薈作「謨字又作謩」，庫作「謀字又作謩」。○阮元《校記甲》：謨字又作謩。「字又」二字，十行本、毛本俱作「亦」字，載在「作大禹皋陶謨」句下。

一葉十四行疏　**傳陳其成功○正義曰。此是謨篇禹成其功陳其言耳。**　「此是謨篇」上「傳陳其成功○正義曰」，殿、庫作「陳其成功」。

一葉十四行疏　**此是謨篇禹成其功陳其言耳。**　「是」下「謨」字八爲空白。「功」，永作「功」。「言」，庫作「功」。

一葉十四行疏　**蒙上矢文。**　「矢」，永作「失」。

一葉十六行疏　**罔或干予正。**　「干」，阮作「于」。「正」，單、八作「政」。○《定本校記》：罔或干予正。十行本如此。單疏、〔足利〕八行「正」誤作「政」。

一葉十六行疏　**時乃功。懋哉。**　「懋」，殿作「懋」。

一葉十七行疏　序以一謨揔二篇。　「揔」，閩、殿、庫皆作「總」。

二葉一行疏　不得言益稷謨也。　「稷」下魏無「謨」字。

二葉二行注　大其功。　「大」，王作「夫」。

二葉七行疏　禹謨最在後。　「謨」，毛作「謀」。○阮元《校記甲》：禹謀最在後。「謀」，十行、閩、監俱作「謨」，不誤。

二葉十行經　文命敷于四海。　「于」，阮作「於」。

二葉十一行釋文　文命。孔云文德教命也。先儒云文命。禹名。　「文命孔云」至「文命禹名」十六字纂作注文。

二葉十七行經　后克艱厥后。臣克艱厥臣。　○山井鼎《考文》：「艱厥后」、「艱厥臣」、「允執厥中」。〔古本〕「厥」並作「丌」。

二葉十八行注　而衆民皆疾修德。　○阮元《校記甲》：而衆民皆疾修德。「疾」下纂傳有「敏」字。

三葉一行釋文　易。以豉反。　「豉」，纂、魏、十、永、庫皆作「豉」。

三葉二行注　善言無所伏。言必用。　「無」，王作「无」。○山井鼎《考文》：善言無所伏，言必用。〔古本〕「善」作「嘉」，「用」下有「也」字。○盧文弨《拾補》：善言無所伏。古本

「善」作「嘉」。○阮元《校記甲》：善言無所伏。「善」，古本作「嘉」。

三葉三行注　天下安寧。「安」下李、王、纂、岳皆無「寧」字。○山井鼎《考文》：天下安寧。〔古本〕下有「也」字。「聖人所重」下、「運謂所及者遠」下共同。○阮元《校記甲》：天下安寧。古本「寧」下有「也」字。岳本無「寧」字。按：岳本與疏合。阮元《校記乙》同。○《定本校記》：天下安。岳本、纂圖互注本、内野本、神宫本如此。注疏本「安」下衍「寧」字。

三葉三行釋文　攸。音由。徐以帚反。「反」下殿、庫有「寧，安也。説文安寧如此。願辭也」十二字。○山井鼎《考文》：【補脱】寧，安也。説文安寧如此。願辭也〔據經典釋文〕。【謹按】「攸，徐以帚反」下有此十二字。又按：説文作「寍，安也。从宀，心在皿上。皿，人之飲食器，所以安人。奴丁切」。今所引不可解也。○阮元《校記甲》：寧，安也。説文安寧如此。願辭也。段玉裁云：上「寧」字必本作「寍」，開寶改爲「寧」。當云「寍，安也。説文安寧字如此。寧，願辭也」。

三葉四行經　不虐無告。○山井鼎《考文》：不虐無告。〔古本〕「不」作「弗」，「無」作「亡」。○阮元《校記甲》：不虐無告。「不」，古本作「弗」。按：古本以「不」爲「弗」者甚多，今不悉校。

三葉五行注　舜因嘉言無所伏。　「無」，王作「无」。

三葉六行注　矜孤愍窮。　「愍」，王作「愍」。

三葉八行疏　而帝曰然。　○浦鏜《正字》：「而」當「矣」字之誤，屬上句。○盧文弨《拾補》：而帝曰然。浦云：「而」當「矣」字誤，屬上句。○《定本校記》：而帝曰然。浦氏云：「而」當「矣」字之誤，屬上句。

三葉八行疏　君臣皆能自難。　「自」，八作「白」。

三葉十行疏　惟帝堯於是能爲此行。　「是」，單作「是」。

三葉十一行疏　論語文。能知爲君難爲臣不易。則當謹慎恪勤。　「則當」上魏無「論語」至「不易」十二字。

三葉十二行疏　則皆疾修德矣。　「疾」，殿作「疾」。

三葉十三行疏　㊔攸所至下安。　「安」下八有「寧」字。○山井鼎《考文》：攸所至下安。宋板「安」下有「寧」字。[謹按]當作「攸所至安寧」。○盧文弨《拾補》：攸所至下安。案：傳作「天下安寧」，豈正義所據本無「寧」字耶。○阮元《校記甲》：傳攸所至下安。「安」下宋板有「寧」字。山井鼎曰：當作「攸所至安寧」。按：今本正與岳本傳合。阮元《校記乙》同。○《定本校記》：傳攸所至下安。〔足利〕八行本「安」下衍「寧」字。

三葉十四行疏　但言之易。「但」，八作「伹」。

三葉十四行疏　故嘉言與賢異其文也。「嘉」，魏作「喜」。

三葉十六行疏　故遂稱堯德以成其義。「遂」，永作「逐」。

三葉十六行疏　此禹言之義。○浦鏜《正字》：「此禹言之義」五字，衍「義」。○盧文弨《拾補》：成此禹言之義。毛本脱「成」字，當有。毛本「此禹言之義」足上句也。浦疑此五字衍文，非。○《定本校記》：此禹言之義。盧氏云「此」上脱「成」字。

三葉十八行疏　王制云少而無父謂之孤。「少」，單作「小」。

三葉十八行疏　老而無妻謂之鰥。「而」，毛作「無」。○浦鏜《正字》：老而無妻謂之鰥。「鰥」，禮記作「矜」，音同。「而」，毛本誤「無」。○盧文弨《拾補》：老而無妻謂之鰥。毛本「而」作「無」。「無」當作「而」。○阮元《校記甲》：老無無妻謂之鰥。上「無」字十行、閩、監俱作「而」，是也。

四葉一行疏　言孤足以摠之。「摠」，閩、殿、庫皆作「總」。

四葉一行疏　言困窮謂貧無資財也。　○浦鏜《正字》：言困窮謂貧無資財也。「言」，疑衍字。○盧文弨《拾補》：言困窮謂貧無資財也。「言」，衍文。

四葉三行注　聖無所不通。　「無」，王作「无」。

四葉四行注　文經天地。　○山井鼎《考文》：文經天地。〔古本〕「經」下有「緯」字。○盧文弨《拾補》：文經緯天地。毛本脱「緯」字，古本有。○阮元《校記甲》：文經天地，武定禍亂。「經」下古本加「緯」字，非也。○《定本校記》：文經天地。内野本、神宮本、足利本「經」下有「緯」字。

四葉六行注　所以勉舜也。　○山井鼎《考文》：所以勉舜也。〔古本〕「也」上有「之」字。○阮元《校記甲》：所以勉舜也。「也」上古本有「之」字。按：古本此類甚多，皆不可從。○《定本校記》：所以勉舜。各本「舜」下有「也」字。今據疏標題删。

四葉六行釋文　眷。居倦反。奄。於檢反。　「檢」，十作「撿」，殿、庫作「簡」。○山井鼎《考文》：眷，居倦反。奄，於檢反。〔經典釋文〕「居」作「俱」，「檢」作「簡」。○阮元《校記甲》：眷，俱倦反。「俱」，十行本、毛本並作「居」字。按：「居倦」即「俱倦」。又：奄，於簡反。「簡」，葉本、十行本、毛本俱作「檢」，是也。

四葉七行疏　帝堯之德。廣大運行。乃聖而無所不通。乃神而微妙無方。乃武能克定禍亂。

「帝堯」下魏無「之德」至「乃武」二十二字。「大」，阮作「夫」。○張鈞衡《校記》：廣大運行。阮本「大」作「夫」，誤。

四葉十行疏　又曰。神妙無方。○浦鏜《正字》：又曰神妙無方。「妙」，衍字。「無」，易作「无」，餘並同。○盧文弨《拾補》：又曰神無方。毛本「神」下有「妙」字，衍。

四葉十行疏　易亦云陰陽不測之謂神。「亦」，單、八、魏、十、永、閩、阮作「又」。○阮元《校記甲》：易亦云陰陽不測之謂神。「亦」，十行、閩本俱作「又」，是也。

四葉十一行疏　眷視至勉舜。「至」，單作「而」。

四葉十二行疏　説文亦以眷爲視。○浦鏜《正字》：説文亦以眷爲視。案：説文：眷，顧也。顧，亦視也。○盧文弨《拾補》：説文亦以眷爲視。浦云：説文：眷，顧也。顧，亦視意。

四葉十二行疏　奄。同。釋言文。○浦鏜《正字》：奄，同。釋言文。「奄」，爾雅作「弇」。

四葉十三行經　惠迪吉。「吉」，纂作「吉」。

四葉十三行經　惟影響。○浦鏜《正字》：惟影響。案：鄒氏季友云：「影」，古文作「景」，葛洪始加彡。此天寶三載，衛包改古文從今文時所易也。○盧文弨《拾補》：惟影響。古文

「影」作「景」，葛洪加彡。此天寶三載，衛包改古文從今文時所易也。○阮元《校記甲》：惟影響。顔氏家訓書證篇曰：尚書曰：惟景響。周禮云：土圭測景，景朝景夕。孟子曰：圖景失形。莊子云：罔兩問景。如此等字皆當爲「光景」之「景」。凡陰「景」者，因光而生，故即爲「景」。淮南子呼爲景柱。廣雅云：晷柱挂景。竝是也。至晉世葛洪字苑傍始加彡，音於景反。而世間輒改治尚書、周禮、莊、孟從葛洪字，甚爲失矣。阮元《校記乙》同。

四葉十四行注　**若△影之隨形。**　「若」，纂作「如」。

四葉十四行注　**響之應聲△。**　「聲」，王作「声」。

四葉十四行注　**言不虛<。**　○山井鼎《考文》：「言不虛」下、「精其言」下、「謂無形」下、「備慎深」下、「言有恒」下，〔古本〕共有「也」字。

四葉十四行釋文　**迪。徒歷△反。**　「歷」，阮作「力」。

四葉十四行釋文　**響。許丈反。<**　「反」下殿、庫有「應，應對之應。下應風同」九字。○山井鼎《考文》：[補脱]應，應對之應。下應風同〔據經典釋文〕。[謹按]當在「響，許丈反」下。

四葉十五行經　**戒哉儆△戒無虞。**　○殿本《考證》：儆戒無虞。朱子曰：「儆」，古文作「敬」，開元改經文。○浦鏜《正字》：儆戒無虞。案：朱子云：「儆」，古文作「敬」，唐改今文。○

岳本《考證》：案：儆戒無虞。朱子曰：古文本作「敬戒無虞」。唐開元時改經文「敬」作「儆」。○盧文弨《拾補》：儆。朱子云：「儆」，古文作「敬」，亦唐所改。○阮元《校記甲》：儆戒無虞。按：朱子曰：「儆」與「警」同，古文作「敬」，開元改今文。阮元《校記乙》同。○《定本校記》：儆戒無虞。「儆」，内野本、神宫本作「敬」。

四葉十五行經　罔失法度。　「失」，八作「矢」。

四葉十七行注　秉法守度。言有恒。　「恒」，李、魏、岳作「常」。○阮元《校記甲》：言有恒。「恒」，岳本、纂傳俱作「常」。

四葉十七行釋文　度。徒布反。　「布」下十、永、閩、阮皆無「反」字。「反」下殿、庫有「注守度同」四字。○山井鼎《考文》：補脱 註守度同〔據經典釋文〕。謹按 當在「度，徒布反」下。

四葉十七行釋文　虞度。徒洛反。　「徒」，十、阮作「徙」。「反」下殿、庫有「後億度同」四字。○山井鼎《考文》：補脱 後億度同〔據經典釋文〕。謹按 此四字當在「虞度，徒洛反」下。○張鈞衡《校記》：度，徒洛反。阮本「徒」作「徙」，誤。

五葉一行注　故特以爲戒。　○山井鼎《考文》：故特以爲戒。〔古本〕下有「矣也」二字。

○阮元《校記甲》：故特以爲戒。「戒」下古本有「矣也」二字。

五葉一行經　任賢勿貳。「貳」，八作「貮」，李作「貳」。

五葉三行注　道義所存於心。日以廣矣。○山井鼎《考文》：道義所存於心，日以廣矣。〔古本〕「心」下有「者」字。○阮元《校記甲》：道義所存於心。「心」下古本有「者」字。○《定本校記》：道義所存於心。「心」下内野本、神宮本、足利本有「者」字。

五葉三行經　罔違道以干百姓之譽。「罔」，阮作「罔」。

五葉四行注　古人賤之。○山井鼎《考文》：古人賤之。〔古本〕下有「也」字。「故戒之」下同。

五葉五行注　咈。戾也。「戾」，纂、永作「戻」。

五葉五行釋文　咈。扶弗反。「扶」，永作「扶」。

五葉五行釋文　戾。連悌反。「戾」，永作「戻」。「悌」，王、纂、十、永、閩、阮作「弟」，魏作「至」。○阮元《校記甲》：戾，連弟反。「弟」，毛本作「悌」。盧文弨云：「弟」誤。

五葉六行注　言天子常戒慎無怠惰荒廢。「戒」，十、永、阮皆作「我」。○阮元《校記甲》：言天子常戒慎。「戒」，十行本誤作「我」。○阮元《校記乙》：言天子常我慎。毛本「我」作「戒」，是也。

五葉七行注　則四夷歸往之。　「四」，永作「匹」。○山井鼎《考文》：則四夷歸往之。〔古本〕「之」作「也」。○阮元《校記甲》：則四夷歸往之。「之」，古本作「也」。

五葉九行疏　宜誡慎之哉。　「誡」，阮作「誠」。○張鈞衡《校記》：此言宜誡慎之哉。阮本「誡」作「誠」，誤。

五葉九行疏　所誡者。　「誡」，永作「誠」。

五葉十行疏　無遊縱於逸豫。　「豫」，閩作「豫」。

五葉十一行疏　無違越正道以求百姓之譽。　「越」，魏作「越」。

五葉十二行疏　無怠惰荒廢。　「惰」，永作「隋」。

五葉十二行疏　正義曰。　釋詁文。　「曰」下殿、庫有「迪道」二字。

五葉十四行疏　虞。度。釋詁文。○浦鏜《正字》：虞，度。釋言文。「言」誤「詁」。○盧文弨《拾補》：虞，度。釋言文。毛本「言」作「詁」，譌。浦改。○《定本校記》：虞，度。釋詁文。浦氏云「詁」當作「言」。

五葉十五行疏　聽于無聲。視于無形。戒于無形見之事。　三「于」字，阮皆作「於」。

五葉十七行疏　二者敗德之源。　「源」，薈作「原」。○《定本校記》：敗德之原。「原」，内野本、神宮本、足利本作「源」。

五葉十八行疏　咈戾至戒之。　「戾」上魏無「咈」字。

六葉一行疏　正義曰。堯典已訓咈爲戾。　「典」，單作「曲」。「爲」，阮作「悉」。○張鈞衡《校記》：咈爲戾。阮本「爲」作「悉」，誤。○《定本校記》：堯典已訓咈爲戾。「典」，單疏本、〔足利〕八行本皆誤作「曲」。今從十行本。

六葉一行疏　彼謂戾朋儕。　「戾」，八、永作「戻」。

六葉一行疏　故詳其文耳。　「故」，單作「敁」。

六葉一行疏　專欲難成犯衆興禍。　「禍」，八作「楇」。

六葉二行經　禹曰於。　「於」下王有釋文「於音烏」三字，纂有釋文「音烏」二字。

六葉三行注　歎而言念。重其言。　○山井鼎《考文》：念重其言。〔古本〕下有「也」字。

六葉三行注　爲政以德。則民懷之。　「之」下魏、毛、殿、庫有釋文「於音烏」三字。○山井鼎《考文》：則民懷之。〔古本〕作「則黎民惟懷之」。○浦鏜《正字》：禹曰節音義「於音烏」三字監本脱。○盧文弨《拾補》：爲政以德，則民懷之。「則」下古本有「黎」字。「民」下古本有「其」字。○阮元《校記甲》：則民懷之。古本作「則黎民惟懷之」。○《定本校記》：則民懷之。内野本、神宮本作「黎民惟懷之」，足利本作「則黎民懷之」。

六葉四行注　在先修六府。　○山井鼎《考文》：在先修六府。〔古本〕下有「矣」字。○阮元《校記甲》：在先修六府。「府」下古本有「矣」字。

六葉五行注　所謂善政。○山井鼎《考文》：所謂善政。〔古本〕下有「也」字。

六葉六行經　九功惟敘。九敘惟歌。○山井鼎《考文》：九功惟敘，九敘惟歌。〔古本〕「敘」並作「序」。○盧文弨《拾補》：九功惟敘。古本「敘」作「序」。下同。○阮元《校記甲》：九功惟敘，九敘惟歌。兩「敘」字古本作「序」。注同。

六葉六行注　言六府三事之功有次敘。「敘」，王作「序」。○《定本校記》：言六府三事之功有次敘。「之」，〔足利〕八行本誤作「乏」。

六葉七行注　乃德政之致。○山井鼎《考文》：乃德政之致。〔古本〕作「乃德政之所致也」。○阮元《校記甲》：乃德政之致。古本作「乃德政之所致也」。○《定本校記》：乃德政之致。「致」上内野本、神宮本、足利本有「所」字。

六葉八行注　休。美。○山井鼎《考文》：休，美。〔古本〕下有「也」字。「在此三者而已」下同。

六葉八行注　董。督也。「督」，纂作「督」。

六葉九行注　威以督之。「督」，纂作「督」。

六葉九行注　使政勿壞。「壞」，纂作「懷」。

六葉十行釋文　俾。必爾反。「爾」，王作「尔」。

六葉十二行注　明衆臣不及。「及」下殿、庫有釋文「治，直吏反」四字。○山井鼎《考文》：補脱 治，直吏反〔據經典釋文〕。謹按 經文「六府三事允治」。

六葉十三行疏　政之所爲。在於養民。養民者。「者」上永不重「養民」二字。

六葉十四行疏　修和六府三事九者。「九」，單作「丸」。

六葉十五行疏　九功惟使皆有次敘。「有」，永作「自」。

六葉十六行疏　但人雖爲善。或寡令終。「或」下單、八有一字空白。○物觀《補遺》：雖爲善或寡。宋板「或」下空一字。○阮元《校記甲》：或寡令終。「或」下宋板空一字。阮元《校記乙》同。

六葉十七行疏　用此事。使此善政勿有敗壞之時。「用」下「此」字毛作「之」。○浦鏜《正字》：用此事，使此善政云云。「用此」，毛本誤「用之」。○盧文弨《拾補》：用此事，使此善政云云。毛本上「此」作「之」。「之」當作「此」。○阮元《校記甲》：用之事。「之」，十行、閩、監俱作「此」。

六葉十八行疏　帝答禹曰汝之所言爲然。　「答」，單、八、魏、十、永、阮作「荅」。

六葉十八行疏　萬代長所恃賴是汝之功也。　「代」，八作「伐」。

七葉三行疏　即此經六物也。　「此」，永作「北」。

七葉三行疏　故言養民之本。　「言」上要無「故」字。

七葉四行疏　天生五材。　「材」，八、要作「財」。

七葉五行疏　彼惟五材。　「材」，要作「財」。

七葉五行疏　故於土下言之也。　「於」，毛作「以」。○阮元《校記甲》：故以土下言之也。「以」，十行、閩、監俱作「於」。按：「以」字非也。

七葉六行疏　此以相尅爲次。　「尅」，單、八、阮作「刻」，要作「剋」，十、閩作「克」。○山井鼎《考文》：此以相尅爲次。〔宋板〕「尅」作「刻」，正、嘉二本作「克」。○阮元《校記甲》：此以相尅爲次。「尅」，宋板、十行、纂傳俱作「刻」。正、嘉閩本俱作「克」，是也。

七葉六行疏　六府是民之急。　「府」，永作「民」。

七葉七行疏　正德至善政。　「正」，阮作「止」。○張鈞衡《校記》：傳正德至善政。阮本「正」作「止」，誤。

七葉八行疏　不爲糜費。　「糜」，單、八、魏、十、永、閩俱作「縻」。○阮元《校記甲》：不爲糜費。「糜」，十行、閩本俱作「縻」。

七葉八行疏　以利而用。　「以」上魏有「正」字。

七葉九行疏　謂薄征徭。　「徭」，單作「傜」，八作「徑」。

七葉十一行疏　故後言厚生。　「後」，永作「厚」。

七葉十二行疏　此揔云九功。　「揔」，毛、殿、庫作「總」。

七葉十三行疏　即上惟修惟和爲次敘。　「敘」，阮作「序」。

七葉十五行疏　皆謂人君自戒勸。　「君」，庫作「臣」。

七葉十六行疏　皆可歌也。　「皆」，單作「眥」。

七葉十七行疏　土能生殖。　「土」，八作「上」。

七葉十七行疏　穀能養育。　「穀」，八作「轂」，要作「穀」，閩作「轂」。

七葉十八行疏　古之歌詠。各述其功。猶如漢魏已來。樂府之歌事。　○浦鏜《正字》：古之歌詠云云，樂府之歌事。「古」當「見」字誤。「事」疑「詞」字誤。○盧文弨《拾補》：見之歌詠云云，樂府之歌辭。毛本「見」作「古」，浦改，當作「見」。「辭」，毛本作「事」，浦疑爲「辭」，當作「辭」。

八葉一行疏　是平成義同。「平」，薈作「十」。
八葉一行疏　天地文異而分之耳。「地」，魏作「成」。
八葉二行疏　故先言地平。「地」，十作「也」。
八葉二行疏　禹平水土。「土」，十作「上」，永作「士」。
八葉二行疏　故水土治曰平。「土」，閩作「上」。
八葉三行疏　故五行敘曰成。「故」，永作「故」。
八葉三行疏　是禹命五行敘也。○浦鏜《正字》：是禹命五行叙也。「命」，疑「令」字誤。
○盧文弨《拾補》：是禹令五行叙也。毛本「令」作「命」，浦改，當作「令」。
八葉五行經　三十有三載。「三十」，石作「卅」。
八葉五行經　汝惟不怠。揔朕師。「揔」，殿、庫作「總」。
八葉六行注　厭倦萬機。「機」，纂、魏、岳、殿、庫作「幾」。○阮元《校記甲》：厭倦萬機。
「機」，岳本作「幾」。阮元《校記乙》同。
八葉七行注　稱揔我衆。「揔」，殿、庫作「總」。
八葉七行注　欲使攝。○山井鼎《考文》：稱總我衆，欲使攝。〔古本〕下有「之也」二字。
○阮元《校記甲》：欲使攝。「攝」下古本有「之也」二字。

八葉七行釋文　格。庚白反。　「庚」，毛作「戾」。○物觀《補遺》：格，戾白反。〔經典釋文〕「戾」作「庚」。○浦鏜《正字》：庚白切。「庚」，毛本誤「戾」。○阮元《校記甲》：格，庚白反。「庚」，毛本誤作「戾」。

八葉七行釋文　倦。其卷反。　「卷」，纂、魏、毛、殿、庫作「眷」。○山井鼎《考文》：倦，其眷反。〔經典釋文〕「眷」作「卷」。○浦鏜《正字》：倦，其眷切。「眷」，毛本誤「卷」。

八葉七行釋文　頤。以之反。　「頤」上殿、庫有「期」字。「反」下殿、庫有「期，要。頤，養也」五字。○山井鼎《考文》：頤，以之反。〔經典釋文〕下有「期，要。頤，養也」五字。

八葉八行釋文　猒。於豔反。　「豔」，魏作「儉」。

八葉八行釋文　解。于賣反。　「解」，纂作「懈」。「于」，王、纂、魏、十、永作「工」，閩作「王」。○阮元《校記甲》：懈，于賣反。「懈」，十行本、毛本俱作「解」。「于」，葉本作「工」字。按：「工」是，「于」非。○張鈞衡《校記》：解，工賣反。阮本「工」作「于」，誤。

八葉九行注　降。下。　「下」，李作「一」。

八葉十行注　臯陶布行其德，下洽於民。　「洽」，纂、永、阮作「治」。○山井鼎《考文》：下洽於民。〔古本〕「下」上有「德」字。○盧文弨《拾補》：臯陶布行其德，下洽於民。古本「德」下重一「德」字。○阮元《校記甲》：下洽於民。「下」上古本有「德」字。○張鈞衡《校記》：下洽於民。阮元「洽」作「治」，誤。○《定本校記》：下洽於民。「下」上内野本、神宮本、足利本有「德」字。

八葉十一行釋文　降。江巷反。　「江」，纂、魏作「工」。

八葉十一行注　兹。此。○山井鼎《考文》：兹，此。〔古本〕下有「也」字。

八葉十二行注　言不可誣。○山井鼎《考文》：言不可誣。〔古本〕下有「也」字。

八葉十四行注　所宜念之。○山井鼎《考文》：所宜念之。〔古本〕「之」作「也」。○阮元《校記甲》：所宜念之。「之」，古本作「也」，葛本作「兹」。

八葉十五行疏　帝呼禹曰。「呼」，永作「乎」。

八葉十五行疏　在耄期之間。「間」，單、殿作「閒」。

八葉十六行疏　厭倦於勤勞。「厭」，八作「猒」。

八葉十六行疏　可代我居帝位。「居」，魏作「位」。

八葉十六行疏　摠領我衆。「摠」，要、殿、庫作「總」。

八葉十七行疏　言已不堪摠衆也。「摠」，要、殿、庫作「總」。

九葉一行疏　言已名言其口。「口」，要作「事」。

九葉三行疏　計舜年六十三即政。　○浦鏜《正字》：計舜年六十二即政。「二」誤「三」。○盧文弨《拾補》：舜年六十三即政。浦云：「二」誤「三」。

九葉三行疏　年在耄期之間。　「間」，單、殿作「閒」。

九葉七行疏　信出。謂始發於心。　「信」，毛作「言」。○山井鼎《考文》：言出，謂始發於心。正誤「言」當作「信」，下「言出」同。物觀《補遺》：「言出」，宋板皆作「信出」。○浦鏜《正字》：信出，謂始發於心。「信」，毛本誤「言」，下「後言信出」同。○盧文弨《拾補》：信出，謂始發於心。毛本「信」作「言」，下同。「言」當作「信」。○阮元《校記甲》：言出，謂始發於心。「言」，宋板、十行、閩、監俱作「信」，下「言出」同。毛本下「言出」「言」字似挖去人傍。○阮元《校記乙》：信出，謂始發於心。宋板、閩本、明監本同。毛本「信」作「言」，下「言出」同。案：毛本下「言出」「言」字似挖去人傍。

九葉八行疏　而後宣之於口。　「宣」，八作「宜」。

九葉九行疏　故後言信出。　「信」，毛作「言」。

九葉九行疏　事非虛妄。以義爲主。　「以」，毛作「之」。「主」，阮作「尚」。○山井鼎《考文》：之義爲主。正誤「之」當作「以」。物觀《補遺》：宋板「之」作「以」。○浦鏜《正字》：事非虛妄，以義爲主。「以」，毛本誤「之」。○盧文弨《拾補》：以義爲主。毛本「以」作「之」。「之」當作「以」。○阮元《校記甲》：之義爲主。「之」，宋板、十行、閩、監俱作「以」，是也。

九葉十行經　罔或干予正。「干」，阮作「于」。○張鈞衡《校記》：罔或干予正。阮本「干」作「于」，誤。

九葉十行注　無有干我正。「無」，王作「无」。

九葉十一行經　以弼五教。「弼」，阮作「刑」。○張鈞衡《校記》：以弼五教。阮本「弼」作「刑」，誤。

九葉十二行注　當於治體。○山井鼎《考文》：當於治體。〔古本〕下有「也」字。「人臣之義」下、「嗣亦世」下、「俱謂子」下、「道德之政」下、「辜罪」下、「經常」下、「仁愛之道」下、「明刑之美」下並同。

九葉十二行釋文　治。音稚。當。丁浪反。「當」上「治，音稚」三字，王、纂、魏無，殿、庫作「治，直吏反，注同」。○山井鼎《考文》：治，音稚。〔經典釋文〕作「治，直吏反，註下同」。○阮元《校記甲》：治，直吏反，注下同。「直吏反」三字，十行本、毛本俱作「音稚」。

九葉十四行注　刑期於無所刑。　○《定本校記》：刑期於無所刑。内野本、神宮本無上「刑」字。

九葉十四行注　民皆合於大中之道。　「合」，十、永、阮作「命」。「大」，八作「太」。○阮元《校記甲》：民皆合於大中之道。「合」，十行本誤作「命」。○阮元《校記乙》：民皆命於大中之道。毛本「命」作「合」，是也。○張鈞衡《校記》：皆命於大中之道。阮本同。毛本「命」作「合」，是也。○《定本校記》：民皆合於大中之道。内野本、神宮本無「之道」二字。

九葉十五行釋文　懋。音茂。　「茂」，魏作「茂」。

九葉十五行注　愆過也。　「愆」下王、魏有「之言」二字。

九葉十六行注　善則歸君。　「歸」，纂作「稱」。

九葉十六行釋文　愆。音牽。　「愆，音牽」三字，王、魏無，纂、殿、庫作「愆，起虔反」。○山井鼎《考文》：愆，音牽。〔經典釋文〕作「愆，起虔反」。○阮元《校記甲》：愆，起虔反。十行本、毛本作「愆，音牽」。

九葉十七行注　嗣。亦世。　○阮元《校記甲》：嗣亦世。「世」下古本有「也」字。

十葉三行經　茲用不犯于有司。　「于」下魏無「有」字。

十葉五行注　不枉不辜之善。仁愛之道。　「枉」，李作「住」，纂作「杅」。「仁愛」上永有「仁善」二字。

十葉六行經　俾予從欲以治四方風動。　「欲」，毛作「教」。○山井鼎《考文》：俾予從教以治。正誤「教」當作「欲」。物觀《補遺》：古本、宋板「教」作「欲」。○浦鏜《正字》：俾予從欲以治。「欲」，毛本誤「教」。○盧文弨《拾補》：俾予從欲以治。毛本「欲」作「教」。「教」當作「欲」。○阮元《校記甲》：俾予從教以治。「教」，諸本俱作「欲」。此誤。○阮元《校記乙》：俾予從欲以治。諸本同。毛本「欲」誤作「教」。

十葉六行經　惟乃之休。　○山井鼎《考文》：惟乃之休。〔古本〕「乃」作「女」。謹按篇内「汝」字皆作「女」。○盧文弨《拾補》：惟乃之休。古本「乃」作「女」。○阮元《校記甲》：惟乃之休。「乃」，古本作「女」。山井鼎曰：篇内「汝」字皆作「女」。○《定本校記》：惟乃之休。「乃」，内野本、神宫本、足利本作「女」。

十葉八行注　是汝能明刑之美。　「美」下王、纂有「也」字。

十葉十二行疏　雖大亦宥之。　「宥」，阮作「有」。

十葉十四行疏　下洽於民心。　「洽」，阮作「治」。

十葉十四行疏　**故用是不犯於有司。**　「故」，毛作「故」。

十葉十六行疏　**期要是相當之言。**　「言」，阮作「帝」。○張鈞衡《校記》：要期（期要）是相當之言。阮本「言」作「帝」，誤。

十葉十六行疏　**故爲當也。**　「故」，毛作「故」。

十葉十七行疏　**於治體與正相當也。**　○浦鏜《正字》：於治體與正相當也。「與」，疑衍字。○盧文弨《拾補》：於治體正相當也。毛本「體」下有「與」字，衍。

十葉十七行疏　**傳雖或至勉之○正義曰。言皋陶或行刑。**　「言皋陶」上「傳雖或至勉之○正義曰」，殿、庫作「雖或行刑以殺止殺者」。

十葉十八行疏　**刑無所用。**　○浦鏜《正字》：「刑無所用」四字疑在下「與前經期義别」之下。○盧文弨《拾補》：刑無所用。浦云：「刑無所用」四字疑在「與前經期義别」之下。○阮元《校記甲》：刑無所用。浦鏜云：四字疑在下「與前經期義别」之下。按：下云「此期爲限。與前經期義别。而論語所謂勝殘去殺矣」。三句當是疏内小注。阮元《校記乙》同。

十葉十八行疏　**而論語所謂勝殘去殺矣。**　○浦鏜《正字》：而論語所謂勝殘去殺矣。「而」，疑「猶」字誤。○盧文弨《拾補》：而論語所謂勝殘去殺矣。「而」當作「如」字用。浦疑「猶」。

十一葉一行疏　愆過至之義。　「至」，八作「至」。

十一葉二行疏　愆。過。釋言文。　○浦鏜《正字》：愆，過，釋言文。「愆」，爾雅作「諐」。

十一葉二行疏　坊記云。　「坊」，魏作「防」。

十一葉二行疏　人臣之義也。　「臣」，阮作「君」。○張鈞衡《校記》：人臣之義也。阮本「臣」作「君」，誤。

十一葉二行疏　御衆斥其治民。　「御」，八作「禦」。○《定本校記》：御衆斥其治民。「御」，〔足利〕八行本作「禦」，誤。

十一葉五行疏　辜。罪。釋詁文。　○浦鏜《正字》：辜，罪，釋詁文。「罪」，爾雅作「辠」。

十一葉七行疏　二者皆失。　○阮元《校記甲》：二者皆失。「皆」，纂傳作「俱」。

十一葉八行疏　寧放有罪故也。　○《定本校記》：寧放有罪故也。「故也」二字疑衍。

十一葉九行疏　各爲文勢。　「勢」，八作「勢」。

十一葉十行疏　洽。謂沾漬優渥。洽於民心。　二「洽」字，阮皆作「治」。○張鈞衡《校記》：洽謂沾漬優渥，洽於民心。阮元「洽」均誤「治」。

十一葉十行經　降水儆予。　「降」，庫作「洚」。「予」，李作「子」。○山井鼎《考文》：降水儆予。蔡沈集傳本「降」作「洚」。謹按史記作「鴻」。○岳本《考證》：降水儆予。案：蔡沈集傳本「降」作「洚」。孟子亦作「洚」。史記則作「鴻」。禹貢「北過洚水」，蔡傳亦作「洚」。○盧文弨《拾補》：降水儆予。蔡傳「降」作「洚」。薛季宣古文本同。史記作「鴻」。○阮元《校記甲》：帝曰：來禹。降水儆予。石經考文提要云：坊本作「洚水」，沿蔡沈集傳。按：蔡傳云：「洚水，洪水也。古文作降。」而纂傳引朱子則曰：「降水，洪水也。古文作洚。」與蔡傳相反。蓋蔡氏用師説而誤倒其文也。薛氏古文訓正作「洚」。阮元《校記乙》同。

十一葉十一行注　水性流下。　○山井鼎《考文》：水性流下。〔古本〕「性」作「惟」。○盧文弨《拾補》：水性流下。古本「性」作「惟」。○阮元《校記甲》：水性流下。「性」，古本作「惟」。

十一葉十一行注　能成聲教之信。　「聲」，王作「声」。

十一葉十四行注　卑其宮室。　○山井鼎《考文》：卑其宮室。〔古本〕「宮」作「居」。○盧文弨《拾補》：卑其宮室。古本「宮」作「居」。○阮元《校记甲》：卑其宮室。「宮」，古本作

「居」。

十一葉十五行注　不自盈大˅。○山井鼎《考文》：不自盈大。〔古本〕下有「也」字。

十一葉十六行注　自。賢△曰矜。「賢」，十作「⿱臤目」。

十一葉十七行注　自功曰伐△。○阮元《校記甲》：自功曰伐。「伐」，葛本誤作「成」。

十一葉十八行注　所以能絶衆人˅。○山井鼎《考文》：所以能絶衆人。〔古本〕下有「者也」二字。○阮元《校記甲》：所以能絶衆人。「人」下古本有「者也」二字。

十二葉二行注　大君。天子˅。○山井鼎《考文》：大君，天子。〔古本〕下有「也」字。「升爲天子」下同。

十二葉三行釋文　丕。普悲反。˅「反」下殿、庫有「大也。徐甫眉反」六字。○山井鼎《考文》：丕。普悲反。〔經典釋文〕此下有「大也。徐甫眉反」六字。

十二葉五行注　信△執其中˅。「信」，永作「言」。○山井鼎《考文》：故戒以精一，信執其中。〔古本〕「信」作「允」，「中」下有「也」字。○阮元《校記甲》：信執其中。「信」，古本作「允」。

十二葉六行注　不△詢。專獨˅。「不」，庫作「勿」。○山井鼎《考文》：「不詢，專獨」下、「故戒勿聽用」下，〔古本〕有「也」字。

十二葉八行注　君失道。民叛之。　○山井鼎《考文》：君失道，民叛之。〔古本〕「叛」作「畔」。○浦鏜《正字》：民叛之。「叛」，監本誤「判」。○盧文弨《拾補》：民叛之。古本「叛」作「畔」。○阮元《校記甲》：民叛之。「叛」，古本作「畔」。監本誤作「判」。阮元《校記乙》同。

十二葉九行注　相須而立。　○《定本校記》：相須而立。「立」，内野本、神宮本作「成」。

十二葉十行注　有位。天子位。　○山井鼎《考文》：有位，天子位。〔古本〕下有「也」字。「謂道德之美」下、「長終汝身」下、「下傳此禹讓之志」下、「言志定然後卜」下、「無所枚卜」下、「再辭曰固」下、「所以禁其辭」下、「元后之任」下、「終事之命」下、「不循帝道言亂逆」下、「命禹討之」下、「共伐有苗」下、「衆盛之貌」下、「蠢動」下並同。

十二葉十二行注　言爲天子勤此三者。　「三」，八作「二」。○《定本校記》：言爲天子勤此三者。「三」，〔足利〕八行本誤作「二」。

十二葉十二行注　長終汝身。　「終」，永作「紁」。

十二葉十三行注　言口榮辱之主。　「榮」，十作「禜」。

十二葉十四行注　成於一也。　○《定本校記》：成於一。各本「一」下有「也」字。與疏標題不合。今從燉煌本。

十二葉十五行疏　汝能成聲教之信。　「汝」下單、八無「能」字。○山井鼎《考文》：汝能成聲教之信。〔宋板〕無「能」字。○阮元《校記甲》：汝能成聲教之信。宋板無「能」字。

十二葉十六行疏　卑宮室。　「宮」，八作「官」。

十二葉十六行疏　不自滿溢誇大。　「溢」，八作「謚」。

十二葉十八行疏　汝終當升此大君之位。　「大」，八作「太」。

十三葉一行疏　民心惟甚危險。　○浦鏜《正字》：人心惟甚危險。「人」誤「民」。○盧文弨《拾補》：民心惟甚危險。正義自以民心解人心。觀下文可見，非誤也。

十三葉一行疏　汝當精心。惟當一意。　○浦鏜《正字》：汝當精心，惟當一意。「汝」下當脱「惟」字。○盧文弨《拾補》：汝惟當精心，惟當一意。毛本脱「惟」字。浦補。

十三葉二行疏　不當妄受用人語。　「妄」，單作「妾」。○《定本校記》：不當妄受用人語。「妄」，單疏誤作「妾」。

十三葉五行疏　敬修其可願之事。　「之」，毛作「好」。○物觀《補遺》：敬修其可願好事。〔宋板〕「好」作「之」。○浦鏜《正字》：敬修其可願之事。「之」，毛本誤「好」。○盧文弨《拾補》：敬修其可願之事。毛本「之」作「好」。「好」當作「之」。○阮元《校記甲》：敬修其可願好事。「好」，宋板、十行、閩、監俱作「之」。

十三葉六行疏　使皆得存立。　「皆」，毛作「所」。○物觀《補遺》：使所得存立。〔宋板〕「所」作「皆」。○浦鏜《正字》：使皆得存立。「皆」，毛本誤「所」。○盧文弨《拾補》：使皆得存立。毛本「皆」作「所」。「所」當作「皆」。○阮元《校記甲》：使所得存立。「所」，宋板、十行、閩、監俱作「皆」。按：「所」非也。

十三葉七行疏　令禹受其言也。　「禹」，毛作「與」。○浦鏜《正字》：令禹受其言也。「禹」，毛本作「與」。○盧文弨《拾補》：令禹受其言也。毛本「禹」作「與」。「與」當作「禹」。○阮元《校記甲》：令與受其言也。「與」，十行、閩、監俱作「禹」。按：「禹」是也。

十三葉八行疏　娶于塗山。　「于」，毛、庫作「於」。

十三葉九行疏　朔南暨聲教。　「暨」，永作「曁」。

十三葉十行疏　今復說治水之事。　「今」，魏作「令」。

十三葉十三行疏　惡衣服菲飲食卑宮室而盡力乎溝洫。　「宮」，八作「官」。

十三葉十四行疏　故再云惟汝賢。　○阮元《校記甲》：故再云惟汝賢。「云」，纂傳作「言」。

十三葉十五行疏　詩云矜其車甲。　○浦鏜《正字》：詩云矜其車甲。見秦風小戎詩序。「詩」下當脱一「序」字。○盧文弨《拾補》：詩序云矜其車甲。毛本脱「序」字。浦補。

十三葉十六行疏　即矜者矜其能也。○浦鏜《正字》：即矜者矜其能也。「即」疑「則」字誤。

十三葉十六行疏　故自賢解矜。○浦鏜《正字》：故自賢解矜。「故」下當脱「以」字。○盧文弨《拾補》：故以自賢解矜。毛本脱「以」字。浦補。

十三葉十七行疏　釋詁文。「詁」，單作「詁」。

十三葉十七行疏　曆數。「曆」，永、阮作「歷」。

十四葉一行疏　易曰。「曰」，十作「日」。

十四葉二行疏　道者。徑也。「徑」，阮作「經」。○張鈞衡《校記》：道者，徑也。阮本「徑」作「經」，誤。

十四葉三行疏　人心爲萬慮之主。「爲」，阮作「惟」。○張鈞衡《校記》：爲萬慮之主。阮本「爲」作「惟」，誤。

十四葉四行疏　故以戒精心一意。○《定本校記》：故以戒精心一意。「以戒」二字疑倒。

十四葉五行疏　無可考校之言。「校」，阮作「挍」。

十四葉六行疏　謂無信驗。「謂」下永無「無」字。

十四葉七行疏　正義曰。百姓無主。「姓」，單、八、魏、永、阮作「人」。○山井鼎《考文》：百姓無主，不散則亂。〔宋板〕「姓」作「人」。○盧文弨《拾補》：百人無主。毛本「人」作

「姓」。「姓」當作「人」。○阮元《校記甲》：百姓無主。「姓」，宋板、十行俱作「人」。○阮元《校記乙》：百人無主。宋板同。毛本「人」作「姓」。

十四葉十行疏　不結言民之意。必謂四海之內。困窮之民。令天子憮育之。故知如王制所云孤獨鰥寡。　「不」，十作「下」。「意」，永作「[illegible]」。「內」，毛作「囚」。「憮」，單、十、魏、毛作「撫」。○山井鼎《考文》：必謂四海之囚。[正誤]「囚」當作「內」。物觀《補遺》：宋板「囚」作「內」。○浦鏜《正字》：不結言民之意，必謂四海之內，困窮之民，令天子撫育之。故知如王制所云。「結言」下疑脱「養」字。「必」字疑衍。「故知」二字當在「謂四海」上。「內」，毛本誤「囚」。○盧文弨《拾補》：不結言養民之意。故知謂四海之內，困窮之民，令天子撫育之。如王制所云。毛本無「養」字，浦補。當有。「故知」二字，毛本在「撫育之」下。浦移「之意」下，當從。毛本「謂」上有「必」字，衍。毛本「內」作「囚」。「囚」當作「內」。○阮元《校記甲》：必謂四海之囚。「囚」，宋板、十行、閩、監俱作「內」，是也。

十四葉十一行疏　修道德。　「修」，魏、十、永作「脩」。

十四葉十二行疏　言享大福。　「大」，八、毛作「太」。○浦鏜《正字》：言享大福，保大名也。「大福」，毛本誤「太福」。○盧文弨《拾補》：言享大福。毛本「大」作「太」。「太」當作

「大」。○阮元《校記甲》：言享太福。「太」，十行、閩、監俱作「大」，是也。

十四葉十三行疏　慶賞刑威曰君。　○浦鏜《正字》：慶賞刑威曰君。「慶賞」，左傳作「賞慶」。○盧文弨《拾補》：慶賞刑威曰君。「慶賞」，左傳作「賞慶」。○《定本校記》：慶賞刑威曰君。浦氏云：「慶賞」，左傳作「賞慶」。

十四葉十三行疏　故爲伐惡。　「爲」，阮作「謂」。

十四葉十四行疏　言語者君子之樞機。　○浦鏜《正字》：言語者君子之樞機。「言語者」三字，繫辭作「言行」。○盧文弨《拾補》：言語者君子之樞機。「言語者」本作「言行」。

十四葉十六行注　此禹讓之志。　「禹」上魏無「此」字。「志」，李作「意」。○《定本校記》：此禹讓之志。燉煌本「志」作「至」。

十四葉十六行釋文　枚。音梅。　「枚」，十作「校」。

十四葉十七行經　惟先蔽志。　○阮元《校記甲》：惟先蔽志。孫志祖云：「左傳哀十八年引夏書『官占惟能蔽志』。釋文云：『尚書「能」作「克」，克亦能也。』孔疏則云：『夏書大禹謨之篇也，惟彼「能」作「先」耳。』此則陸氏所見本與今異。孔氏所見本與今同。頗疑釋文近得其真。『先』字後人以意改也。」按：既言「昆」則不必言「先」，故知陸氏爲得也。但孔疏云：「惟能先斷人志。」「先」字上仍有「能」字。則孔氏所見本未必不作「克」。左傳疏「先」

字疑本是「克」字，後人反据誤本尚書改之。阮元《校記乙》同。

十四葉十八行注　後命於元龜。　「後」，要作「意」。

十五葉一行疏　徐甫世反。　○浦鏜《正字》：徐甫世切。案：毛氏居正云：「甫」當作「補」。

十五葉二行經　詢謀僉同。　「詢」，庫作「詢」。

十五葉二行經　龜筮協從。　「筮」上「龜」字閩爲空白。

十五葉三行注　言已謀之於心。　「言」，阮作「然」。

十五葉四行注　無所枚卜。　「卜」，永作「下」。

十五葉四行注　再辭曰固。　○《定本校記》：再辭曰固。「固」下内野本、神宮本有「辭也」二字。

十五葉四行經　帝曰。母。　「母」，永作「毋」。

十五葉五行注　所以禁其辭。　「禁」，王作「禁」。

十五葉六行釋文　禁。今鴆反。　「禁」，王作「禁」。

十五葉七行疏　惟吉之人。從而受之。　○盧文弨《拾補》：惟吉之人，從而授之。毛本「授」作「受」。「受」當作「授」。

十五葉九行疏　帝曰母。母者。禁止其辭也。　二「母」字，阮均作「毋」。

十五葉十行疏　周禮有銜枚氏。　「銜」，永作「衘」。「枚」，十作「抆」。

十五葉十行疏　所銜之物狀如箸。　「銜」，永作「衘」。

十五葉十一行疏　似若枚數然。　「若」，阮作「老」。○張鈞衡《校記》：似若枚數。阮本「若」作「老」，誤。

十五葉十一行疏　然請卜不請筮者。　「然」下單、八有一字空白。○物觀《補遺》：然請卜。〔宋板〕「然」下空一字。○阮元《校記甲》：然請卜不請筮者。「然」下宋板空一字。阮元《校記乙》同。

十五葉十一行疏　舉重也。　「重」，阮作「動」。○張鈞衡《校記》：舉重也。阮本「重」作「動」，誤。

十五葉十二行疏　謂帝王立卜筮之官。　「謂」，單、八、魏、十、永、閩、殿、庫、阮作「是」。○阮元《校記甲》：謂帝王立卜筮之官。「謂」，十行、閩本俱作「是」，是也。

十五葉十三行疏　周禮司寇斷獄爲蔽獄。　○浦鏜《正字》：周禮司寇斷獄爲蔽獄。「蔽」，經作「弊」，音義同。○盧文弨《拾補》：周禮司寇斷獄爲蔽獄。浦云：「蔽」，經本作「弊」，音義同。余謂康誥「丕蔽」與此字正同。

十五葉十四行疏　謀及卿士。　「及」，阮作「乃」。
十五葉十五行疏　謂大龜也。　「龜」下要無「也」字。
十五葉十五行疏　習因至枚卜。　「卜」，永、阮作「上」。
十五葉十五行疏　表記云卜筮不相襲。　「表」，要作「喪」。
十五葉十六行疏　是謀及卜筮。　「是」，永作「其」。
十五葉十六行疏　經言詢謀僉同。　「僉」，十作「㑒」。
十五葉十八行疏　龜筮從也。　「筮」，要作「依」。
十六葉一行疏　言母至之任。　「母」，閩作「毋」。
十六葉二行疏　母。止之也。　「母」，阮作「毋」。
十六葉二行疏　古人言母。　「母」，阮作「毋」。
十六葉二行疏　是言母者。　「母」，閩、阮作「毋」。
十六葉四行注　文祖之宗廟。　「祖」，十作「相」。
十六葉四行釋文　正。音政。徐音征。　「徐」，纂、魏作「又」。
十六葉五行注　順舜初攝帝位故事。　「舜」，閩作「帝」。○阮元《校記甲》：順舜初攝帝位故事。「舜」，閩、葛俱作「帝」。

十六葉六行疏　摠率百官。「摠」，要、閩、殿、庫作「總」。

十六葉七行疏　順帝之初攝故事。「攝」下要無「故」字。

十六葉七行疏　此年舜即政三十四年。九十六也。○盧文弨《拾補》：即政三十四年，年九十六也。舊不重「年」字，非。

十六葉八行疏　舜典説舜之初受終于文祖。「受」，魏作「舜」。

十六葉八行疏　此言若舜之初。「舜」，單、八、魏、永、阮作「帝」。○山井鼎《考文》：此言若舜之初。〔宋板〕「舜」作「帝」。○阮元《校記甲》：此言若舜之初。「舜」，宋板、十行本俱作「帝」。按：「舜」字非。

十六葉九行疏　神宗當舜之始祖。○盧文弨《拾補》：神宗當是舜之始祖。毛本脱「是」字。

十六葉九行疏　案帝繫云。「繫」，阮作「嚳」。○張鈞衡《校記》：案帝繫云。阮元「繫」作「嚳」，誤。

十六葉十行疏　顓頊生窮蟬。「頊」，十作「項」。

十六葉十行疏　敬康生句芒。「句」，八作「勾」，要作「勾」。

十六葉十行疏　**句芒生蟜牛。**「句」，八作「勾」，要作「勾」。

十六葉十行疏　**蟜牛生瞽瞍。瞽瞍生舜。**二「瞍」字，永均作「膄」。○浦鏜《正字》：蟜牛生瞽瞍。「瞍」，帝繫作「叟」。

十六葉十一行疏　**敬康句芒蟜牛瞽瞍爲親廟。**「句」，八作「勾」，要作「勾」。「瞍」，永作「膄」。

十六葉十一行疏　**則文祖爲黃帝顓頊之等也。**「文」上要無「則」字。

十六葉十二行疏　**舜典巡守之事。**「守」，庫作「狩」。

十六葉十三行疏　**順舜初攝帝位故事而奉行之。**「奉」，阮作「盡」。

十六葉十四行疏　**故言順帝之初。**「言」上毛無「故」字。○物觀《補遺》：言順帝之初。〔宋板〕「言」上有「故」字。○浦鏜《正字》：故言順帝之初。毛本「故」字脱。○盧文弨《拾補》：故言順帝之初，奉行帝之故事。毛本脱「故」字，宋、元本有。○阮元《校記甲》：言順帝之初。「言」上宋板、十行、閩、監俱有「故」字。○阮元《校記乙》：故言順帝之初。宋板、閩本、明監本同。毛本「言」上脱「故」字。

十六葉十四行疏　**奉行帝之事。故自美禪之得人也。**○浦鏜《正字》：故言順帝之初，奉行帝之故事。「故」、「事」誤倒。○盧文弨《拾補》：故言順帝之初，奉行帝之故事。「故」、

「事」舊本倒。浦乙。○阮元《校記甲》：奉行帝之事故。浦鏜云「故」、「事」誤倒。阮元《校記乙》同。○《定本校記》：奉行帝之事故。浦氏云「事」、「故」二字誤倒。

十六葉十五行注　數干王誅。「干」，八作「于」。○阮元《校記甲》：數干王誅。「誅」，纂傳作「法」，是也。阮元《校記乙》同。

十六葉十六行注　不循帝道。○阮元《校記甲》：不循帝道。「帝」，纂傳作「常」，是也。阮元《校記乙》同。

十六葉十六行注　命禹討之。○阮元《校記甲》：命禹討之。「禹」，纂傳作「汝」。阮元《校記乙》同。

十六葉十八行注　軍旅曰誓。「曰」，李作「彐」。

十六葉十八行釋文　濟。子禮反。「濟」，纂作「濟濟」。

十七葉一行注　言其所以宜討之。「討」，永作「封」。○山井鼎《考文》：言其所以宜討之。〔古本〕「之」作「也」。○阮元《校記甲》：言其所以宜討之。「之」，古本作「也」。

十七葉三行釋文　慢。亡諫反。○浦鏜《正字》：亡諫切。案：毛氏居正云「亡」當作「忙」。

十七葉四行經　民棄不保。　○阮元《校記甲》：民棄不保。「棄」，岳本作「弃」。阮元《校記乙》同。

十七葉四行注　言民叛。天灾之。　「叛」，王作「畔」。○山井鼎《考文》：言民叛，天灾之。〔古本〕「叛」下有「之」字。○盧文弨《拾補》：言民叛之，天灾之。毛本脱上「之」字。古本有。○阮元《校記甲》：言民叛，天灾之。「叛」下古本有「之」字。阮元《校記乙》同。○《定本校記》：言民叛，天災之。「叛」下燉煌本、内野本、神宫本、足利本有「之」字。

十七葉五行經　奉辭伐罪。　「伐」，八、王、纂、魏、岳、十、永、閩、阮作「罰」，李作「罸」。○山井鼎《考文》：奉辭伐罪。〔古本〕作「奉詞伐辠」。宋板「伐」作「罸」，正、嘉同。○盧文弨《拾補》：奉辭罰罪。舊本「罰」作「伐」。古本作「奉詞伐辠」。宋、元本此與胤征傳竝作「罰罪」。薛季宣古文本作「奉孠罰辠」。○阮元《校記甲》：奉辭伐罪。「辭」，古本作「詞」。「伐」，宋板、岳本、十行、正、嘉閩本、纂傳俱作「罰」。按：唐石經作「伐」。明監本及毛本俱因之。古本及蔡傳亦俱作「伐」。當以「伐」爲正。「罪」，古本作「辠」。○阮元《校記乙》：奉辭罰罪。宋板、岳本、閩本、纂傳本同。唐石經「罰」作「伐」，明監本、毛本因之。古本及蔡傳並作「伐」。案：「伐」字是也。又：「辭」，古本作「嗣」。「罪」，古本作「辠」。皆古今字。○《定本校記》：奉辭伐罪。阮本云：「伐」，八行本、岳本、十行本俱作「罰」。唐石經作「伐」，明監本及毛本俱因之。當以「伐」爲正。案：燉煌本、内野本、神宫本、足利本皆作「伐」。

十七葉六行注　謂侮慢以下事。「侮」，魏作「每」。○山井鼎《考文》：謂侮慢以下事。〔古本〕下有「也」字。「以從我命」下同。

十七葉九行疏　告誓於衆曰。「衆」下要無「曰」字。○殿本《考證》：告誓於衆。「告誓」，監本訛「告書」。今改正。

十七葉九行疏　今蠢蠢然動而不遜者。「動」，八作「勳」。

十七葉九行疏　不恭敬王命。○殿本《考證》：不恭敬王命。監本訛「至命」。今改正。

十七葉十行疏　侮慢典常。「典」，阮作「衆」。○張鈞衡《校記》：侮慢典常。阮本「典」作「衆」，誤。

十七葉十行疏　敗壞德義。「壞」，魏、永作「懷」。「義」，八作「其」。○《定本校記》：敗壞德義。「義」，〔足利〕八行本誤作「其」。

十七葉十一行疏　汝等庶幾同心盡力。「汝」，庫作「爾」。

十七葉十三行疏　舜典云竄三苗于三危。「于」，庫作「於」。

十七葉十四行疏　命禹徂征。「徂」，八作「⿰彳旦」。

十七葉十四行疏　數干王誅之事。「干」，八作「千」。

十七葉十四行疏　即三苗是諸侯之君。○浦鏜《正字》：即三苗是諸侯之君，而謂之民者。「即」當「既」字誤。○盧文弨《拾補》：即三苗是諸侯之君。毛本「即」作「則」，通。（彙校者案：毛本作「即」。）

十七葉十六行疏　謂誅叛者絶後世耳。「謂」，要作「諸」。

十七葉十七行疏　故舜時有被宥者。「被」，十作「披」。

十七葉十八行疏　蓋分北之時使爲南國君。「之」，十作「乏」。

十七葉十八行疏　今復不率帝道。「復」，要作「後」。

十八葉一行疏　言其亂逆以其亂逆。「言其亂逆」下魏無「以其亂逆」四字。

十八葉三行疏　正義曰。軍旅曰誓。「旅」，阮作「衆」。

十八葉四行疏　交質不及二伯。○浦鏜《正字》：交質不及二伯。「交質」下穀梁傳有「子」字。○盧文弨《拾補》：交質不及二伯。「質」下〔穀梁〕傳本有「子」字。

十八葉四行疏　謂齊桓公晉文公也。「文」，永作「又」。

十八葉六行疏　美軍衆而言濟濟。「軍衆」，庫作「衆軍」。「衆」，永作「旅」。

十八葉六行疏　釋訓云。蠢。不遜也。「訓」上魏無「釋」字。

十八葉八行疏　慢謂忽言語。「謂」，庫作「爲」。

十八葉八行疏　輕慢典教。「典」，阮作「興」。○張鈞衡《校記》：輕慢典教。阮本「典」作「興」，誤。下「典教」同。

十八葉九行疏　慣忽也。「忽」，十作「怱」。

十八葉十行疏　慢先王典教。「典」，阮作「興」。

十八葉十一行疏　毁正行也。「毁」，八作「毁」。

十八葉十二行疏　但愚人所好。必同於民。賢求其心。佞從其欲。○《殿本考證》：但愚人所好，必同於民。賢求其心，佞從其欲。以賢爲惡，謂佞爲善。臣浩按：數句疑有訛誤。按：文應作「但愚人好惡，不同於民。賢拂其心，佞從其欲」。各本並然，姑仍之。

十八葉十二行疏　謂佞爲善。「佞」，十作「倿」。

十八葉十三行疏　此則昏迷之狀也。「昏」，阮作「氏」。○阮元《校記甲》：此則昏迷之狀也。「昏」，十行本誤作「氏」。○阮元《校記乙》：此則氏迷之狀也。案：「氏」當「昏」之譌。毛本正作「昏」。○張鈞衡《校記》：此則昏迷之狀也。阮本「昏」作「氏」，下脱去下節。

十八葉十三行疏　但天子責其不恭。　「但」，閩作「伹」。

十八葉十六行注　責舜不先有文誥之命。　「文」，纂作「又」。○《定本校記》：責舜不先有文誥之命。「誥」，燉煌本作「告」。

十八葉十六行注　脅之以兵所以生辭。　「辭」，王作「亂」。○山井鼎《考文》：脅之以兵所以生辭。〔古本〕「兵」上有「甲」字。「辭」下有「也」字。「修德致遠」下、「是天之常道」下、「不責於人」下、「慝惡」下、「悚懼之貌」下、「感頑父」下、「言整衆」下、「皆舞者所執」下、「抑武事」下並同。○盧文弨《拾補》：脅之以兵。「以」下古本有「甲」字。○阮元《校記甲》：脅之以兵。「兵」上古本有「甲」字。○《定本校記》：脅之以兵。「兵」上内野本、神宮本、足利本有「甲」字。

十八葉十七行釋文　憚。徒旦反。一音丹末反。　「末」，十、永、閩作「未」。○阮元《校記甲》：憚，一音丹末反。「末」，十行本誤作「未」。

十八葉十八行經　無遠弗届。　「届」，十、閩作「屆」。○盧文弨《拾補》：無遠弗屆。「屆」，从土从凵。从「由」者誤。

十八葉十八行注　贊。佐。届。至也。　「届」，十、閩作「屆」，阮作「居」。○張鈞衡《校記》：届，至也。阮本「届」作「居」，誤。

十九葉一行注　欲其脩德致遠。　「脩」，八、李、王、纂、魏、岳、十、永、閩、殿、庫、阮作「修」。

十九葉一行釋文　届。音戒。　「届」，十、閩作「屆」，阮作「居」。

十九葉二行注　自謙者人益之。　「謙」，十作「謙」。

十九葉二行注　是天之常道。　○《定本校記》：是天之常道。燉煌本、内野本、神宫本作「是天道之常」。

十九葉二行經　帝初于歷山。　○山井鼎《考文》：帝初于歷山，往于田。〔古本〕「初」下有「耕」字。○盧文弨《拾補》：帝初于歷山。「初」下古本有「耕」字。○阮元《校記甲》：帝初于歷山。「初」下古本有「耕」字。○《定本校記》：帝初于歷山。「初」下燉煌本、内野本、神宫本、足利本俱有「耕」字。景鈔八行本亦有。嚴氏可均唐石經校文云：「初耕于歷山」，磨改作「初于歷山」。

十九葉三行經　往于田。　「于」，毛作「干」。○阮元《校記甲》：往于田。陸氏曰：「田」，本或作「畋」。

十九葉三行注　仁覆愍下。　「愍」，八作「慜」。

十九葉四行注　爲父母所疾。　「母」，閩作「毋」。

十九葉五行釋文　號。户高反。「户」，殿、庫作「亡」。○山井鼎《考文》：號，户高反。〔經典釋文〕「户」作「亡」。○阮元《校記甲》：號，亡高反。「亡」，葉本、十行本、毛本俱作「户」字。按：「户高反」不誤。

十九葉五行經　負罪引慝。「負」，八、魏、十作「負」。

十九葉六行經　祇載見瞽瞍。「祇」，庫作「祗」。

十九葉六行經　夔夔齊慄。「齊」，石、八、李、王、纂、魏、十、永、阮作「齋」。○阮元《校記甲》：夔夔齊慄。「齊」，唐石經、岳本、十行、閩、葛、纂傳俱作「齋」，注同。惟葛本注作「齊」。按：釋文云：齊，側皆反。明不作「齋」。蓋陸氏据古文，而石經則從今文也。○阮元《校記乙》：夔夔齋慄。唐石經、岳本、閩本、葛本、纂傳同。明監本、毛本「齋」作「齊」。葛本注亦作「齊」。按：釋文云：齊，側皆反。明不作「齋」。蓋陸氏据古文，而石經則從今文也。

十九葉六行經　瞽亦允若。○《定本校記》：瞽亦允若。「瞽」下内野本、神宫本、足利本有「瞍」字。景鈔八行本亦有。

十九葉六行注　慝。惡。「惡」下王、纂有「也」字。

十九葉七行注　言舜負罪引惡。　「負」，八、魏、十作「貟」。

十九葉七行注　敬以事見于父。　「于」，纂作「於」。

十九葉八行注　悚懼齊莊。　「齊」，李、王、纂、魏、永、阮作「齋」。

十九葉八行注　言能以至誠感頑父。　「至」，毛作「志」。○浦鏜《正字》：言能以至誠感頑父。「至」誤「志」。○盧文弨《拾補》：言能以至誠感頑父。毛本「至」作「志」。「志」當作「至」。○阮元《校記甲》：言能以志誠感頑父。「志」，岳本、十行、閩、葛、纂傳俱作「至」，與疏合。

十九葉八行釋文　慝。他則反。　「則」，殿、庫作「側」。○阮元《校記甲》：慝，他側反。「側」，十行本、毛本俱作「則」。

十九葉九行釋文　齊。音側皆反。　「齊」，王、纂、魏、十、永、阮作「齋」。「側」上王、魏、殿、庫無「音」字。

十九葉九行經　至諴感神。　○浦鏜《正字》：至諴感神。「諴」，監本誤「誠」。下同。○阮元《校記甲》：至諴感神。「諴」，監本誤作「誠」。注同。

十九葉十行釋文　諴。音咸。　「音」上毛無「諴」字。○浦鏜《正字》：諴，音咸。毛本脱「諴」字。

十九葉十行釋文　易。以豉反。　「豉」，王、纂、永作「豉」，魏作「鼓」。

十九葉十二行注　故拜受而然之。　○《定本校記》：故拜受而然之。内野本、神宮本無「而然」二字。

十九葉十三行經　帝乃誕敷文德。　「文」上魏無「敷」字。

十九葉十四行注　干。楯。　○《定本校記》：干，楯。「楯」，〔足利〕八行本誤作「循」。

十九葉十五行注　舞文舞于賓主階間。　「于」，纂作「於」。「間」，岳、殿、庫作「閒」。

十九葉十五行釋文　楯。食允反。　「楯」，魏作「盾」。

十九葉十六行注　明御之者必有道。　○阮元《校記甲》：明御之者必有道。纂傳作「明御者之必以道」。○《定本校記》：明御之者必有道。燉煌本、内野本、神宮本無「者」字。

十九葉十七行注　在荒服之例。　「例」，李、王作「外」。

十九葉十八行注　去京師二千五百里也。　「五」，閩作「伍」。「里」下八、李、王、纂、魏、岳、殿、庫無「也」字。○山井鼎《考文》：去京師二千五百里也。宋板無「也」字。○盧文弨《拾補》：去京師二千五百里。毛本「里」下有「也」字，衍。○阮元《校記甲》：去京師二千五百里也。「五」，閩、葛俱誤作「伍」。宋板、岳本俱無「也」字，與疏標目合。

二十葉三行疏　既説其理。　「既」下魏無「説」字。

二十葉三行疏　往至于田。　「往」下八有一字空白。○物觀《補遺》：往至于田。〔宋板〕「往」下空一字。○阮元《校記甲》：往至于田。「往」下宋板空一字。阮元《校記乙》同。

二十葉三行疏　日號泣于旻天于父母。　「于」，單、八、魏、十、永、閩、阮作「於」。

二十葉三行疏　乃自負其罪。　「乃」，單作「𠄎」。「負」，八、魏、十作「貟」。

二十葉四行疏　恭敬以事見父瞽瞍。　「事」下單、八有一字空白。○物觀《補遺》：以事見父。〔宋板〕「事」下空一字。○阮元《校記甲》：恭敬以事見父瞽瞍。「事」下宋板空一字。阮元《校記乙》同。

二十葉四行疏　齊莊戰慄。　「齊」，單、八、魏、十、永、阮作「齋」。

二十葉五行疏　帝至和之德。　「和」，閩作「咊」。

二十葉五行疏　禹拜受益之當言。　「受益」，阮作「益受」。○張鈞衡《校記》：禹拜受益之當言，曰。阮本「拜受」二字誤倒。（彙校者按：實爲「受益」二字誤倒。）

二十葉六行疏　舞干羽于兩階之間。　「間」，單、殿、庫作「閒」。

二十葉八行疏　而便憚之以威。　「憚」，阮作「僤」。

二十葉十一行疏　爲之振旋。　「旋」，單、八、魏、十、永、毛、殿、庫作「旅」。○浦鏜《正字》：待其有辭，爲之振旅。「旅」，監本誤「旋」。○阮元《校記甲》：待其有辭，爲之振旅。「旅」，閩、監俱誤作「旋」。

二十葉十四行疏　屆。至也。釋詁文。　○浦鏜《正字》：屆，至也。釋詁文。「屆」，爾雅作「艐」，郭音屆。孫炎云：古「屆」字。

二十葉十五行疏　欲修德致遠。　「修」，單、魏、十、永、阮作「脩」。

二十葉十六行疏　禮運云聖人順民。　○浦鏜《正字》：禮運云聖人順民，天不愛其道云云。「聖人順民」四字約義言之，非成文。○盧文弨《拾補》：禮運云：聖人順民，天不愛其道。「聖人順民」四字乃約義言之，非成文。

二十葉十六行疏　地不愛其寶。　「地」，阮作「也」。○張鈞衡《校記》：地不愛其寶。阮本「地」作「也」，誤。

二十葉十八行疏　人道惡盈而好謙。　「而」下魏無「好」字。

二十一葉一行疏　欲令禹修德息師。　「令」，單作「今」。「修」，阮作「脩」。

二十一葉一行疏　正義曰仁覆愍下。謂之旻天。　○浦鏜《正字》：仁覆愍下，謂之旻天。「愍」，詩傳作「閔」。

二十一葉二行疏　歷山在河東。「東」，魏作「柬」。

二十一葉二行疏　爲父母所疾。「母」，閩作「毋」。

二十一葉三行疏　何爲然也。「然」上八有「公」字。○山井鼎《考文》：何爲然也。〔宋板〕「然」上有「其」字。○阮元《校記甲》：何爲然也。「然」上宋板有「其」字，是也。阮元《校記乙》同。○《定本校記》：何爲然也。〔足利〕八行本「然」上有「其」字。

二十一葉三行疏　長息問于公明高曰。「于」下八無「公」字。○《定本校記》：公明高曰。〔足利〕八行本脱「公」字。

二十一葉四行疏　號泣于旻天及父母。「母」，閩作「毋」。

二十一葉四行疏　父母不愛我何哉。「母」，閩作「毋」。

二十一葉五行疏　大孝終身慕父母。「母」，閩作「毋」。

二十一葉五行疏　克巳自責。「責」，八作「貢」。

二十一葉六行疏　夔夔與齋慄共文。「齋」，魏作「齊」。

二十一葉六行疏　自負其罪。「負」，魏作「貟」。

二十一葉七行疏　事䜭同耳。「䜭」，單、八、魏、要、殿、庫作「勢」。○山井鼎《考文》：事䜭同耳。〔宋板〕「䜭」作「勢」。○殿本《考證》：事勢同耳。「勢」，監本訛「䜭」，今改正。○

盧文弨《拾補》：事勢同耳。毛本「勢」作「暬」。「暬」當作「勢」。○阮元《校記甲》：事暬同耳。「暬」，宋板作「勢」，是也。阮元《校記乙》同。

二十一葉七行疏　敬以事見于父者。「于」，阮作「於」。

二十一葉八行疏　夔夔然悚懼齋慄。「齋」，魏作「齊」，十、永、阮作「齋」。

二十一葉九行疏　堯妻之以二女。「之」下單無「以」字。○《定本校記》：堯妻之二女。單疏本如此。各本「二」上有「以」字。

二十一葉十行疏　但舜善養之。「但」，八作「伹」。

二十一葉十行疏　傳誠和至易感。「誠」，十、永作「誠」。

二十一葉十二行疏　覆動上天。○阮元《校記甲》：覆動上天。許宗彥云：當作「覆上動天」。阮元《校記乙》同。○《定本校記》：覆動上天。阮氏引許氏宗彥云：當作「覆上動天」。

二十一葉十三行疏　言其苗易感。「其」，單、八、魏、十、永、閩、阮作「有」。○物觀《補遺》：言其苗易感。〔宋板〕「其」作「有」。○浦鏜《正字》：言有苗易感。「有」誤「其」。○盧文弨《拾補》：言有苗易感。毛本「有」作「其」。「其」當作「有」。○阮元《校記甲》：言其苗易感。「其」，宋板、十行、閩本俱作「有」。按：「其」字非也。

二十一葉十三行疏　神覆動天而不覆言瞽者。　○阮元《校記甲》：神覆動天。許宗彦曰：「神」字衍。按：「神」疑當作「祇」。阮元《校記乙》同。

二十一葉十四行疏　故舉難者以況之。　「況」，阮作「見」。○張鈞衡《校記》：故舉難者以況之。阮本「況」作「見」，誤。

二十一葉十五行疏　拜受而巳即還。　「受」，阮作「舜」。○張鈞衡《校記》：當拜受而己。阮本「受」作「舜」，誤。

二十一葉十五行疏　晉士匄。　「匄」，要作「勾」。

二十一葉十五行疏　聞齊侯卒乃還。　「聞」，永作「開」。

二十一葉十六行疏　大夫以君命出。　「夫」下阮有間隔号「○」。

二十一葉十六行疏　或可當時請帝乃還。　「可」，要作「亦」。

二十一葉十八行疏　益贊於禹使修德。　「修」，阮作「脩」。

二十一葉十八行疏　而帝自誕敷者。　「帝」，平作「布」。「誕」，殿作「誕」。

二十二葉一行疏　干楯。自蔽扞也。　「扞」，毛作「扜」。○浦鏜《正字》：干楯。自蔽扞也。「扞」，毛本誤「扜」。

二十二葉三行疏　右手秉翟。　「秉」，魏作「執」。

二十二葉三行疏　是文舞執籥。故干羽皆舞者所執。　○《定本校記》：是文舞執籥。下當有「秉翟」二字。

二十二葉四行疏　故舞文德之舞於賓主階間。　「間」，單、八、殿作「閒」。

二十二葉四行疏　即亦舞武也。　「武」，魏作「事」。

二十二葉七行疏　辯士之說。　「辯」，毛、薈作「辨」。

二十二葉七行疏　知在荒服之例者。　「荒」，十作「荒」。

二十二葉八行疏　禹貢五服。甸侯綏要荒。　「綏」，魏作「綏」，毛作「妥」。○山井鼎《考文》：甸侯妥要荒。［正誤］「妥」當作「綏」。物觀《補遺》：宋板「妥」作「綏」。○浦鏜《正字》：五服，甸侯綏要荒。「綏」，毛本誤「妥」。○盧文弨《拾補》：甸侯綏要荒。毛本「綏」作「妥」。「妥」當作「綏」。○阮元《校記甲》：禹貢五服，甸侯妥要荒。「妥」，宋板、十行、閩、監俱作「綏」，是也。

二十二葉八行疏　荒最在外。　「最」上魏無「荒」字。「在」，十作「任」。

皋陶謨第四

二十二葉十一行注　謀也皋陶爲帝舜謀。○山井鼎《考文》：爲帝舜謀。〔古本〕下有「也」字。

二十二葉十四行經　曰若稽古皋陶。○盧文弨《拾補》：曰若稽古臯陶。薛季宣謂「曰若稽古」四字今文無，古文所加。「臯」字元本作「皐」，前後皆同。

二十二葉十四行注　夫典謨。「典」上岳無「夫」字。○阮元《校記甲》：夫典謨。岳本無「夫」字。按：釋文云：「夫」，音扶。明有「夫」字，岳本誤脱也。阮元《校記乙》同。

二十二葉十五行注　聖帝所以立治之本。「本」下纂有「也」字。

二十二葉十五行注　皆師法古道。「皆」上王有「一」。

二十二葉十六行經　允迪厥德。○山井鼎《考文》：允迪厥德。〔古本〕「厥」作「丌」。

二十二葉十六行注　迪。蹈。厥。其也。其。古人也。○山井鼎《考文》：迪，蹈。〔古本〕上有「允信」二字。又：其，古人也。〔古本〕「其」下復有「其」字。○盧文弨《拾補》：迪，蹈。古本「迪蹈」上有「允信」二字。又：其其古人也。上「其」字毛本無，古本有，當補。○阮元《校記甲》：迪，蹈。厥，其也。「迪」上古本有「允信」二字。按：「允，信」已見堯典。又：其，古人也。古本重「其」字。○《定本校記》：迪，蹈。厥，其也。其，古人也。内野本、神宮本、足利本作「允，信。迪，蹈也。其，其古人也」。案：「允，信」、「厥，其」並已見堯典。

二十二葉十七行注　謀廣聰明以輔諧其政。○山井鼎《考文》：「輔諧其政」下〔古本〕有「也」字。

二十二葉十八行注　問所以行。○山井鼎《考文》：「問所以行」下，〔古本〕有「也」字。

二十三葉一行經　都。慎厥身修。「修」下王、纂有「絶句」二字注文（實爲釋文）。○山井鼎《考文》：都慎厥身。〔古本〕「厥」作「丌」。

二十三葉一行注　歎美之重也。○山井鼎《考文》：歎美之重也。〔古本〕「也」上有「之」字。○阮元《校記甲》：歎美之重也。「也」上古本有「之」字。○《定本校記》：歎美之重也。「也」上内野本、神宮本、足利本有「之」字。

二十三葉二行注　思爲長久之道。○山井鼎《考文》：長久之道。〔古本〕下有「也」字。「在此道」下同。

二十三葉二行釋文　身修。絶句。「身修。絶句」四字魏無。

二十三葉二行經　惇敘九族。　「族」，魏作「族」。

二十三葉三行注　言慎修其身。　〇《定本校記》：言慎修其身。内野本、神宫本無「其」字。

二十三葉十行疏　行之於近而可推而至遠者。　「至」上魏無「而」字。

二十三葉十行疏　亦順至之則。　「至之」，單作「之至」。〇《定本校記》：傳亦順至之則。「至之」二字單疏誤倒。

二十三葉十二行疏　故傳明言其意。　「明」下八無「言」字。〇山井鼎《考文》：故傳明言其意。宋板無「言」字。〇盧文弨《拾補》：故傳明其意。毛本「明」下有「言」字，衍。〇阮元《校記甲》：故傳明言其意。宋板無「言」字。〇《定本校記》：故傳明言其意。〔足利〕八行本無「言」字。

二十三葉十四行疏　祇承于帝。　「祇」，阮作「祗」。

二十三葉十五行疏　正義曰。釋詁文。迪。道也。　「文」，單、八、十、永、阮作「云」。〇山井鼎《考文》：釋詁文。宋板「文」作「云」。〇盧文弨《拾補》：釋詁云，迪，道也。毛本「云」作「文」。「文」當作「云」。〇阮元《校記甲》：釋詁文，迪，道也。「文」，宋板、十行俱作「云」，是也。

二十三葉十五行疏　聲借爲導。「借」，永作「偕」。

二十三葉十六行疏　故云言人君當信蹈行古人之德。「信」，八作「使」。

二十三葉十八行疏　猶大禹爲謀曰上不言禹。○盧文弨《拾補》：猶大禹謨曰上不言禹。毛本「禹」下有「爲」字，衍。毛本「謨」作「謀」。「謀」當作「謨」。

二十四葉一行疏　鄭玄云以臯陶下屬爲句。○盧文弨《拾補》：鄭元以臯陶下屬爲句。毛本「元」下有「云」字，衍。

二十四葉一行疏　案傳之言。「案」上殿、庫有「慎厥身修思永」六字。

二十四葉二行疏　又厚次敘九族。「敘」，要作「序」。

二十四葉三行疏　而各自勉勵翼戴上命。「翼」，八作「翌」。

二十四葉五行疏　厲。作也。「厲」，殿、庫作「勵」。

二十四葉七行注　在能安民。○山井鼎《考文》：在能安民。〔古本〕下有「人」字。○阮元《校記甲》：在能安民。「民」下古本有「人」字。

二十四葉九行經　黎民懷之。○盧文弨《拾補》：黎民懷之。毛本「黎」从小作「黎」，譌。

二十四葉十一行注　佞人亂眞。○山井鼎《考文》：佞人亂眞。〔古本〕「眞」作「德」。○盧文弨《拾補》：佞人亂德。毛本「德」作「眞」，譌，從古文改。○阮元《校記甲》：佞人亂眞。

「眞」，古本作「德」。按：「德」，古本作「悳」，與「眞」相似，今木（本）殆因此而誤。○阮元《校記乙》：佞人亂眞。古本「眞」作「德」。按：「德」，古作「悳」，形近之譌。○《定本校記》：佞人亂眞。「眞」，内野本、神宫本、足利本俱作「德」。注云：或本作「政」。案：阮氏云「德」古作「悳」，與「眞」相似，今本殆因此而誤。

二十四葉十一行注　故流放之。　○山井鼎《考文》：故流放之。〔古本〕下有「也」字。下傳「則可知」下、「品例」下、「莊栗」下、「恭恪」下、「謹敬」下、「温和」下、「實塞」下、「彰明」下、「則政之善」下、「有其三」下、「可以爲卿大夫」下、「有國諸侯」下、「則可以爲諸侯」下、「謂天子」下、「相師法」下、「言政無非」下、「萬事之微」下、「私非其才」下並同。

二十四葉十二行經　何畏乎巧言令色孔壬。　○《定本校記》：何畏乎巧言令色孔壬。「壬」，内野本、神宫本、足利本作「任」。

二十四葉十三行注　象恭滔天。　「天」，八作「大」。○山井鼎《考文》：「象恭滔天」下〔古本〕有「也」字。

二十四葉十四行疏　皐陶曰都在至孔壬。　「都」下魏無「在」字。

二十四葉十八行疏　何所畏懼於彼巧言令色爲甚佞之人。　「彼」，永作「被」。「甚」上殿、庫無「爲」字。

二十五葉一行疏　哲。智。釋言文。　「言」，單、八作「詁」。○山井鼎《考文》：哲，智。釋言文。〔宋板〕「言」作「詁」。○阮元《校記甲》：哲，智。釋言文。「言」，宋板作「詁」。按：當作「釋言」，宋本非也。○《定本校記》：哲，智。釋詁文。單疏、〔足利〕八行如此。十行本「詁」改作「言」。

二十五葉二行疏　是能官人。　「官」，十作「官」。

二十五葉二行疏　正義曰。孔。甚。釋詁文。　○浦鏜《正字》：孔，甚。釋言文。「言」誤「詁」。○盧文弨《拾補》：孔，甚。釋言文。毛本「言」作「詁」。「詁」當作「言」。○《定本校記》：孔，甚。釋詁文。浦氏云「言」誤「詁」。

二十五葉四行疏　揔上三人皆甚佞也。　「揔」，要作「總」，殿、庫作「總」。

二十五葉四行疏　巧言令色言其行。　「令」，八作「令」。

二十五葉四行疏　令其文首尾互相見。　「令」，八作「令」。

二十五葉五行疏　禹言有苗驩兜之徒甚佞如此。　「徒」，八作「徙」。

二十五葉五行疏　故遷放之。　「放」，要作「改」。

二十五葉五行疏　故云之徒以包之。　「徒」，八作「徙」。

二十五葉五行疏　亦互相承。「承」，魏作「氶」，十作「丞」，永作「丞」。

二十五葉六行疏　馬融云。禹爲父隱。故不言鯀也。○殿本《考證》：馬融云，禹爲父隱，故不言鯀也。臣浩按：馬融説，史記引之作康成語。

二十五葉七行注　言人性行有九德。「九」，李作「九」。

二十五葉八行經　亦言其人有德。「其」下石無「人」字。○盧文弨《拾補》：亦言其人有德。今石經去「人」字。○阮元《校記甲》：亦言其人有德。唐石經無「人」字，與史記夏本紀同。按：石經元刻本有「人」字，唐元度覆定乃删「人」字重刻，今注疏本則沿襲别本也。唐石摩去重刻者，多同於今本，此獨異於今本也。阮元《校記乙》同。○《定本校記》：亦言其人有德。阮氏云：唐石經無「人」字，與史記夏本紀同。案：内野本、神宫本亦無。

二十五葉八行注　載。行。采。事也。○《定本校記》：載，行。采，事也。内野本、神宫本無「采事」二字。案：「采事」已見堯典。

二十五葉九行注　必言其所行某事某事以爲驗。「某事」二字李、纂不重。○阮元《校記甲》：必言其所行某事某事以爲驗。史記集解作「必言其所行事因事以爲驗」。阮元《校記乙》同。○《定本校記》：必言其所行某事某事以爲驗。内野本、神宫本上「某」字作「其」，下「某」字作「由」。案：史記集解引孔安國曰：言其人有德，必言其所行事，因事以爲驗。

二十五葉十行疏　皋陶又言行之有術。　「皋」，魏作「皇」。

二十五葉十二行疏　「言人性行有九德」至「乃可知其德」。　「言人性行有九德」至「乃可知其德」，殿、庫在下疏「此九德之文」上。

二十五葉十五行疏　堯實不以此爲難。　「以」下要無「此」字。

二十五葉十六行疏　止義曰載者。　「止」，單、八、魏、十、永、閩、毛、阮作「正」。

二十五葉十六行疏　此爲薦舉人者。　「爲」，單、八、魏、永、阮作「謂」。○山井鼎《考文》：此爲薦舉人者。〔宋板〕「爲」作「謂」。○盧文弨《拾補》：此謂薦舉人者。毛本「謂」作「爲」。「爲」當作「謂」。○阮元《校記甲》：此爲薦舉人者。「爲」，宋板、十行本俱作「謂」，是也。

二十六葉二行注　和柔而能立事。　○物觀《補遺》：和柔而能立事。〔古本〕無「而」字。○阮元《校記甲》：和柔而能立事。古本無「而」字。

二十六葉二行注　愨愿而恭恪。　「愿」，魏作「原」。

二十六葉二行釋文　愨。切韻苦角反。恪。苦各反。　「愨」下岳無「切韻苦角反恪」六字，殿、庫無「切韻」二字。

二十六葉五行經　簡而廉。「廉」，十作「簾」。

二十六葉五行注　性簡大而有廉隅。「廉」，十作「簾」。○物觀《補遺》：有廉隅。〔古本〕下有「也」字。

二十六葉六行注　無所屈撓。「撓」，八作「橈」。

二十六葉七行注　以擇人而官之。「擇」上纂、魏無「以」字。

二十六葉八行疏　「皋陶既言其九德」至「則爲政之善哉」。「皋陶既言其九德」至「則爲政之善哉」，殿、庫在上疏文「如此則可知也」下。

二十六葉十行疏　彊勁而合道義也。「彊」，單、八、魏、十、永、阮作「強」，閩作「强」。

二十六葉十一行疏　則爲政之善哉。「善」，永作「義」。

二十六葉十二行疏　舜典云寬而栗。「栗」，魏作「粟」。

二十六葉十二行疏　彼言剛失之虐。「之」，單、八、魏作「入」。○山井鼎《考文》：彼言剛失之虐。〔宋板〕「之」作「入」。下「簡失之傲」同。○盧文弨《拾補》：彼言剛失入虐。毛本「入」作「之」，宋本作「入」。見前。當作「入」。下「簡失入傲」同。○阮元《校記甲》：彼言剛失之虐。「之」，宋板作「入」，與舜典傳古本合。下「之傲」放此。○阮元《校記乙》：彼言剛失之虐。宋板「之」作「入」，與舜典傳古本合。下「之傲」放此。

二十六葉十三行疏　彼言簡失之傲。「之」，單、八作「入」。

二十六葉十三行疏　凡人之性有異。「凡」，毛作「几」。

二十六葉十五行疏　寬弘者失於緩慢。「失」，十作「夫」。

二十六葉十六行疏　謹愿者失於遲鈍。「鈍」，魏作「錢」。

二十六葉十六行疏　貌或不恭。「貌」，十作「貌」。

二十六葉十七行疏　堪撥煩理劇者也。「煩」，十作「頫」。

二十六葉十八行疏　負才輕物。「負」，魏作「貟」。

二十六葉十八行疏　故有治而能謹敬。「謹」下要無「敬」字。

二十六葉十八行疏　治云敬者。「云」，要作「言」。

二十六葉十八行疏　外失於儀。「外失於」，單、八、要作「失於外」。○物觀《補遺》：外失於儀。宋板作「外在失上儀」。○阮元《校記甲》：外失於儀。宋板作「外在失上儀」，非也。○《定本校記》：失於外儀。〔足利〕八行本作「外在失上儀」。十行本作「外失於儀」。今從單疏。

二十七葉一行疏　故稱敬以顯情。「稱」，十作「称」。

二十七葉二行疏　周禮太宰云。　「太」，阮作「大」。

二十七葉三行疏　宣二年左傳文。　「宣」，八作「宜」。「文」，永作「之」。

二十七葉四行疏　是爲强毅也。　「毅」，單、八、魏、要、十、永、閩、阮作「貌」。○阮元《校記甲》：是爲强毅也。「毅」，十行、閩本俱作「貌」，誤。○阮元《校記乙》：是爲强貌也。毛本「貌」作「毅」，是也。閩本亦誤。○《定本校記》：是爲强貌也。「貌」，監本作「毅」，似是。

二十七葉五行疏　弘大者失于不謹細行者。不修廉隅。　「于」，八作「干」，薈作「於」。「行」下殿、庫無「者」字。○盧文弨《拾補》：失於不謹細行。「行」下毛本有「者」字，衍。官本删。○《定本校記》：弘大者失于不謹細行者。殿本删下「者」字。

二十七葉五行疏　剛斷而實塞。　「而」，阮作「至」。

二十七葉七行疏　無所屈撓。　「撓」，魏作「橈」。

二十七葉七行疏　動合道義。　「動」，魏作「勃」。

二十七葉七行疏　鄭注論語云。　「注」，十作「主」。

二十七葉七行疏　志不屈撓。　「撓」，十作「橈」。

二十七葉八行疏　此剛强異者。剛是性也。　「者剛」，永作「剛者」。

二十七葉十行疏　即洪範云正直也。　「正」，永作「止」。

二十七葉十行疏　簡謂器量凝簡。　「凝」，魏作「疑」。

二十七葉十行疏　强謂性行堅强。　「謂」，要作「爲」。

二十七葉十一行疏　從寬而至剛也。　「寬」，單、八、魏、要、十、永、閩、阮作「柔」。○阮元《校記甲》：從寬而至剛也。「寬」，十行、閩本俱作「柔」，是也。

二十七葉十三行疏　若暫能爲之。　「爲」上要無「能」字。

二十七葉十六行經　夙夜浚明有家。　「家」，八作「家」。

二十七葉十八行釋文　浚。息俊反。　「浚，息俊反」，薈作「俊，息浚反」。

二十七葉十八行經　日嚴祗敬六德。　「祗」，要作「祇」。

二十八葉一行注　日日嚴敬其身。　「身」，要作「自」。

二十八葉二行釋文　嚴。如字。馬徐魚檢反。　「檢」，毛作「撿」，庫作「撿」。○山井鼎《考文》：嚴，馬徐魚檢反。經典釋文「檢」作「簡」。○阮元《校記甲》：嚴，馬徐魚簡反。「簡」，葉本、十行本、毛本俱作「檢」。按：葉抄是也。

二十八葉三行注　翕。合也。　「合」，十、永、閩、阮作「和」。○阮元《校記甲》：翕，合也。「合」，十行、閩本俱誤作「和」。○阮元《校記乙》：翕，和也。毛本「和」作「合」，是也。閩本亦誤。

二十八葉四行注　使九德之人皆用事。　「九」，李作「九」。

二十八葉五行注　則俊德治能之士並在官。　「俊」，要作「浚」。「治能」，纂、毛作「能治」。「士」，要、毛作「事」。○浦鏜《正字》：則浚德治能之士並在官。毛本「治能」二字誤倒，「士」誤「事」。○盧文弨《拾補》：則俊德治能之士。「治能」舊本倒。「士」，毛本作「事」。「事」當作「士」。○阮元《校記甲》：則俊德能治之事。「能治之事」，岳本、十行、閩、監俱作「治能之士」，與疏合。史記集解作「理能之士」，纂傳作「能治之士」。

二十八葉五行釋文　馬曰。千人曰俊。　「馬曰」，纂作「馬云」。

二十八葉六行經　百僚師師。　○阮元《校記甲》：百僚師師。陸氏曰：「僚」本又作「寮」。按：依説文當作「寮」，俗省作「寮」，假借作「僚」。阮元《校記乙》同。

二十八葉七行注　言政無非。　「無」，王作「无」。

二十八葉七行經　庶績其凝。　○盧文弨《拾補》：庶績其凝。「凝」，古本作「冰」，今以冰爲仌而改作此。○阮元《校記甲》：庶績其凝。按羣經音辨，「冰」，尚書古文「凝」字。然則此經「其凝」古人作「其冰」。阮元《校記乙》同。

二十八葉九行釋文　凝。魚陵△反。　「陵」，王、纂、魏、殿、庫作「凌」。

二十八葉十行疏　若人能日日宣布△三德。　「布」，永作「市」。

二十八葉十一行疏　信能治△理其事。　「治」，十作「洽」。

二十八葉十一行疏　然後摠△以天子之任。　「摠」，殿、庫作「總」，阮作「撫」。○張鈞衡《校記》：然後摠以天子之任。阮本「摠」作「撫」，誤。

二十八葉十二行疏　則天下俊德治能之士△。　「士」，永作「上」。

二十八葉十四行疏　是九德之内課△有其三也。　「課」，十作「果」。

二十八葉十五行疏　宣亦△布義。　「亦」，阮作「以」。○張鈞衡《校記》：宣亦布義。阮本「宣」(「亦」)作「以」，誤。

二十八葉十五行疏　又云須△。待也。　○浦鏜《正字》：又云須，待也。「須」，爾雅作「頾」。

二十八葉十六行疏　故稱‸家。　○阮元《校記甲》：故稱家。「家」上纂傳有「有」字。阮元《校記乙》同。

二十八葉十六行疏　位不虛△受。　「虛」，閩作「虗」。

二十八葉十八行疏　經無△此意也。　「經」下魏無「無」字。

二十九葉一行疏　故有國謂諸侯也。　「謂」，庫作「爲」。

二十九葉一行疏　祇亦與敬。　「祇」，永作「抵」。「與」，單、八、魏、十、永、閩、毛、殿、庫、阮作「爲」。○浦鏜《正字》：祇亦爲敬。「爲」，監本誤「與」。○阮元《校記甲》：祇亦爲敬。「爲」，監本誤作「與」。

二十九葉一行疏　敬有二文。　「文」，十作「交」。

二十九葉二行疏　以信治政事。　「治」，閩作「洽」。

二十九葉三行疏　摠以天子之事。　「摠」，殿、庫作「總」。「天子」二字十爲空白。

二十九葉四行疏　釋詁文。　「釋詁」二字十爲空白。

二十九葉五行疏　使此九德之人。　「使」下永無「此」字。

二十九葉五行疏　謂天子也。任之所能。　○浦鏜《正字》：謂天子也，任之所能。「也」疑「各」字誤。「之」疑「其」字誤。○盧文弨《拾補》：謂天子也，任之所能。浦疑「也」作「各」，「之」作「其」。「能」字下仍有脱文。○阮元《校記甲》：謂天子也，任之所能。浦鏜云：「也」疑「各」字譌，「之」疑「其」字譌。是也。阮元《校記乙》同。○《定本校記》：謂天子也，任之所能。浦氏云：「也」疑「各」字誤，「之」疑「其」字誤。

二十九葉六行疏　卽充九數。　「卽」，阮作「既」。○張鈞衡《校記》：卽充九數。阮本「卽」作「既」。

二十九葉八行疏　乂訓爲治。故云治能。　「乂」，毛作「又」。○物觀《補遺》：又訓爲治。宋板「又」作「乂」。○浦鏜《正字》：乂訓爲治，故云治能。「乂」，毛本誤「又」。○盧文弨《拾補》：乂訓爲治。毛本「乂」作「又」。「又」當作「乂」。○阮元《校記甲》：又訓爲治。「又」，宋板、十行、閩本俱作「乂」。按：「又」字非也。

二十九葉九行疏　僚。官。釋詁文。　「官」，魏作「宫」。○浦鏜《正字》：僚，官。釋詁文。「僚」，爾雅作「寮」。

二十九葉十一行疏　土寄王四季。　「土」，庫作「上」。

二十九葉十二行疏　所撫順者。堯典敬授民時。平秩東作之類是也。　「堯」上單、八、要有「卽」字。「民」，要、薈作「人」。「作」下魏無「之」字。○物觀《補遺》：堯典敬授民時。〔宋板〕「堯」上有「卽」字。○盧文弨《拾補》：卽堯典敬授民時。毛本脱「卽」字，宋本有。○阮元《校記甲》：堯典敬授民時。「堯」上宋板有「卽」字。按：宋本是也。阮元《校記乙》同。

二十九葉十二行經　無教逸欲有邦。　○盧文弨《拾補》：無教逸欲有邦。黄氏日鈔云：「教」，古文作「敖」。漢王嘉引此正作「敖」。「教」字誤。文弨案：作「教」字義長。○《定本校記》：無教逸欲。「無」字據疏當作「毋」。

二十九葉十四行注　兢兢。戒慎。　「戒」，李作「我」。

二十九葉十五行注　言當戒懼萬事之微。　「萬」，王作「万」。

二十九葉十五行釋文　兢。居淩反。　「淩」，纂、十作「凌」。

二十九葉十五行釋文　徐五荅反。　「五」，魏作「正」。「荅」，殿、庫作「答」。

二十九葉十六行注　位非其人爲空官。　「人」，岳作「才」。○阮元《校記甲》：位非其人爲空官。「人」，岳本作「才」。

二十九葉十八行注　天次敘人之常性。　「性」，毛作「情」。○山井鼎《考文》：天次敘人之常情。正誤「情」當作「性」。物觀《補遺》：古本、宋板「情」作「性」。○浦鏜《正字》：天次敘人之常性。「性」，毛本作「情」。○岳本《考證》：人之常性。案：呂祖謙曰：典禮出于天，天命之謂性也。汲古閣等本作「常情」，誤。○盧文弨《拾補》：天次敘人之常性。毛本「性」作「情」。「情」當作「性」。○阮元《校記甲》：天次敘人之常情。「情」，古本、岳本、宋板、十行、閩本、監本、纂傳俱作「性」。

二十九葉十八行注　各有分義。　「有」，李作「日」。

二十九葉十八行注　當勑正我五常之教。 「教」，阮作「敘」。○張鈞衡《校記》：當勑正我五常之教。阮本「教」作「敘」，誤。

三十葉一行釋文　分。扶問反。 「扶」，魏、殿、庫作「符」。○阮元《校記甲》：有分，符問反。「符」，十行本、毛本俱作「扶」。案：「扶問」即「符問」。

三十葉一行經　自我五禮有庸哉。 ○山井鼎《考文》：五禮有庸哉。〔古本〕「有」作「五」。○盧文弨《拾補》：自我五禮有庸哉。古本「有」作「五」，與馬同。○阮元《校記甲》：自我五禮有庸哉。「有」，古本作「五」。按：疏云上言「五惇」，此言「五庸」。疑孔氏所見本亦作「五庸」，與馬本同。按：古本多竊取釋文、正義爲之，此其證也。阮元《校記乙》同。○《定本校記》：自我五禮五庸哉。下「五」字各本作「有」，今從内野本、神宫本、足利本。阮氏云：案疏云上言「五惇」，此言「五庸」，疑孔氏所見本亦作「五庸」。

三十葉三行注　當用我公侯伯子男五等之禮以接之。使有常。 ○山井鼎《考文》：以接之使有常。〔古本〕下有「也」字。「而和善」下、「命有德」下、「宜必當」下，下傳「而降之福」下、「用民爲聰明」下同。

三十葉五行經　五服五章哉。 ○山井鼎《考文》：五服五章哉。〔古本〕「章」作「彰」。○盧文弨《拾補》：五服五章哉。古文「章」作「彰」，薛本同，似非。○阮元《校記甲》：五服五章哉。「章」，古本作「彰」。阮元《校記乙》同。

三十葉六行注　尊卑彩章各異。　「彩」，纂、岳、殿、庫作「采」。○阮元《校記甲》：尊卑彩章各異。「彩」，岳本、纂傳俱作「采」。按：「采」、「彩」古今字。○阮元《校記乙》：尊卑彩章各異。岳本、纂傳「彩」作「采」。按：「采」、「彩」古今字。

三十葉七行注　言天以五刑討有罪。　「有」，阮作「五」。○張鈞衡《校記》：言天以五刑討有罪。阮本「有」作「五」，誤。

三十葉八行注　言敘典秩禮。　「敘」，纂作「叙」。

三十葉八行注　命德討罪。無非天意者。　「罪」，阮作「罰」。「罪」下八有兩字空白。「無」，王作「无」。○張鈞衡《校記》：命德討罪。阮本「罪」作「罰」，誤。

三十葉九行注　故人君居天官。　「故」，永作「故」。

三十葉九行注　不可以不自勉。　「不」，李作「丅」。

三十葉十一行疏　是有國之常道也。　「常」，十作「當」。

三十葉十一行疏　言當戒慎一日二日之間。　「間」，殿作「閒」。

三十葉十一行疏　皆須親自知之。　「須」，十作「湏」，永作「湏」。

三十葉十三行疏　又言典禮德刑。「又」，單作「乂」。

三十葉十四行疏　天又次敘爵命。「敘」，魏、毛作「序」。

三十葉十五行疏　故人君爲政。當奉用我公侯伯子男五等之禮接之。○張鈞衡《校記》：故人君爲政當率用。阮本「率」作「奉」，誤。

三十葉十八行疏　母者。禁戒之辭。「母」，閩、阮作「毋」。○浦鏜《正字》：毋者，禁戒之辭。「毋」誤「母」。後可知者不出。

三十一葉三行疏　一日二日之間。「間」，單、殿作「閒」。

三十一葉六行疏　是言人當代天治官。「治」，閩作「治」。

三十一葉六行疏　官則天之官。「則」上「官」字阮作「宫」。

三十一葉八行疏　有此五典。「典」，十作「興」。

三十一葉八行疏　但人性有多少耳。「但」，單作「伹」。

三十一葉九行疏　今此義慈友恭孝。「今」，魏、毛、殿、庫作「令」。○浦鏜《正字》：令此義慈友恭孝。「令」，監本誤「今」。○阮元《校記甲》：令此義慈友恭孝。「令」，閩、監俱作「今」。○《定本校記》：今此義慈友恭孝。「今」，毛本作「令」。

三十一葉九行疏　各有定分。　「定分」，庫作「分定」。

三十一葉十一行疏　五教徧於海内。　「海」，十作「海」。

三十一葉十一行疏　又云。自。由也。　「自由」，單、八、要、十、永、阮作「由自」。○物觀《補遺》：又云，自，由也。〔宋板〕作「又云，由，自也」。○盧文弨《拾補》：又云，由，自也。舊本「由自」二字誤倒。○阮元《校記甲》：又云，自，由也。「自由」二字宋板、十行本俱倒。按：釋詁作「由，自也」。宋板不誤。

三十一葉十二行疏　天次敘有禮。○《定本校記》：天次敘有禮。「敘」疑當作「秩」。

三十一葉十三行疏　使之貴賤有常也。　「之」，庫作「人」。

三十一葉十三行疏　饔飧飱牢。　「飱」，阮作「飧」。

三十一葉十四行疏　此云天秩者。　「云」，庫作「言」。

三十一葉十四行疏　上云勑我。　「云」，庫作「言」。

三十一葉十五行疏　五典以敎下民。　「典」，阮作「等」。○張鈞衡《校記》：五典以敎下民。阮本「典」作「等」，誤。

三十一葉十六行疏　欲其恩厚。　「恩」，永作「恩」。

三十一葉十六行疏　五禮施於臣下。「於」，單、八、十、永、閩、阮作「于」。

三十一葉十六行疏　欲其有常。「欲」，永作「次」。

三十一葉十七行疏　士也。庶民也。「士」，阮作「土」。

三十一葉十八行疏　此文承五禮之下。「承」，八作「合」。○山井鼎《考文》：此文承五禮之下。〔宋板〕「承」作「合」。謹按 似非。○阮元《校記甲》：此文承五禮之下。「承」，宋板作「合」，山井鼎曰「似非」。○《定本校記》：此文承五禮之下。「承」，〔足利〕八行本誤作「合」。

三十二葉一行疏　使同敬合恭而和善也。「善」，十作「害」。

三十二葉一行疏　鄭玄以爲幷上之禮共有此事。「幷」，閩作「并」。○浦鏜《正字》：鄭玄以爲幷上之禮共有此事。「之」當「典」字誤。○盧文弨《拾補》：鄭元以爲幷上典禮共有此事。毛本「典」作「之」，譌。○阮元《校記甲》：鄭元以爲幷上之禮。浦鏜云：「之」當「典」字誤。阮元《校記乙》同。○《定本校記》：鄭玄以爲幷上之禮。浦氏云：「之」當「典」字誤。

三十二葉二行疏　以五采彰施於五色作服。「於」，魏、毛作「于」。

三十二葉三行疏　其尊卑彩章各異。「彩」，魏、毛、殿、庫、阮作「采」。○盧文弨《拾補》：其尊卑采章。元本「章」作「彰」。

三十二葉三行疏　不得不立名。以此等之。○《定本校記》：不得不立名，以此等之。「此」字疑衍。

三十二葉六行經　天明畏。自我民明威。○山井鼎《考文》：自我民明威。〔古本〕「威」作「畏」。[謹按]古字通用。○殿本《考證》：天明畏。自我民明威。王應麟曰：古文「天明畏，自我民明畏」，今文下「畏」字作「威」，蓋衞包所改也。○浦鏜《正字》：自我民明威。案：王氏應麟云，古文本作「畏」，今作「威」，衞包所改。○岳本《考證》：天明畏，自我民明威。王應麟曰：古文尚書「天明畏，自吾民明畏」，今文下「畏」字作「威」，蓋衞包所改。蔡沈集傳：「威」，古文作「畏」。二字通用。○盧文弨《拾補》：自我民明威。古本「威」作「畏」。薛同。王伯厚云衞包改「威」。考文云二字古通用。○阮元《校記甲》：自我民明威。「威」，古本作「畏」。山井鼎曰：古字通用。王應麟曰：古文「天明畏，自我民明畏」，今文下「畏」字作「威」，蓋衞包所改。當從古。按：王所云古文即宋次道家本也，多不足據。阮元《校記乙》同。

三十二葉八行注　是天明可畏之効。　○物觀《補遺》：可畏之効。〔古本〕下有「也」字。○阮元《校記甲》：是天明可畏之効。「効」，岳本、纂傳俱作「效」，是也。

三十二葉八行釋文　畏。如字。徐音威。馬本作威。　魏無「畏，如字，徐音威，馬本作威」十字。○阮元《校記甲》：明畏。畏，如字。「畏」，葉本作「不」，誤。

三十二葉九行注　惟善惡所在。　「善」，十作「善」。

三十二葉九行注　不可不敬懼。　○山井鼎《考文》：不可不敬懼。〔古本〕作「不可以不敬懼也」。○盧文弨《拾補》：不可不敬懼。「可」下古本有「以」字。○阮元《校記甲》：不可不敬懼。古本作「不可以不敬懼也」。

三十二葉十行經　朕言惠可厎行。　「厎」，王、魏、閩、毛、薈作「底」。

三十二葉十一行注　順於古道可致行。　○山井鼎《考文》：可致行。〔古本〕作「皆可致行也」。○盧文弨《拾補》：皆可致行。毛本脱「皆」字，古本有。○阮元《校記甲》：可致行。古本作「皆可致行也」。

三十二葉十一行經　民言厎可績。　「厎」，王、魏、毛、薈作「底」。

三十二葉十一行注　然其所陳。　「其」，永作「則」。

三十二葉十二行注　致可以立功。　○山井鼎《考文》：可以立功。〔古本〕下有「也」字。

三十二葉十二行經　臯陶曰。予未有知思。曰。贊贊襄哉。　○浦鏜《正字》：思曰贊贊襄哉。案：蔡氏沈云：「思曰」之「曰」當作「日」。顧寧人云：古人「日」、「曰」二字同。書法惟「曰若」之「曰」上畫不滿，與「日」字異耳。○盧文弨《拾補》：曰贊贊襄哉。「思」屬上句。「曰」上畫不開口即「日」字，不以闊狹爲辨。

三十二葉十三行注　未能思致於善。　○山井鼎《考文》：未能思致於善。〔古本〕下有「道」字。○盧文弨《拾補》：未能思致於善。古本「善」下有「道」字。○阮元《校記甲》：未能思致於善。「善」下古本有「道」字。

三十二葉十四行注　徒亦贊奏上古行事而言之。　「事」下八無「而」字。○山井鼎《考文》：徒亦贊奏上古行事而言之。宋板無「而」字。○阮元《校記甲》：徒亦贊奏上古行事而言之。宋板無「而」字。阮元《校記乙》同。○《定本校記》：徒亦贊奏上古行事而言之。〔足利〕八行本脱「而」字。

三十二葉十四行注　承以謙辭。　「承」，纂作「丞」。

三十二葉十五行注　言之序。　○山井鼎《考文》：言之序。〔古本〕下有「也」字。

三十二葉十五行釋文　徐音息吏反。　「徐」下纂無「音」字。

三十二葉十六行疏　此承上懋哉之下。　「之」，阮作「以」。

三十二葉十六行疏　言所勉之者。　○浦鏜《正字》：言所勉之者。「所」下疑脱「以」字。○盧文弨《拾補》：言所勉之者。「所」下疑脱「以」字。

三十二葉十七行疏　因討而伐之。　「伐」，魏、毛作「代」。○盧文弨《拾補》：因討而伐之。毛本「伐」作「代」。「代」當作「伐」。○阮元《校記甲》：因討而代之。「代」，十行、閩本俱作「伐」。

三十二葉十八行疏　達於上下。　「於」，魏、毛作「于」。

三十三葉一行疏　我未有所知。　「未」，單作「未」。

三十三葉二行疏　徒贊奏上古所行而言之哉。　「徒」，單作「徒」。

三十三葉二行疏　非巳知天而所自能。　「天」，單、八、十、永、閩、殿、庫、阮作「思」。○物觀《補遺》：非己知天而所自能。〔宋板〕「天」作「思」。○盧文弨《拾補》：非己知思而所自能。毛本「思」作「天」。「天」當作「思」。○阮元《校記甲》：非己知天而所自能。「天」，宋板、十行、閩本俱作「思」。○阮元《校記乙》：非己知思而所自能。宋板、閩本同。毛本「思」作「天」。

三十三葉四行疏　**用民之所聞見也。**　「民」，永作「明」。

三十三葉四行疏　**然則聰明直是聞見之義。**　「聞見」，阮作「見聞」。「義」，庫作「意」。

三十三葉五行疏　**此即泰誓所云天聽自我民聽。**　「泰」，要作「秦」。「自」，魏、毛作「是」。○物觀《補遺》：天聽是我民聽。〔宋板〕「是」作「自」。○浦鏜《正字》：天聽自我民聽。「自」，毛本誤「是」。○盧文弨《拾補》：天聽自我民聽。毛本「自」作「是」。「是」當作「自」。○阮元《校記甲》：天聽是我民聽。「是」，宋板、十行、閩、監俱作「自」。

三十三葉六行疏　**雖公卿大夫之任。**　「任」，閩作「仕」。

三十三葉六行疏　**此文主於天子。**　「主」，單作「王」。

三十三葉七行疏　**用民爲聰明。**　「聰」，要作「聽」。

三十三葉十行疏　**皋陶自言可致行。**　「自」，阮作「目」。「致」，要作「底」。○張鈞衡《校記》：皋陶自言。阮本「自」作「目」，誤。

三十三葉十行疏　**禹言致可績。**　「致」，要作「底」。

三十三葉十行疏　**知其自言未有所知。**　「其」，庫作「具」。「自」，十、永、阮作「目」。

三十三葉十行疏　**未能思致於善也。**　「思」，要作「所」。

三十三葉十行疏　王肅云贊贊。「王」，殿作「主」。

三十三葉十一行疏　顧氏云襄。上也。「顧」，阮作「顯」。○張鈞衡《校記》：顧氏云。阮本「顧」作「顯」，誤。按：顧氏彪，作尚書音者。

三十三葉十四行疏　襄之言暢。○盧文弨《拾補》：襄之言揚。王伯厚云「揚」作「暢」，誤。下云「揚我忠言」。○阮元《校記甲》：襄之言暢。盧文弨云王伯厚鄭注尚書「言暢」作「言揚」。注一作「暢」。下「暢」亦作「揚」。毛本作「揚」，似與王所見本合。按：鄭注尚書乃惠棟所輯，託名王伯厚者。阮元《校記乙》同。

三十三葉十四行疏　揚我忠言而已。「揚」，單、八、要、殿、庫、阮作「暢」，十、永作「陽」。○山井鼎《考文》：揚我忠言而已。〔宋板〕「揚」作「暢」。○阮元《校記甲》：揚我忠言而已。「揚」，宋板、十行本俱作「暢」。○阮元《校記乙》：暢我忠言而已。宋板同。毛本「暢」作「揚」。